Anneliese und Gerhard Eckert

Selber WEBEN

Anneliese und Gerhard Eckert

Selber WEBEN

Geräte · Materialien · Techniken · Muster

BLV Verlagsgesellschaft
München Wien Zürich

CIP-Kurztitelaufnahme der Deutschen Bibliothek

Eckert, Anneliese:
Selber weben: Geräte, Materialien, Techniken, Muster / Anneliese u. Gerhard Eckert. –
München; Wien; Zürich:
BLV Verlagsgesellschaft, 1981.
ISBN 3-405-12015-2

NE: Eckert, Gerhard:

Gesamtherstellung: Ludwig Auer, Donauwörth
Printed in Germany · ISBN 3-405-12015-2

Inhalt

Freude am Weben

Sicher haben Sie zu diesem Buch gegriffen, weil Sie der Meinung sind, Weben wäre auch etwas für Sie. Sie sind neugierig, wie Weben eigentlich vor sich geht. Ob es Sinn für Sie hat, diese Kunstfertigkeit zu erlernen und auszuüben. Wie schwierig oder – wie einfach Weben ist. Schließlich auch: ob es Spaß macht, ob das Ergebnis am Ende die Mühe lohnt.
Das sind vielerlei Fragen. Aber Sie haben damit zunächst einmal Ihr Interesse für eine handwerkliche Tätigkeit gezeigt, die schon uralt ist. Wir wissen nämlich, daß bereits die alten Ägypter, Griechen, Römer, Germanen die Kunst des Webens beherrschten. Menschliche Bekleidung, die mehr darstellt als lediglich ein Tierfell, ist ohne die Kunst des Webens nicht denkbar.
Das heißt natürlich nicht, daß Sie bei Ihren ersten Webversuchen bereits im ersten Anlauf schon einen perfekten Kleiderstoff zustande bringen müßten. Dagegen werden Ihnen kleine Artikel für den Alltag schon sehr bald gelingen. Weben hat den großen Vorzug, daß Sie schon verhältnismäßig rasch in der Lage sind, etwas Nützliches und Schönes entstehen zu lassen, dem man gar nicht ansieht, daß es »nur« das Werk eines Anfängers ist. Weben als Hobby bedeutet keine vergeudete, sondern nützlich angelegte Zeit. Es gibt Ihnen die Möglichkeit, Ihren Sinn für Formen, Ihr Gefühl für Farben, Ihren persönlichen Geschmack zum Ausdruck zu bringen. Weil das so ist, gehört Weben zu den Hand- und Kunstfertigkeiten, die schneller, als Sie glauben, auch Freude machen. Webarbeit verwirklicht immer wieder das, was man heute als ein fröhlich stimmendes »Erfolgserlebnis« bezeichnet. Schon sehr bald sehen Sie, was Sie geschafft haben. Sie erleben den Fortschritt beim Werden jedes einzelnen Stückes, bei der Vervollkommnung Ihrer Geschicklichkeit und Technik, bei der Erweiterung Ihrer Ausdrucksmöglichkeiten in Farben und Formen.
So kann es wirklich kein Zufall sein, daß Weben heute wieder zu einer beliebten Freizeitbeschäftigung und zu einer vielfältig ausgeübten kunsthandwerklichen Fertigkeit wird. Dabei hatte es doch vor mehr als einem Jahrhundert so ausgesehen, als ob die mechanischen Webstühle jegliche handwerkliche Webarbeit überflüssig gemacht hätten. Man braucht nur an Gerhart Hauptmanns Theaterstück »Die Weber« zu denken. Aber das Rad der Zeit kann sich auch in neuen, überraschenden Richtungen drehen . . . !
Ob Sie zuerst mit dem kleineren Tisch-Webrahmen beginnen oder ob Sie sofort zu einem »richtigen« Webstuhl greifen – wer erst einmal webt, findet sich sofort in seiner Geschicklichkeit und seiner schöpferischen Tätigkeit bestätigt. Dabei

spielen Geschlecht oder Alter überhaupt keine Rolle: Frauen und Männer, Kinder und Greise, Gesunde und sogar Kranke sind zum Weben in der Lage, jeder auf seine Weise, jeder nach seinen Anlagen, jeder mit seinem Ehrgeiz, aber alle zu ihrem eigenen Nutzen und Vergnügen!

Lassen Sie sich also von unserem Buch erzählen, wie man zum Weben kommt, wie man es betreibt und worauf es dabei ankommt. Wir vermitteln Ihnen keine Geheimwissenschaft für Fachleute, sondern wollen Ihnen klipp und klar schildern, wie jeder es am besten anfangen kann. Aber auch was zur Vervollkommnung der ersten Versuche notwendig ist, was es kostet und auch, was es an Gewinn bringt. Dabei denken wir erst in zweiter Linie an die klingende Münze eines durchaus möglichen Nebenverdienstes. Im Vordergrund stehen Stolz und persönliche Befriedigung ebenso wie die Freude und Überraschung, die Sie anderen mit Ihrer Geschicklichkeit bereiten.

Weben wird Ihnen, wie Sie bald merken werden, nicht nur die eigenhändige Herstellung von mancherlei schönen Dingen, Gegenständen, nützlichen Gebrauchsartikeln ermöglichen, sondern Ihnen über diesen praktischen Nutzen hinaus zu einem Glück verhelfen, das heute ebenso selten wie wertvoll geworden ist: daß Sie Ihre eigenen Vorstellungen und Ideen, Ihre Fingerfertigkeit und Ihre schöpferische Phantasie immer wieder bestätigt sehen. Das ist der Grund dafür, daß Weben so vielen Menschen – und hoffentlich bald auch Ihnen – stets von neuem Freude bereitet.

Entschließen Sie sich also, fangen Sie an und weben Sie mit uns.

1 Was bedeutet Weben eigentlich?

Was bedeutet Weben eigentlich?

So einfach ist Weben

Weben ist eine uralte Technik und denkbar einfach. So einfach, daß in vielen Entwicklungsländern Mädchen, Frauen und Männer, die weder schreiben noch lesen können, mühelos weben.
In seinem Grundprinzip, das sich ständig wiederholt, beruht Weben auf einem ganz simplen Vorgang: Längsfäden werden mit Querfäden verbunden. Das geschieht, indem jeder Querfaden so zwischen die Längsfäden »verflochten« wird, daß er abwechselnd oberhalb oder unterhalb der Längsfäden verläuft und so gleichzeitig Halt findet und gibt.
In der Schule hat beinahe jeder einmal etwas Ähnliches beim Flechten von Papier, Bast oder Weidenruten einmal gemacht. Wer immer ein Loch in einem Strumpf stopfte, hat dabei – Fäden längs, Fäden quer – die »Webtechnik« angewandt (Abb. 1).
Nun hat Weben schon früh seine ganz eigene Entwicklung genommen. Denn mit Hilfe dieser Technik konnte und kann man Stoffe, Teppiche, Wandbehänge (Gobelins) und eine Vielzahl anderer Gegenstände herstellen. Die Webmethode, über viele Jahrhunderte hinweg als Handfertigkeit und Handwerk an Webstühlen (die sich im Prinzip wenig verändert haben) ausgeübt, erlebte durch die Erfindung der mechanischen Webstühle im vorigen Jahrhundert eine ungeahnte Vervollkommnung und Beschleunigung. Das Vordringen dieser modernen Technik verursachte zugleich soziale Spannungen von erheblicher Tragweite. Für den schlesischen Raum hat das – wie bereits erwähnt – Gerhart Hauptmann in den »Webern« dramatisch dargestellt.
So fein und rasch moderne Webmaschinen auch arbeiten und damit den Bedarf an gewebten Gebrauchsstoffen aller Art und für alle Zwecke decken, wollen wir uns mit ihnen jedoch hier nicht beschäftigen. Viel reizvoller und individueller ist es auch heute noch, mit den überlieferten Webverfahren am Webrahmen oder Webstuhl zu arbeiten. Die damit verbundene Note »handgewebt« ist gegenüber der Vielzahl maschinengewebter Stoffe und Artikel längst zu einem begehrten Gütezeichen geworden, das nicht allein den beglückt, der es mit seinen eigenen Händen entstehen

Abb. 1

ließ, sondern zugleich auch seinen besonderen Preis wert ist.
Nun gehört es zu den überraschenden Tatsachen, daß einfaches, aber auch kunstvolles und künstlerisches Weben durchaus nicht unbedingt immer einen aufwendigen und teueren Webstuhl erfordert, der erhebliche Ansprüche an seine Bedienung stellt. Schon ein einfacher, gleichsam »narrensicher« zu handhabender Webrahmen ermöglicht die Herstellung von vielerlei ansehnlichen Webarbeiten. Selbst und gerade die Künstler und Künstlerinnen des Webens bevorzugen häufig diesen schlichten Webrahmen, der billig zu kaufen ist oder den man mit bescheidenen Mitteln sogar in eigenhändiger Bastelarbeit herrichten kann. Kein Wunder, daß Weben dadurch immer mehr an Beliebtheit gewonnen hat, daß in Verbindung mit zunehmender Freizeit immer mehr Menschen zu »Webern« oder »Weberinnen« werden.
Um es noch einmal zu wiederholen: Das grundsätzliche Prinzip des Webens läßt sich leicht, beinahe von selbst begreifen. Fäden verschlingen sich, von geschickter Hand geführt, miteinander und bilden so Flächen, Muster, Formen von originellem Reiz. So selbstverständlich aber diese Grundmethode auch sein mag, so wirkt doch ein bespannter Webstuhl, durch dessen »Fächer« ein Schütze oder Schiffchen fliegt, auf den Betrachter wie ein Zauberwerk, wie ein geheimnisvolles Labyrinth. Außer mit ihren Händen arbeiten Weber oder Weberin zugleich auch mit den Füßen. Weben erweckt, wenn es am Webstuhl zügig ausgeübt wird, zwangsläufig Staunen und Bewunderung.
Werde ich, so mag mancher Liebhaber des Webens heimlich denken, diese Fertigkeit je so vollendet beherrschen? Besteht nicht die Gefahr, daß sich diese vielen feinen Fäden unrettbar verwirren? Daß statt des ersehnten ansehnlichen Gewebes nichts als ein entsetzliches Durcheinander zustande kommt?

Webrahmen oder Webstuhl?

Daß solche Fragen und Zweifel aufkommen, ist verständlich. Denn in der Tat sind mit der Arbeit an einem »richtigen« Webstuhl erheblich größere Anforderungen an Fertigkeit und Geschicklichkeit verbunden als bei der Handhabung eines schlichten Webrahmens. Verblüffend bleibt dennoch, daß der Geräteaufwand, Größe und Kosten der Webausrüstung, allein noch gar nichts über Wert und Eigenart des Ergebnisses verraten. An einem stattlichen, vierschäftigen Webstuhl kann nämlich ein umfangreicher, breiter, feiner, aber eben relativ »langweiliger« Stoff entstehen, während dem Webrahmen unter den behutsam gestaltenden Händen eines Webkünstlers ein in Farben, Form und Brauchbarkeit gleich begeisterndes Meisterwerk entspringen kann. Weben gehört zu den wenigen Tätigkeiten, bei denen die umfangreichere, aufwendigere Apparatur durchaus noch nicht das bessere Ergebnis sichert. Daher braucht sich auch niemand als »Schmalspur-Weber« zu fühlen, wenn er aus dem einen oder anderen Grund den simplen, billigen Webrahmen, das kleine Tisch-Webgerät dem mächtigen Webstuhl vorzieht. Schon der vorhandene Raum kann die Entscheidung für das eine oder andere begrenzend beeinflussen. Ein »ausgewachsener« vierschäftiger Webstuhl für eine Stoffbreite von 110 cm, mit Kontermarsch und Schnellschuß ausgestattet – Sie werden später erfahren, worum es sich dabei handelt – erfordert immerhin eine Fläche von 5–6 m^2. Da Sie schließlich auch um Ihren Webstuhl herumgehen wollen und ihn bedienen müssen, und da Sie auch noch ein paar Zusatzgeräte brauchen, benötigen Sie für Ihren Hobby-Webstuhl insgesamt einen Raum von mindestens 12 m^2. Wer hat den so ohne weiteres übrig?!
Das ist der eine Punkt. Der andere Punkt betrifft die Kosten. Wer sich für einen stattlichen Webstuhl entscheidet, würde fürs gleiche Geld leicht einen Spitzen-Farbfernseher erhalten. Zum Glück werden Webstühle in Fachzeitschriften häufig

auch gebraucht angeboten und können dadurch billiger erworben werden. Ein Webrahmen oder Tischwebstuhl, die sich ohne viel Schwierigkeiten auf jedem Wohnzimmertisch handhaben lassen, kosten dagegen nur den Bruchteil eines Webstuhls. Hier muß man also gründlich überlegen und abwägen.

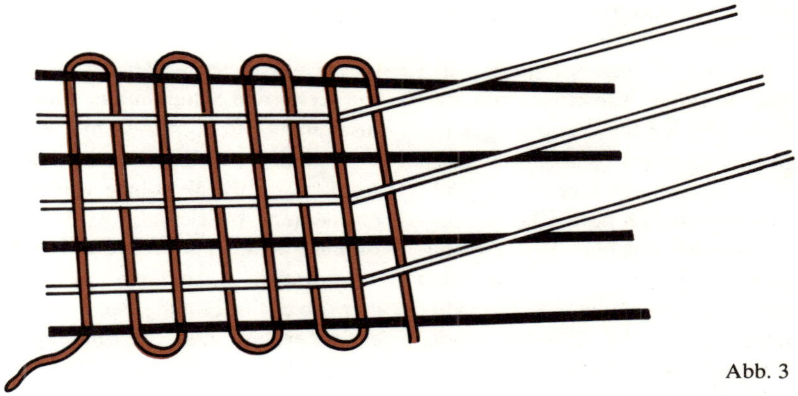

Abb. 3

Kette und Schuß

Alle Webgeräte freilich – die ganz einfachen, die einfachen und die komplizierten großen – arbeiten in der gleichen Weise. Zunächst müssen die Längsfäden Ihres künftigen Gewebes in einen bestimmten Rahmen gespannt werden. Der Weber nennt diese Fäden – jetzt kommt der erste Fachausdruck, von dem wir im nächsten Kapitel noch ausführlicher sprechen werden – die **Kette**. Wenn Sie an Ihrem Webgerät stehen oder sitzen, verläuft diese Kette stets senkrecht von Ihrem Körper nach vorn. Merken Sie sich das gegebenenfalls durch einen kleinen Trick: beide Worte, »Kette« und »senkrecht«, haben zwei »e«!
Zwischen diesen Fäden der Kette müssen nun Querfäden eingefügt werden, die Sie miteinander verknüpfen und verbinden. Diese quer verlaufenden Fäden bilden den **Schuß** oder die Schußfäden. Auch hier der Trick, um sich diesen Fachausdruck ohne Verwechslung zu merken: das »u« vom »Schuß« ist auch im Wort »quer« zu finden.
Schuß nennt man diese Fäden, weil im Webstuhl jeder Querfaden mit einem »Schützen« oder Weberschiffchen zwischen die Längsfäden der Kette hindurch »geschossen« wird (Abb. 2). Das setzt freilich eine ganz bestimmte Anordnung der Fäden dieser Kette voraus. Jeder zweite Faden muß gegenüber dem vorangehenden ersten Faden leicht angewinkelt sein. Ebenso der vierte gegenüber dem dritten. Und so weiter. Das heißt, zwischen den ersten, dritten, fünften, siebenten, neunten usw. und den zweiten, vierten, sechsten, achten, zehnten usw. Längsfäden bildet sich beim Anwinkeln oder Anheben eines Teils der Fäden ein leicht geöffneter spitzer Winkel. In dem dadurch geschaffenen freien Raum zwischen den Fäden der Kette kann das Weberschiffchen quer hindurch geschossen werden.

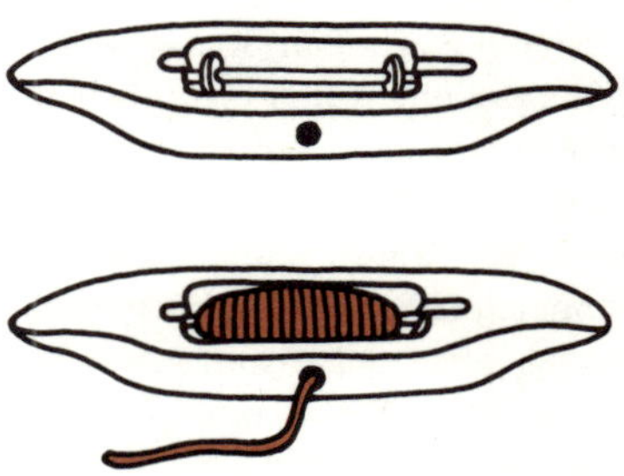

Abb. 2

Das Fach

Dieser freie Raum, der sich abwechselnd öffnet und nach dem Passieren des Querfadens (des Schusses) wieder schließt, damit sich die Fäden verbinden, wird von den Webern als **Fach** bezeichnet (Abb. 3). Mit dieser Bezeichnung kennen Sie nun bereits einen weiteren Fachausdruck. Noch einmal zusammengefaßt: Kette (Längsfäden)

und Schuß (Querfäden) bilden eine Öffnung, das Fach.
Aber hier müssen wir doch gleich eine wichtige Einschränkung machen. Was für den Webstuhl gilt, hat für einfachere Webgeräte noch keine Bedeutung. Der simple Webrahmen nämlich besitzt keine Möglichkeit, ein solches »Fach« zu bilden. In ihm liegen alle Längsfäden der Kette fest in einer Ebene. Hier müssen Sie die Querfäden des Schusses – allerdings ohne »Schuß«, sondern so geruhsam und gelegentlich mühsam wie beim Stopfen eines Loches im Strumpf – abwechselnd einmal vor, einmal hinter den Kettfäden entlangführen.
Dazu benützen Sie entweder Ihre geschickten Finger. Oder Sie verwenden als Hilfsmittel eine sogenannte Nadel, die pfeilartige, flache Abwandlung des Weberschiffchens, als Trägerin des Querfadens (Schuß), mit der Sie die Längsfäden nun wellenförmig durchziehen. Mit dieser Nadel reihen Sie nun abwechselnd einmal von links nach rechts, dann von rechts nach links einen »Schußfaden« an den anderen. Das dauert natürlich länger als der »Schuß« durch ein offenes Fach, aber es gibt Ihnen zugleich auch viele Variationsmöglichkeiten. In diesem Fall hat man in der Geschichte des Webens auch von der »Fingerweberei« gesprochen, wie sie nicht nur in Entwicklungsländern heute noch üblich ist.

Die Bindung

Indem auf diese Weise die Fäden von Kette und Schuß immer wieder zusammentreffen, entsteht eine Vereinigung von Quer- und Längsfäden, die auch als solche von den Fachleuten bezeichnet wird: als **Bindung** nämlich. Wenn Sie weben – mit was für einem Gerät auch immer, ob mit oder ohne Fach –, geht es immer darum, solche Bindungen herzustellen. Sie führen schließlich zum Endprodukt, dem Gewebe.
Mit diesem ersten Überblick wissen Sie also, worum es beim Weben geht. Mit Hilfe dieser Technik können Sie nun – das werden wir im folgenden Kapitel noch verdeutlichen – Gewebe aller Art herstellen: vom einfachen Untersatz über Stoffe, Gürtel, Bänder bis hin zum künstlerisch angelegten Gobelin oder zum stattlichen Teppich.

Das alles können Sie selber weben

Damit Sie eine etwas deutlichere Vorstellung erhalten, was eine Weberin oder ein Weber eigentlich anfertigen können, haben wir eine Anzahl der wichtigsten und beliebtesten Webwaren alphabetisch zusammengefaßt. Sie ist nicht vollständig, aber sicher anregend. Bestimmt finden Sie darunter auch ein interessantes und für Sie nützliches Stück, das gerade Sie reizen könnte und das Sie gern selber weben würden:

Anzugstoff	Krawatte
Kleiderstoff	Mütze
Bänder	Ofenkissen
Bettdecke	Poncho
Beutel	Rock
Bezugstoff	Schal
Borten	Serviette
Buchhülle	Serviettenring
Deckchen	Serviettentasche
Fleckerlteppich	Sets
Gobelin	Stola
Gürtel	Teppich
Halsband	Tischdecke,
Hosenträger	Tischläufer
Jacke	Topflappen
Kaffeewärmer	Umhängtuch
Kissenhülle	Untersetzer
Kittel	Vorhangstoff
Kleid	Vorleger
Kleiderstoff	Wandbild
Kopftuch	Weste

Material zum Weben

Dabei können Sie Ihren Vorstellungen von Material, Farben und Formen freien Lauf lassen. Wer auf reine Naturfasern schwört, wird in erster Linie mit Wolle, Baumwolle, Leinen oder Seide weben. Wer die Eigenschaften moderner Kunstfasern vorzieht, wird seine Produkte aus Perlon, Nylon, Dralon oder Mischgarnen herstellen.
Ausgesprochene Webkünstler oder

Abb. 4

Kunstweber begnügen sich nicht mit den fertig käuflichen Garnen und deren Farben, sondern spinnen manchmal auch selbst und färben ihre Garne selbst ein. So erhalten Sie genau die Farbtönungen, die Ihnen vorschweben. Diese Färbverfahren mittels natürlicher Stoffe, darunter etwa Zwiebeln, Birkenlaub, Goldrute, Weidenröschen usw. oder mittels synthetischer Farben bedeuten einerseits zwar eine Ausdehnung und in mancher Hinsicht Erschwerung der eigentlichen Webarbeit, andererseits jedoch eine ganz erhebliche Bereicherung der Ausdrucksmöglichkeiten. Wenn Sie bei modernen handgewebten Artikeln überraschend wirkungsvolle Farben entdecken, gehen Sie manchmal auf solche individuelle Behandlung zurück.

So sammeln Sie Erfahrungen

Falls Sie bisher noch keinerlei engere Berührung mit dem Weben gehabt haben und Ihnen Ihre Umgebung auch keine Gelegenheit zum praktischen Anschauungsunterricht und entsprechenden Fragen bietet, dann sammeln Sie Ihre Weberfahrungen am besten, indem Sie zuerst die einfachsten Methoden wählen. Mit diesen einfachen Methoden läßt sich das Weben auch für Kinder oder weniger geschickte Personen gleichsam spielerisch erlernen.

Das heißt, Sie sollten ganz simpel, vielleicht sogar primitiv, mit **Rundweberei** beginnen (Abb. 4). Hier sind die Anforderungen an technische Fertigkeiten und handwerkliches Geschick beinahe minimal. Die Grundausstattung kostet nur wenige Mark, so daß Sie ohne langes Zögern und Überlegen einfach »einsteigen« können. Dabei merken Sie bereits an einem ersten Beispiel, ob Weben Ihnen überhaupt liegt, ob es Sie reizt, ob Sie Freude daran haben werden.

Ganz ähnlich verhält es sich mit der **Bandweberei**, die es erlaubt, ohne viel Aufwand und Gerät reizende Gürtel, Borten und daraus zusammensetzbare Gegenstände herzustellen (Abb. 5). Die Kosten sind auch hier gering. Dabei führt die Weiterentwicklung der Gürtelweberei als Plättchen- oder Brettchenweberei schon zu erstaunlichen Resultaten.

Das Wichtigste dabei aber ist: Sie testen sich selbst. Falls Ihre Entscheidung bei diesen einfachen Techniken negativ ausfällt, haben Sie gar nicht viel Zeit und Geld investiert.

Vermutlich wird allerdings genau das Gegenteil der Fall sein. Sie werden Ihre ersten runden Untersätze, Ihre Gürtel und Borten fertigstellen und dabei zu Ihrer Freude entdekken, was für eine neue Welt sich damit auftut. Ihre Umgebung wird überrascht sein, was Sie geschaffen haben. Kinder werden zu einem beglückenden Erfolgserlebnis kommen. Wenn das der Fall sein sollte, dann werden Ihnen diese bescheidenen Webverfahren nach einiger Zeit nicht mehr genügen. Sie wer-

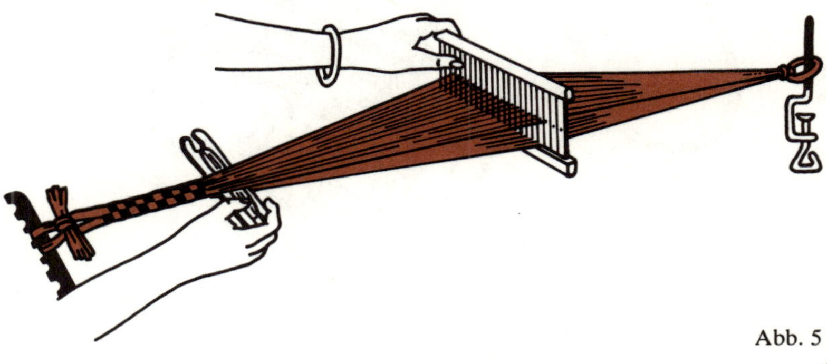

Abb. 5

Farbtafel 1

Webarbeiten von acht- bis vierzehnjährigen Schülern unter Leitung von Katharina Mackert-Zechlin auf verschiedenen einfachen Webrahmen:

1 Kleines Wandbild mit Segelschiff über Pappe gewebt
2 Mit Garnresten in einem Drahtreifen gewebt
3 Wandbehang aus Sisal
4 Wandbild »Fliegender Vogel« aus Wolle.

den nun daran gehen wollen, endlich »richtig« zu weben.

Selbstverständlich könnten Sie, falls Geld- und Raummangel Sie nicht daran hindern, nun ohne weiteres einen größeren Webstuhl kaufen und in Ihrem Heim aufstellen. Aber auch hier raten wir Ihnen, diesen dritten oder vierten Schritt, auch wenn Geld und Raum vorhanden sind, keinesfalls vor dem zweiten zu tun. Den ersten haben Sie mit der Rund- und Gürtelweberei mit Erfolg hinter sich gebracht. Das bedeutet übrigens nicht, daß Sie nicht doch dann und wann wieder einmal darauf zurückgreifen und dabei feinere Möglichkeiten dieser einfachen Techniken ergründen und ausschöpfen.

Der zweite Schritt auf Ihrem Weg zur Beherrschung des Webens besteht nun darin, sich an einem **einfachen Webrahmen** zu versuchen. Mit Hilfe dieses Webrahmens werden Sie jetzt und auch künftig schöne Dinge herstellen können – auch dann noch, wenn Sie eines Tages am perfekten Webstuhl sitzen (Abb. 6). Gelegentlich wird vorgeschlagen, einen solchen einfachen Webrahmen selbst zu basteln. Möglich ist das ohne weiteres. Dennoch möchten wir Ihnen das nicht unbedingt empfehlen. Gewiß handelt es sich dabei, falls Sie nur ein bißchen handwerkliche Geschicklichkeit besitzen, um keine mühsame Bastelarbeit. Aber es ist doch besser, wenn Sie von vornherein Ihre Webtätigkeit mit einem fertigen, perfekten Gerät beginnen und nicht – möglicherweise – durch irgendeine Unzulänglichkeit Ihres Bastelstücks unnötig behindert sind. Zahlreiche Firmen – Sie lesen das später – bieten solche einfachen Webrahmen fertig an. Vielleicht gibt es in Ihrer Stadt ein Handarbeits- oder Bastelgeschäft, das ihn auf Lager hat.

Auch mit einem Webrahmen sind Sie nicht überfordert. Sie können auch jetzt noch umkehren, falls Sie das fertigbringen. Der Preis für einen Webrahmen einfacher Art liegt auf der Höhe einer ganz bescheidenen Bluse, eines Arbeitshemds, eines T-Shirt. Dennoch können Sie Beachtliches damit herstellen. Die Skala der Möglichkeiten reicht von praktischen Artikeln – Sets, Untersetzer, Servietten, Deckchen, Kissen – bis zu Wandbildern für Ihre Wohnung, fürs Kinderzimmer. Sie stellen bereits Gegenstände her, die Sie guten Gewissens als individuelles Geschenk verwenden können, das die unsichtbare Gütemarke trägt: »Persönlich handgewebt«.

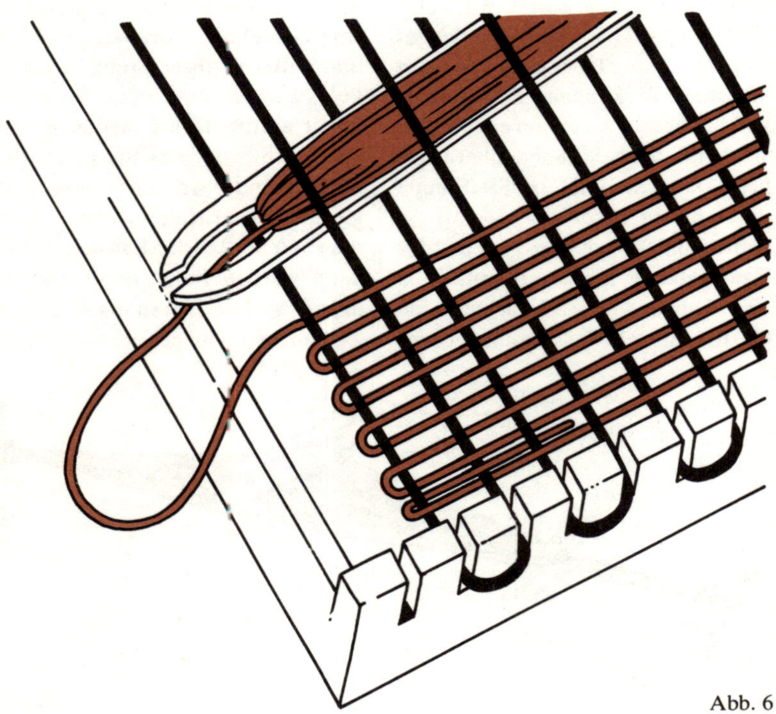

Abb. 6

1 △ 3 ▽ 2 △ 4 ▽

Farbtafel 2

Wandbild »Evolution I« von Dorothea Jacobsen-Nolting, gewirkt aus Mischgarnen, im Format 90 × 175 cm.

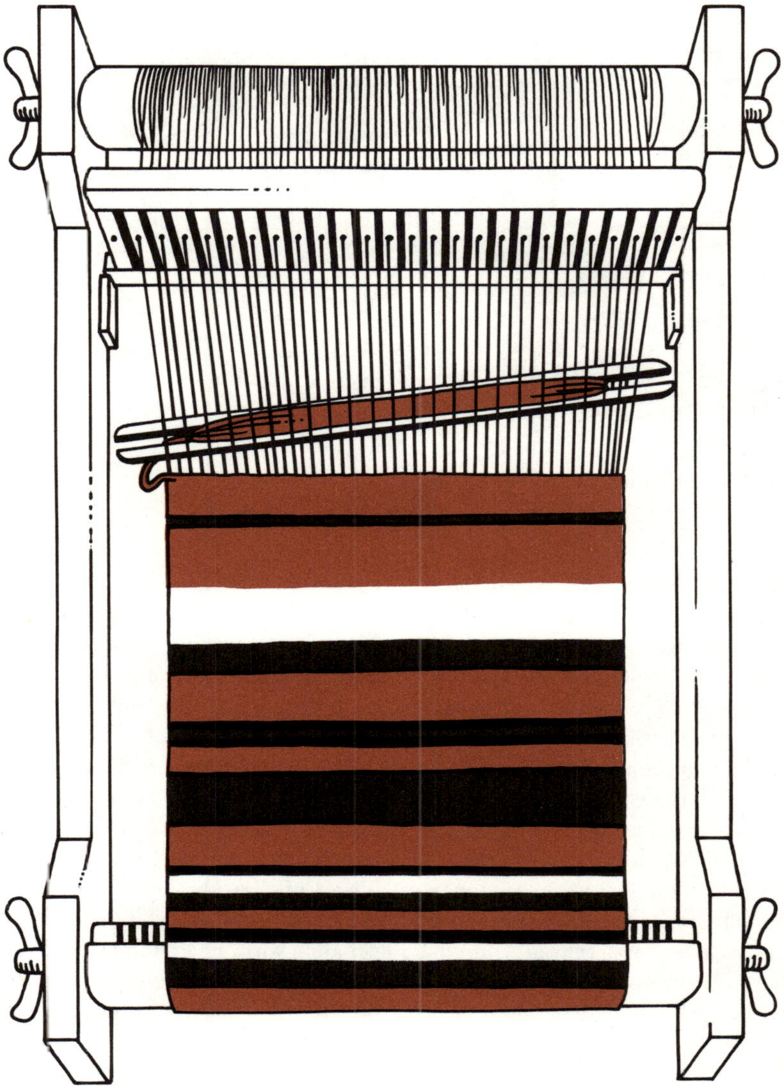

Abb. 7

Bereits die Verwendung eines sogenannten Gatterkamms macht aus Ihrem einfachen Webrahmen ein vollwertiges Webgerät, das je nach Breite vielerlei Arbeitsmöglichkeiten bietet (Abb. 7). Auch hier sind die zusätzlichen Kosten gering. Wer einen Webrahmen auf ein Untergestell mit Füßen setzt, hat bereits einen Miniatur-Webstuhl zur Verfügung.

Die richtigen Webstühle

Von Ihrem **Webrahmen mit Gatterkamm** führt der nächste Schritt zwangsläufig zum ersten richtigen **Webstuhl**. Webstühle gibt es in vielerlei Gestalt und Größen, je nach ihrem hauptsächlichen Verwendungszweck. Das bedeutet, daß Sie sich, bevor Sie sich endgültig dem Kauf eines Webstuhls zuwenden, darüber klar werden müssen, wie und was Sie damit weben wollen. Sie brauchen »Ihren« Webstuhl, dessen Kauf unter keinen Umständen übers Knie gebrochen werden kann, weil er Ihren individuellen Neigungen entsprechen muß. Sie werden jetzt verstehen, warum wir Sie zunächst mit einfacheren Geräten ans Weben herangebracht haben. Nur so sind Sie jetzt in der Lage, nach eingehendem Studium von Angeboten, Prospekten, nach Besichtigungen und Überlegungen die richtige Wahl zu treffen.

Das ideale Gerät für einen Anfänger ist der **Tischwebstuhl** (Abb. 8). Es gibt ihn mit zwei und vier Schäften, wobei die Schäfte hierbei das tun, was beim Webrahmen der Gatterkamm bewirkt, nämlich ein Fach zu bilden. Während Sie das beim Gatterkamm des Webrahmens unmittelbar mit der Hand tun, stehen Ihnen dafür beim Tischwebstuhl Hebel zur Verfügung. Tischwebstühle werden in verschiedenen Breiten zwischen etwa 40 und 80 cm angeboten. Ihr Vorzug besteht darin, daß sie leicht transportabel und platzsparend sind, also ideal auch für einen kleineren Wohn- oder Arbeitsraum. Daher haben selbst erfahrene Handweber einen solchen Tischwebstuhl als Zweitgerät, um darauf Muster ausprobieren zu können. Für einen breiteren Tischwebstuhl ist ein Fußgestell nützlich, da er dann fester steht. An Kosten müssen Sie beim Tischwebstuhl etwa mit der gleichen Summe rechnen wie beim Kauf eines einfachen Elektroherdes oder eines guten Radiogeräts.

Wenn von einem Webstuhl die Rede ist, denken die meisten an einen **Standwebstuhl**, den es gewöhnlich mit vier bis zehn Schäften gibt. Je mehr Schäfte ein Webstuhl hat, um so vielfältiger sind die Muster, die man auf ihm weben kann. Man muß allerdings auch hinzufügen: um so schwieriger ist er zu bedienen. Eine nahezu ideale Lösung für viele

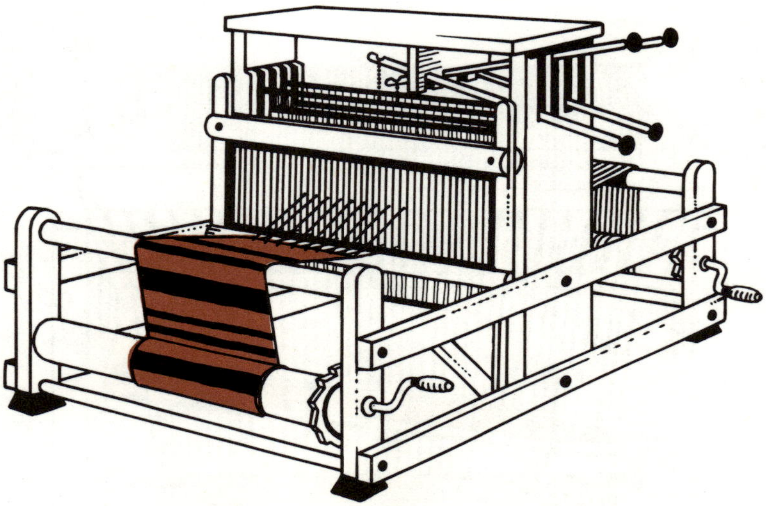

Abb. 8

Zwecke bildet der vierschäftige Webstuhl, weil er hinreichend Variationsmöglichkeiten für den normalen Webbedarf bietet (Abb. 9). Es gibt ihn in verschiedenen Breiten von etwa 100–160 cm, was der größtmöglichen Breite für ein Webstück entspricht. Berücksichtigen Sie aber auch, daß bei einem solchen Webstuhl, so gut man mit ihm arbeiten kann, die Vorbereitungsarbeiten vor dem eigentlichen Weben umfangreich und zeitraubend sind. Das Weben selbst geht dagegen leicht von der Hand. Daß dieser Webstuhl verhältnismäßig viel Raum erfordert – auch eine Sitzbank für Weber bzw. Weberin kommt hinzu – wissen Sie ja bereits. Sein Preis liegt ohne das Zubehör auf der Höhe eines sehr guten Farbfernsehgeräts. Bei einer etwas kleineren Ausführung kommen Sie auch mit den Aufwendungen wie etwa für eine gute Waschmaschine aus.

Wer in erster Linie ans Weben von Gobelins denkt, hat zwei Möglichkeiten. Entweder kauft er einen handlichen und leicht transportablen **Gobelinwebrahmen**, der beim Arbeiten zwischen Schoß und Tisch gehalten wird. Es gibt ihn in mehreren Größen. Allerdings können in ihm nur Arbeiten von begrenztem Umfang angefertigt werden, die jedoch bei geeignetem Entwurf das einfache Gerät kaum ahnen lassen. Die Fachbildung erfolgt beim Gobelinwebrahmen durch Schnurlit-

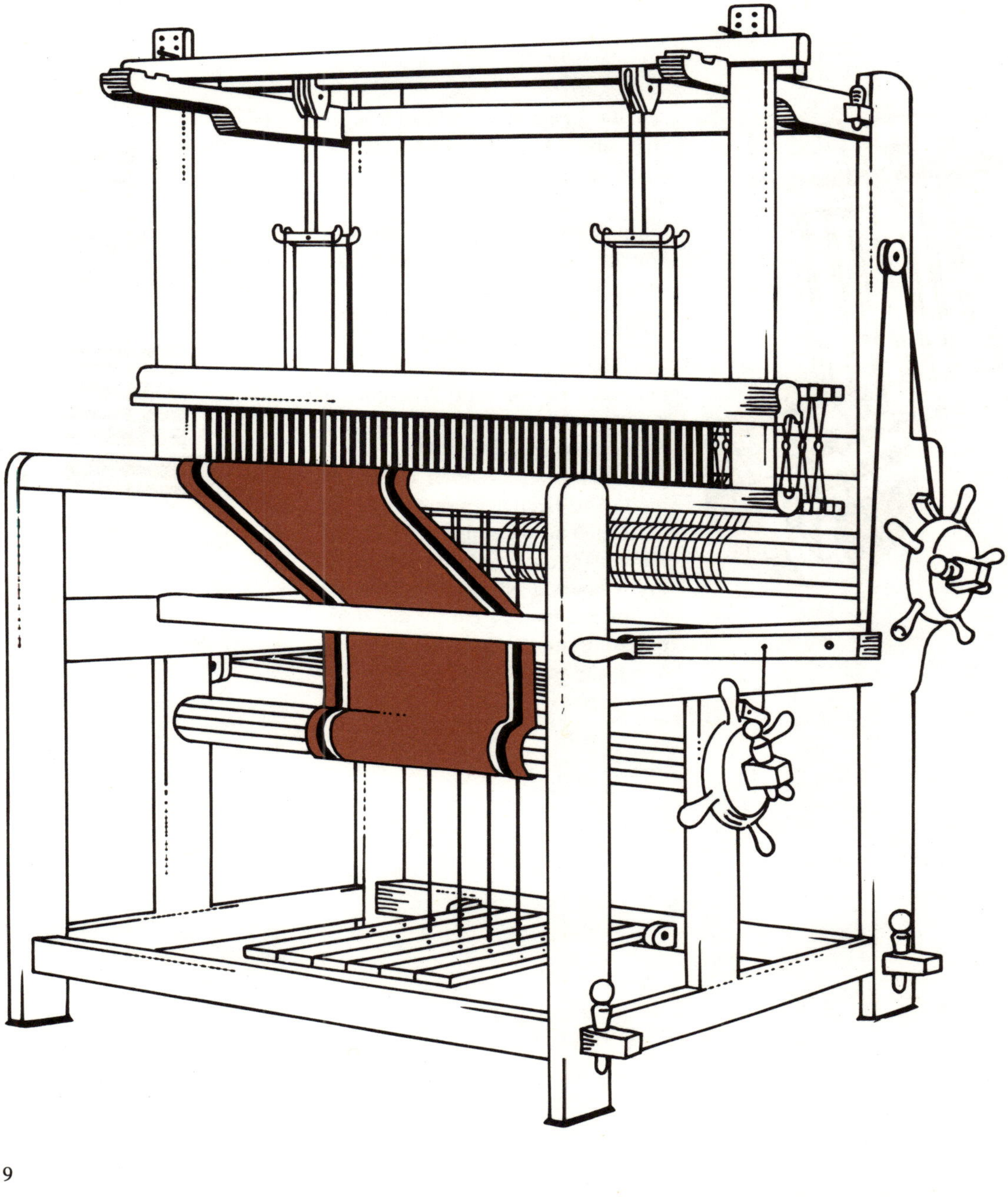

Abb. 9

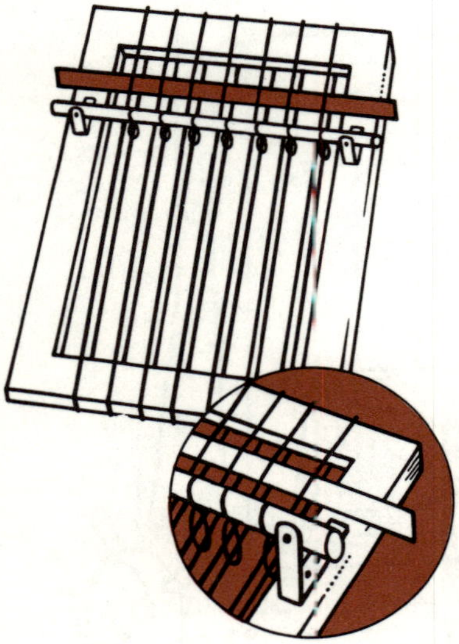

Abb. 10

zen, die an einem Litzenbaum befestigt sind (Abb. 10). Der Preis ist bescheiden und entspricht ungefähr einem Kontaktgrill.

Für größere Gobelins und Teppiche kommt ein **Gobelinwebstuhl** in Frage, den Sie an seinem senkrecht hochragenden Rahmen – mit senkrecht verlaufender Kette – erkennen. Bei ihm wird nicht mit Schäften, sondern wie beim Webrahmen mit Schnurlitzen an einem Litzenbaum gearbeitet (Abb. 11). Im allgemeinen ist er zwischen 1 und 2 m breit. Die Breite bestimmt im wesentlichen auch den Preis. Während die Ausführung von 1 m Breite im Preis einem größeren Kühlschrank entspricht, müssen Sie für den doppelt so breiten Gobelinwebstuhl das Vierfache rechnen.

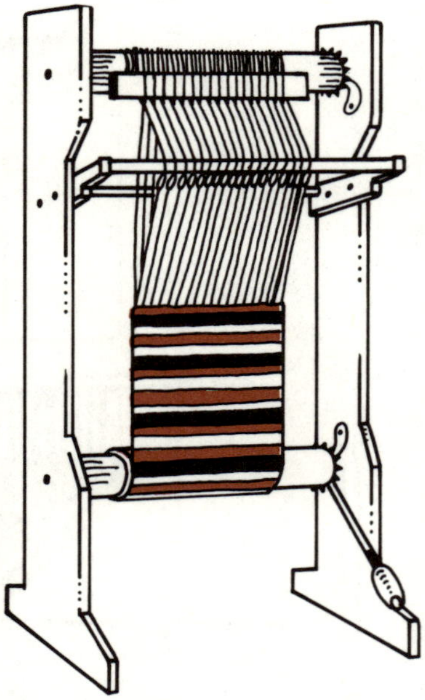

Abb. 11

2 Aller Anfang ist klein

Aller Anfang ist klein

Fangen Sie langsam an

Selbstverständlich können Sie, sobald Sie erst einmal fürs Weben »motiviert« sind, sofort einen großen vierschäftigen Webstuhl bestellen, denn – so denken Sie möglicherweise – die beste Ausrüstung ist gerade gut genug.
Aber sehr sinnvoll wäre das nicht. Denn, falls Sie – was ja denkbar ist – weniger Freude am Weben als erwartet haben oder mit dem nicht ganz einfach zu handhabenden stattlichen Webstuhl nicht zurechtkommen und relativ lange brauchen, bis Sie etwas fertig gewebt haben, stünde Ihr Webstuhl möglicherweise herum, Ihre anfängliche Freude ginge schnell verloren.
Besser ist es daher, klein anzufangen. Dabei nämlich werden Sie auf dem einfachsten Weg wie von selbst mit der Technik vertraut, und Sie schaffen es vom ersten Versuch an, ein selbst gewebtes Stück zustande zu bringen.
Das gilt ganz besonders, wenn Kinder und ältere Leute weben lernen, die vielleicht nicht ganz so geschickt sein mögen. Mit einem größeren aufwendigen Webgerät könnte ihnen – von den Kosten einmal ganz abgesehen – rasch die Lust am Weben vergehen. Aber jeder will doch weben, um Freude daran zu haben. Immer langsam voran, bedeutet also die beste und einzig richtige Taktik.

Zuerst mit dem Rundwebrahmen

Am einfachsten können Sie mit einem Rundwebrahmen beginnen. Er besteht heute überwiegend aus Plastik und ist nichts anderes als ein runder Reifen, der mit Einkerbungen versehen ist. Diese Kerben haben den Zweck, den Webfaden zu spannen und festzuhalten. Rundwebrahmen gibt es in vielen Größen. Sie kosten – je nach Größe – nur wenige Mark.
Dieser runde Rahmen muß nun mit Garn bespannt werden. Dazu können Sie nach Belieben Garn aus Baumwolle, Wolle, Kunstfasern, aber auch Bast nehmen. Herstellen können Sie auf einem solchen Rundwebrahmen viele Dinge, beispielsweise Untersetzer, Topflappen, Deckchen, Sets und sogar bereits originelle Wandbehänge und Wandbilder. Selbstverständlich können Sie von Anfang an mit Garnen verschiedener Farben arbeiten. Sie beginnen damit, daß Sie mit dem Fadenende eine Schlaufe knüpfen, die Sie über einen Zahn – die Erhöhung zwischen zwei Kerben – hängen. Von hier aus spannen Sie Ihre Kette (siehe Seite 13), indem Sie den Faden senkrecht zur gegenüberliegenden Kerbe führen und rechts um den Zahn legen. Von hier ziehen Sie die Kette weiter, abermals quer über den runden Rahmen, wieder zum gegenüberliegenden Zahn. Dabei spannen Sie

den Faden jeweils oben von rechts nach links, unten von links nach rechts. Die Fäden kreuzen sich zwangsläufig in der Mitte (Abb. 12, 13). Wenn der ganze Rahmen schließlich gleichmäßig fest mit der Kette bespannt ist, ziehen Sie das Ende Ihres Kettfadens in eine Nadel, die meist zusammen mit dem Rahmen geliefert wird. Sie können aber auch, was manchmal besser ist, eine Teppichnadel oder Polsternadel benützen. Mit Hilfe dieser Nadel ziehen Sie nun den Faden im Kreis um den Kreuzungspunkt in der Mitte (Abb. 14). Achten Sie darauf, daß der Kettfaden gespannt bleibt. Vor allem aber, daß damit ja der eigentliche Webvorgang beginnt, also Nadel und Faden abwechselnd die gespannte Kette einmal oben, einmal unten durchqueren. Das ist der Anfang für den Schuß (siehe Seite 13). Nach den ersten Umrundungen ziehen Sie den Faden fest an, weben dann noch einige Runden und lassen den Faden dann auf der Rückseite lose heraushängen – er wird später im Gewebe verstopft.

Je nach dem, was und mit welchem Muster Sie weben wollen, beginnen Sie jetzt mit dem Schuß. Fädeln Sie den benötigten Faden in die Nadel ein und fangen Sie von der Mitte aus an, rundum zu weben, wobei das Fadenende – wie bereits der Kettfaden – auf der Rückseite lose herunterhängt. Da die Kettfäden in der Mitte sehr dicht beieinander liegen, verwendet man am Anfang für den inneren Teil des Gewebes dünneres Garn. Da die Abstände der Kettfäden zum äußeren Rahmen hin größer werden, kann später dikkeres Garn verwendet werden (Abb. 15). Besonders originell wird ein Gewebe, wenn zum Rand zu außer Garn auch dekorative Stücke wie Perlen, Pailletten, Knöpfe usw. auf den Schußfaden aufgezogen und dann gleich mit eingewebt werden. Bei Ihren allerersten Geweben arbeiten Sie am besten regelmäßig rundherum. Ziehen Sie jedoch Ihren Schußfaden nicht zu fest an, weil sonst das Gewebe leicht ausbeult. Wenn Sie ein anderes Garn oder eine andere Farbe verwenden wollen, lassen Sie jeweils die Fadenenden auf der Rückseite heraushängen, bis sie nach Fertigstellung des Gewebes verstopft werden.

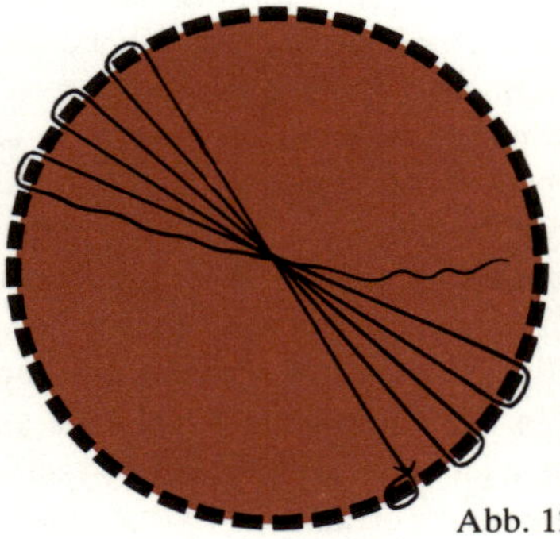
Abb. 12

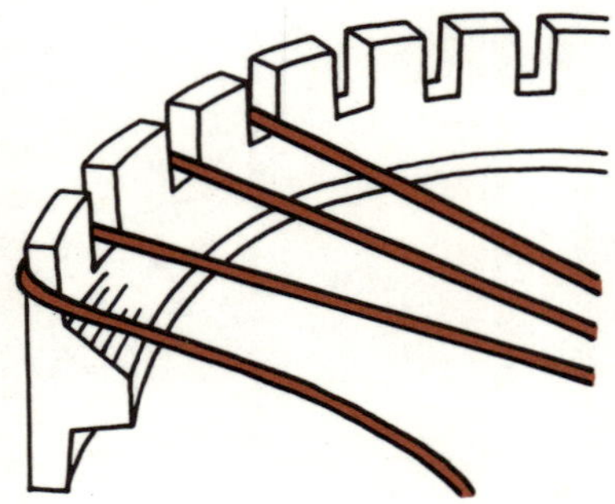
Abb. 13

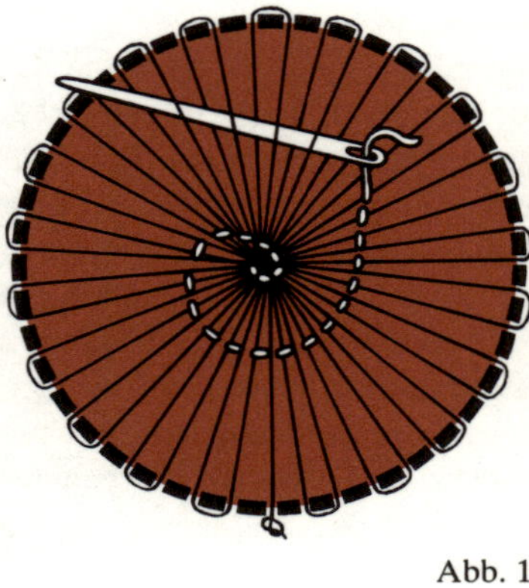
Abb. 14

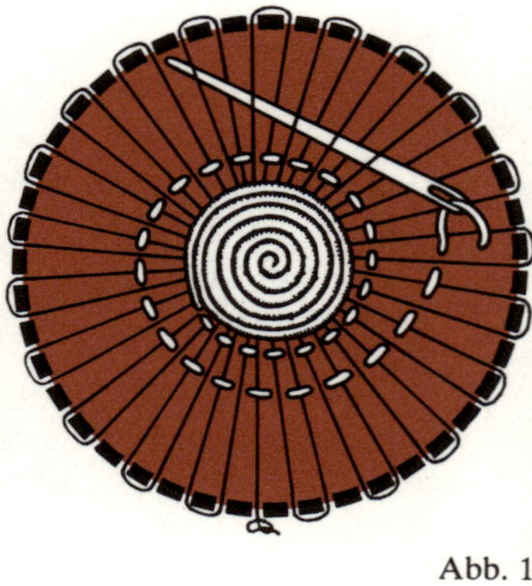
Abb. 15

Sie müssen aber, sobald die Technik Ihnen vertraut ist, keineswegs nur im Kreis weben. Vielmehr können Sie in freier Gestaltung Ihren Schußfaden einige Male nur über einen Teil der Kettfäden hin und zurückweben und auf diese Weise mit den verschiedensten Farben eine lebendige Flächenaufteilung erhalten. Sie werden später (siehe Seite 137) erfahren, welche Webtechniken Sie dabei auch anwenden können.
Wenn Sie Ihren Rahmen vollgewebt haben, heben Sie vorsichtig die Kettschlaufen über die Zähne des Rahmens, so daß das Webstück aus dem Rahmen gelöst ist. Falls Ihr Webstück nicht ganz bis an den Rahmen reicht, schneiden Sie die Kettschlaufen auf und ziehen Sie die Fadenenden unsichtbar ins Gewebe. Außerdem müssen die losen Fäden auf der Rückseite entsprechend der Webart sorgfältig verstopft und, wo nötig, abgeschnitten werden. Damit ist Ihr Set oder Deckchen fertig.

Webrahmen – einfach und praktisch

Nachdem Sie den Rundwebrahmen kennen, ist der rechteckige Webrahmen leicht zu verstehen. Das ist nämlich ein fester Holzrahmen, der an seinen Schmalseiten mit Einkerbungen (Schlitzen) versehen ist. Man kann ihn sogar selbst herstel-

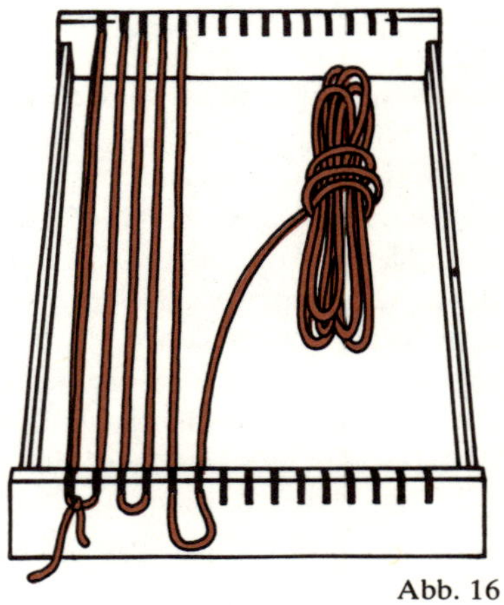

Abb. 16

len, aber da er nur zwischen DM 10,- und DM 20,- kostet, können Sie sich diese Arbeit sparen.
Der rechteckige Rahmen liegt beim Weben stets flach auf dem Tisch. Anders als beim Rundwebrahmen haben die Kettfäden immer einen gleichmäßigen Abstand. Das Bespannen des Rahmens beginnt an der linken unteren Ecke, wobei der Faden entweder festgeklemmt oder mit einer Schlaufe zwischen zwei Schlitzen (Zahn) befestigt wird. Von hier aus führen Sie den Faden durch die jeweiligen Schlitze in Längsrichtung parallel hin und her, bis der Rahmen voll bespannt ist (Abb. 16). Dabei müssen der linke und rechte Randfaden doppelt gezogen werden, um eine gleichmäßig feste Kante zu erhalten. Das Ende wird mit einer Schlaufe festgeknüpft.

Zusammen mit dem Webrahmen wird eine Webnadel geliefert, die aus Holz besteht. Es kann entweder ein schmaler, spitzer, flacher Stab mit einem Loch am stumpfen Ende sein (Abb. 17) oder ein schmales, längliches Brettchen mit Einbuchtungen an den Schmalseiten (Abb. 18). Der Schußfaden wird dabei entweder durch das Loch gezogen und evtl. festgeknotet oder aber längs umwickelt. Bei der letzteren Nadelart darf nicht zu viel Garn auf einmal aufgewickelt werden, weil sich sonst die gefüllte Nadel nur mühsam durch die Kettfäden schieben läßt. Ist die Nadel gefüllt, wird der Faden abgeschnitten (Abb. 19).

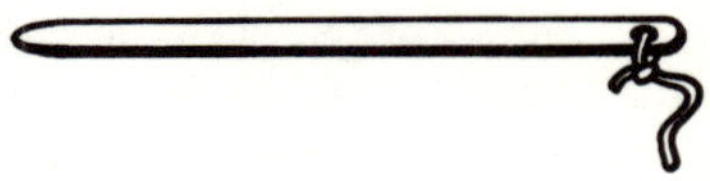

Abb. 17

Abb. 18

Sie beginnen mit dem Weben, indem Sie – wie beim Rundwebrahmen – die Nadel zwischen den Kettfäden abwechselnd darüber und darunter hindurchschieben. Nach der ersten Reihe lassen Sie ein ca.

Abb. 19

3 cm langes Fadenstück überstehen und führen es in der Webtechnik in der Richtung des zweiten Schußfadens zurück, um es zu befestigen (Abb. 20). Der Weber nennt den durchgezogenen Schußfaden den **Eintrag.** Damit das zu webende Stück gerade Kanten bekommt und

Abb. 20

nicht etwa in der Mitte schmäler wird, muß der »eingetragene« Schußfaden locker und in einem leichten Bogen eingeführt werden (Abb. 21).

Hier soll eine kleine Zwischenbemerkung gemacht werden. Mit dem Wort »Eintrag« begegnet Ihnen ein Fachbegriff, wie es bereits vorher »Kette«, »Schuß« und »Bindung« waren. Im Laufe Ihrer Beschäftigung mit dem Weben werden noch mehr hinzukommen. Auch wenn Ihnen der eine oder andere Begriff vielleicht erst fremdartig erscheint, ist es gut, sich an sie zu gewöhnen. Denn mit diesem Fachausdruck läßt sich oft präzis und ohne Umschweife deutlich machen, was gemeint ist, ohne es umständlich zu beschreiben, wie es hier am Anfang für den Laien und Webanfänger geschehen ist.

Nun aber weiter mit dem Webrahmen. Wichtiges Prinzip, wie bereits erwähnt, ist die Tatsache, daß jeder zweite Schußfaden so durch die Kettfäden verläuft, daß er einen anderen Weg nimmt als der erste Faden: wenn Schußfaden 1, 3, 5, 7 usw. einen Kettfaden oberhalb passieren, müssen die Schußfäden 2, 4, 6, 8 usw. den gleichen Faden unten passieren. Nur so kann eine Bindung und damit ein Gewebe entstehen.

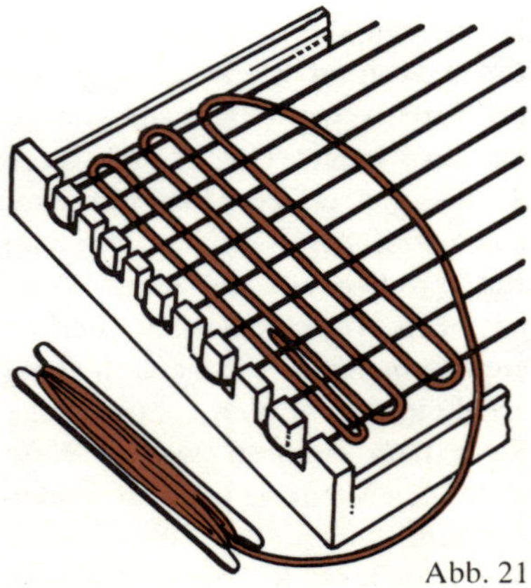

Abb. 21

Jeder eingetragene Faden wird mit der Webnadel fest auf den unteren Webrahmen geschoben. Dazu wird die Webnadel mit beiden Händen rechts und links gefaßt und in Richtung auf den Körper des Webenden gedrückt. Dadurch bekommt das Gewebe von Anfang an Halt. Das müssen Sie über das ganze Webstück hinweg gleichmäßig durchführen (Abb. 22).

Sobald die Nadel leergewebt ist,

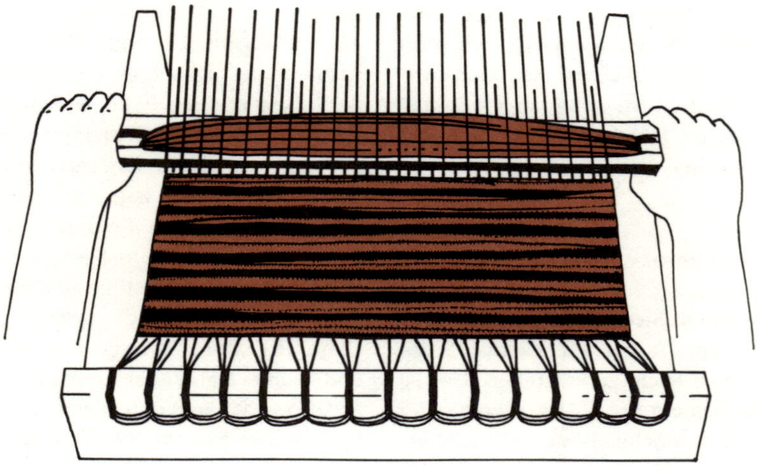

Abb. 22

wird sie erneut bewickelt. Der gleiche Vorgang wiederholt sich. Um den Anschluß an den vorhergehenden Faden herzustellen, beginnen Sie mit dem neuen Faden, indem Sie ein Stück des neuen in 2–3 cm Länge über den alten legen (Abb. 23). Je nach der Art des verwendeten Garns werden Sie das mehr oder

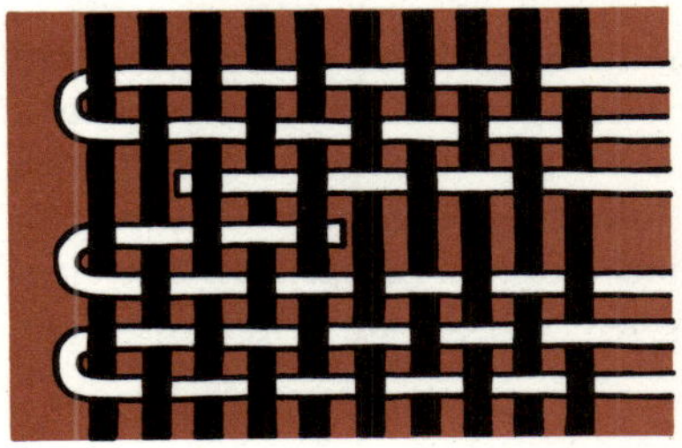
Abb. 23

minder häufig wiederholen müssen, bevor sich Ihr Webrahmen gefüllt hat.

Haben Sie den Innenraum des Webrahmens voll ausgenützt, können Sie die Kettfäden vorsichtig vom Rahmen abheben und das Gewebe ausgleichen. Damit ist Ihr Webstück fertig. Haben Sie oben und unten einen kleinen Abstand gelassen, schneiden Sie die Schlingen der Kettfäden auf und knüpfen jeweils zwei Fäden mit einem Doppelknoten (Abb. 24–26) zu Fransen (Abb. 27). Falls Ihr Webstück aus Woll- oder Baumwollgarn entstanden ist, können Sie es, um das Aussehen noch zu verbessern, mit einem feuchten Tuch und dem Bügeleisen leicht dämpfen.

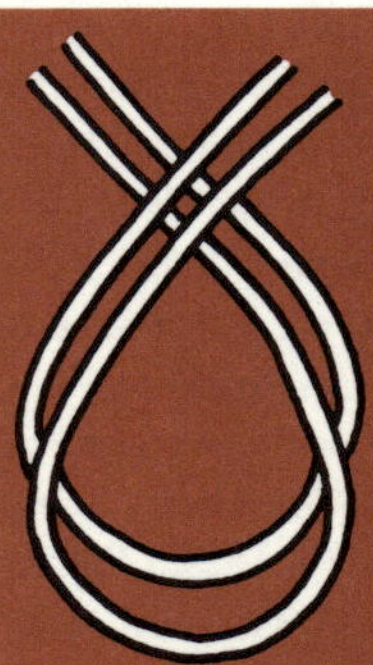
Abb. 24

Abb. 25

Abb. 26

Bunt weben mit dem Webrahmen

Natürlich werden Sie so schnell wie möglich nicht nur ein einfarbiges, sondern auch ein buntes Gewebe

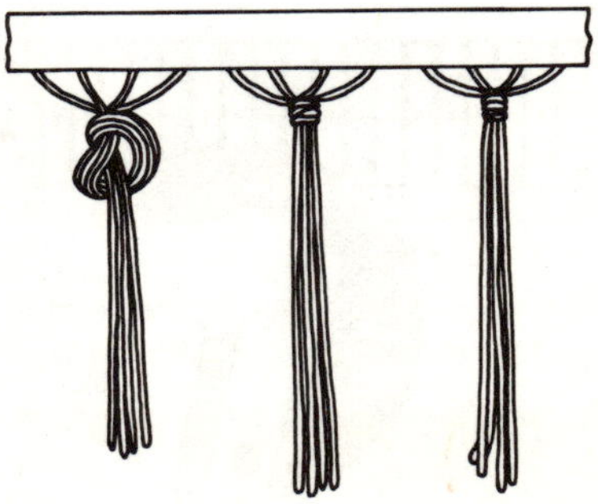
Abb. 27

herstellen wollen: gestreift oder kariert.

Das Einfachste sind Querstreifen. Entscheiden Sie sich zuerst für die Farben, die Sie verwenden wollen, und werden Sie sich über die Breite der Querstreifen klar, die Sie über den Raum des Webrahmens verteilen müssen. Sehr lebendig wirkt die Verbindung von schmäleren und breiteren Streifen. Damit die Streifen jeweils die gleiche, von Ihnen gewünschte Breite erhalten, müssen Sie für Streifen gleicher Breite immer die gleiche Zahl von Schußfäden verwenden – für Streifen halber Breite die halbe Zahl der Schußfäden.

Den Faden für jede von Ihnen benützte und benötigte Farbe wickeln Sie auf eine eigene Nadel. Falls die zum Rahmen gelieferten Nadeln nicht ausreichen, können Sie diese nachkaufen! Den Übergang von Farbe zu Farbe, jeweils nach der festgelegten Zahl der Schußfäden, stellen Sie ebenso her wie den An-

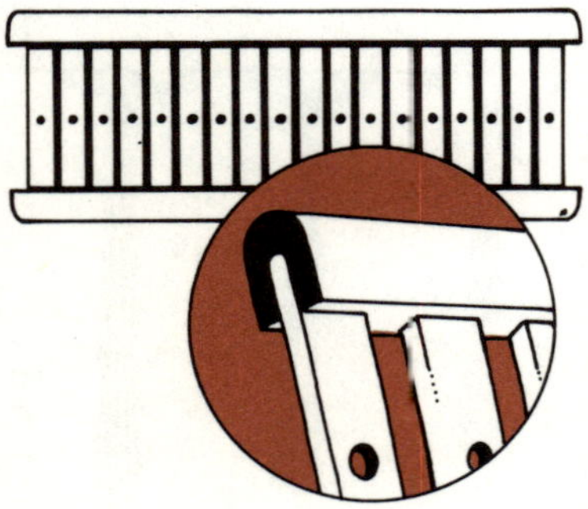

Abb. 28

schluß in der gleichen Farbe: Sie lassen alten und neuen Faden, z. B. den roten und den blauen, 2–3 cm überlappen und legen dabei beide Enden nebeneinander.

Die Farbe, die der Kettfaden hat, ist nebensächlich, denn bei dieser Art von Gewebe im Webrahmen werden durch die erheblich größere Zahl der Schußfäden im Vergleich zu den Kettfäden diese Kettfäden überdeckt. Die Bezeichnung für ein solches Gewebe ist Rips. Allein die Farbe der Schußfäden setzt sich durch. Wenn Sie das berücksichtigen, können Sie durch die Wahl der Schußfäden bereits mit zwei Farben schon sehr beachtliche Muster erreichen.

Das Prinzip sieht so aus: wenn Sie abwechselnd je einen roten und einen blauen Faden »eintragen« und das bis zum Ende des Webstückes fortsetzen, erhalten Sie entsprechend farbige Längsstreifen. Um Karos zu erhalten, versetzen Sie nach jeweils einem Zentimeter die beiden Schußfäden. Lassen dem letzten blauen Faden statt des roten einen weiteren in blau folgen und weben Sie nun im Wechsel von rot und blau weiter. Die Farbe des Kettfadens – sie kann eine der beiden oder eine dritte sein – spielt dabei keine Rolle, weil er ja ständig von den zahlreichen Schußfäden überdeckt wird. Wenn Sie dann am Ende Fransen knüpfen, wird auch die Farbe des Kettfadens in Erscheinung treten.

Mit diesem Prinzip, das Sie variieren können, lassen sich bei einiger Phantasie vielerlei Muster schaffen.

Zusätzlich – der Gatterkamm

Bei der bisherigen Arbeit mit dem Webrahmen haben Sie noch kein Fach (siehe Seite 13) bilden können. Dazu brauchen Sie einen Gatterkamm, auch Webkamm genannt. Er besteht aus Holz, Plastik oder beidem. Es handelt sich um einen Rahmen mit senkrechten Leisten, die durch Schlitze getrennt sind und jeweils in der Mitte ein Loch haben (Abb. 28). Die Kettfäden werden abwechselnd durch ein Loch und in einen Schlitz gezogen. So entstehen durch Heben und Senken des Gat-

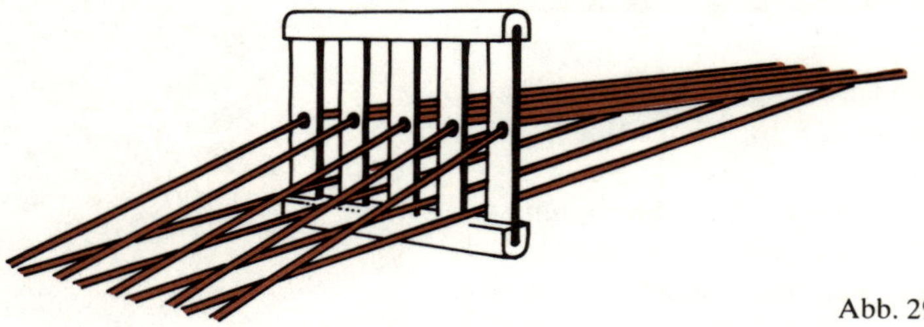

Abb. 29

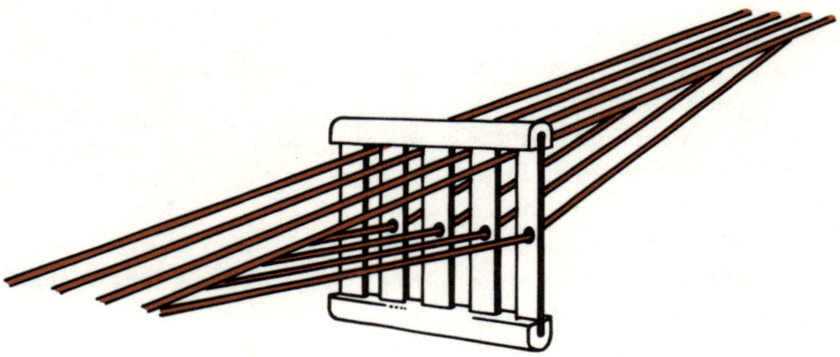

Abb. 30

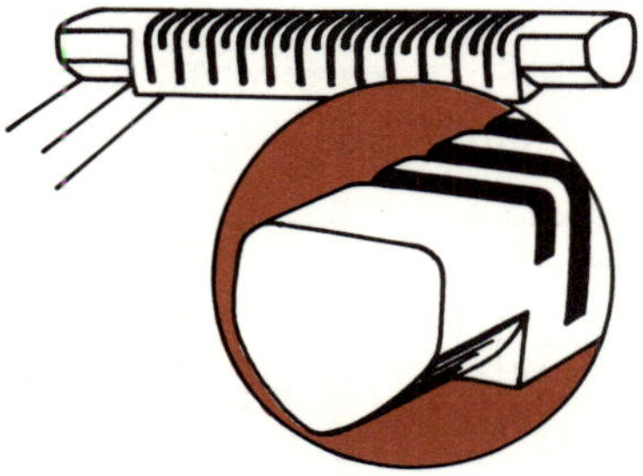

Abb. 31

terkamms, wobei die Kettfäden in den Schlitzen abwechselnd nach oben und unten wandern, Fächer. Ein wenig verwirrend wirkt ihre Bezeichnung: heben Sie nämlich den Kamm an, so gleiten die Kettfäden in den Schlitzen nach unten. Da aber die Kettfäden, die die Löcher durchqueren, nach oben gehoben werden, spricht man dabei vom Oberfach (Abb. 29). Umgekehrt: die Schlitzfäden gleiten nach oben, die Lochfäden nach unten, also Unterfach (Abb. 30).

Anstelle des Gatterkamms, der mit dem Webrahmen geliefert wird, kann gelegentlich auch ein Drehstab angeboten werden. Das ist ein eckiger Holzstab, der tiefere Schlitze und – anstelle der Löcher des Gatterkamms – weniger tiefe Schlitze aufweist (Abb. 31). Mit ihm können Sie sinngemäß ebenso wie mit dem Gatterkamm Fächer bilden.

Gatterkämme können verschiedene Einteilungen haben, die sich auf die jeweiligen Garnstärken beziehen. Der feinste Gatterkamm – 60/10 bezeichnet – ist für Baumwolle, Leinen, feine Wolle bestimmt. Das bedeutet, daß hier 60 Fäden auf 10 cm eingezogen werden können. Der meistens mitgelieferte Gatterkamm hat die Dichte 40/10, also 40 Fäden auf 10 cm für übliche Strickwolle. Außerdem gibt es Kämme 30/10 und 20/10 für dicke Wolle und Bast.

Der Gatterkamm erleichtert und kompliziert die Arbeit zugleich. Der Kettfaden wird nämlich nicht mehr als Ganzes über den Rahmen gespannt, sondern muß in einzelne Abschnitte von gleicher Länge, der gewünschten Kettlänge entsprechend, zerschnitten werden. Mit einer Schraubzwinge wird der Gatterkamm am Arbeitstisch so festgeschraubt, daß er mit einer Hälfte über den Tisch ragt. Jeder einzelne Kettfaden wird nun über Daumen und Zeigefinger der linken Hand leicht gespannt und mit einer Häkelnadel und der rechten Hand abwechselnd durch ein Loch und einen Schlitz gezogen (Abb. 32). Das gleiche wiederholen Sie mit der anderen Kammhälfte, indem Sie den Kamm drehen. Sind alle Kettfäden durch den Gatterkamm gezogen, wird er in die Mitte des auf dem Tisch befindlichen Webrahmens gelegt. Sie befestigen nun jeden Kettfaden einzeln an einer Schmalseite des Webrahmens und schlingen die Enden in mehrfacher Windung um 3 oder 4 Zähne, so daß sie sich nicht

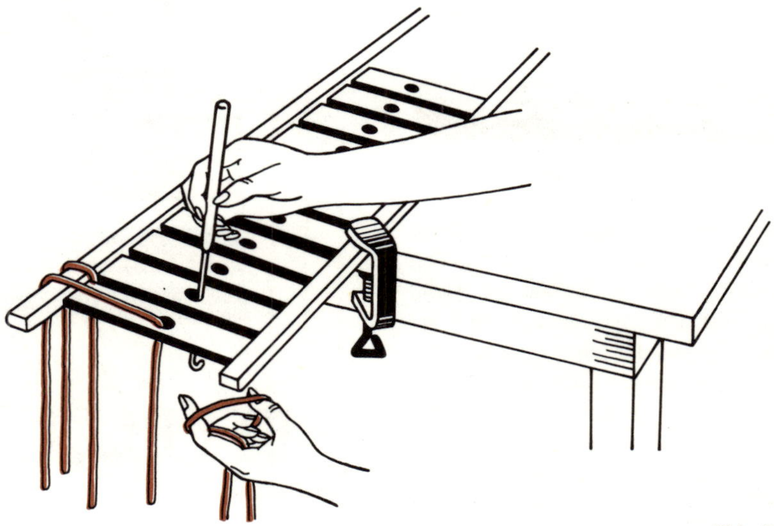

Abb. 32

lösen (Abb. 33). Der nächste Kettfaden, der die zweite Kerbe ausfüllt, wird gleichermaßen befestigt und teilweise über den vorhergehenden Kettfaden zwischen den Zähnen verschlungen (Abb. 34). Sind so alle Kettfäden angebracht, müssen sie – stramm angezogen – an der anderen Seite des Webrahmens gleichermaßen festgemacht werden. Damit hat der Gatterkamm inmitten des Webrahmens sicheren Halt.
Durch Heben und Senken des Gatterkamms entstehen die bereits bekannten Fächer, durch die Sie nun Ihre bewickelte Webnadel zügig

Abb. 33

Abb. 34

schieben bzw. »schießen« können. Sie erleben hier zum ersten Mal den Begriff »Schuß«. Sobald die Nadel an einem Ende angekommen ist, muß jeweils der Gatterkamm gehoben bzw. gesenkt werden, so daß ein neues Fach entsteht. Mit Hilfe des Gatterkamms wird jeweils jeder Schuß gleichmäßig festgeschoben. Mit allmählicher Fertigstellung des Gewebes wandert der Gatterkamm zum Oberrand des Rahmens (Abb. 35). Ist das Gewebe fertig bzw. der Rahmen ausgefüllt, wird das Webstück – wie bereits beschrieben – aus dem Rahmen gelöst. Danach wird der Gatterkamm

Abb. 35

aus den Kettfäden gezogen, und diese werden verknüpft.
Zwar erfordert die Vorbereitung des Webens mit einem Gatterkamm mehr Zeit, als wenn lediglich der Webrahmen bespannt wird. Aber das eigentliche Weben geht durch die Fächerbildung ganz erheblich schneller, ist wesentlich leichter auszuführen und bereitet dadurch auch mehr Freude, als wenn immer wieder die Nadel durch die Kettfäden geschlängelt werden muß: das Webstück nimmt rascher Gestalt an!

Nächste Stufe – der Tischwebrahmen

Der Tischwebrahmen ist etwas komplizierter, dafür aber vielseitiger als der einfache Webrahmen. So kostet er auch etwas mehr: je nach

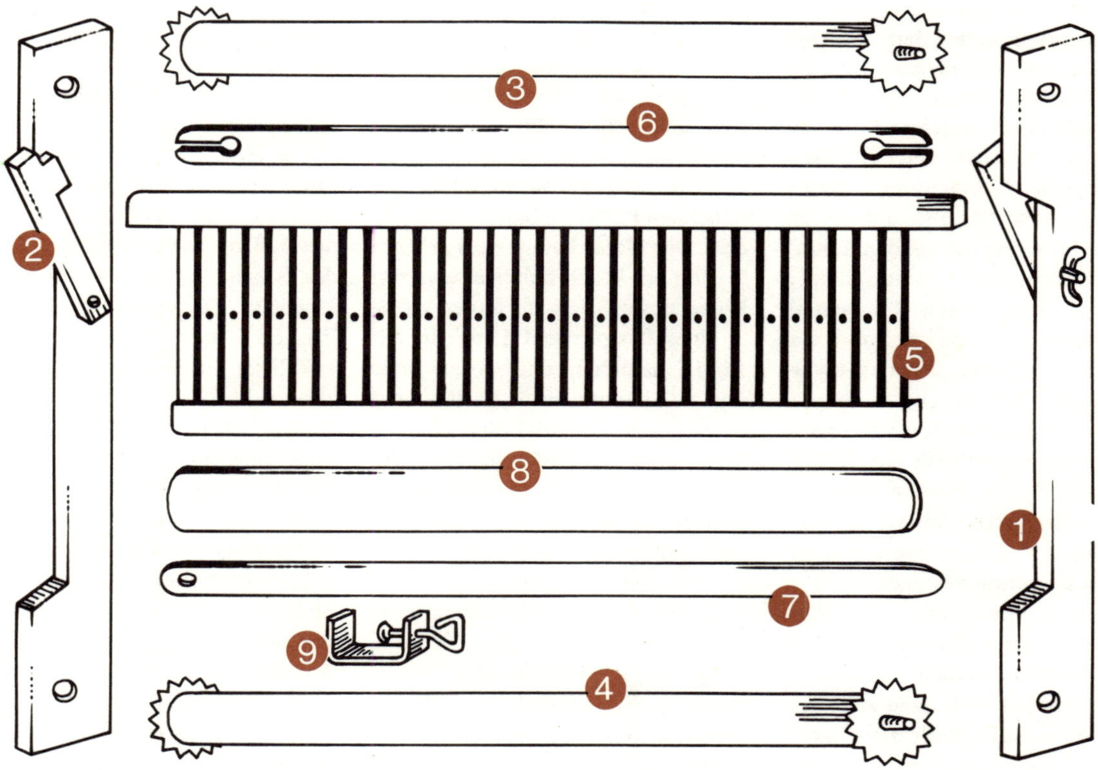

1 zwei lange Seitenteile
2 zwei Stützen für den Gatterkamm
3 Kettbaum
4 Warenbaum
5 Gatterkamm
6 Webnadel zum Bewickeln
7 Webnadel zum Einfädeln
8 Trennstab
9 eine von zwei Schraubzwingen

Abb. 36

Farbtafel 3

Attraktive weitgeschnittete weiße Leinenbluse, in Leinenbindung gewebt und mit feiner Stickerei. Dazu bunter Streifenrock aus reiner Wolle, gleichfalls in Leinenbindung, von Marianne Müller gewebt (Arbeitsanleitung S. 153).

Breite zwischen ca. DM 30,– und DM 100,–. Dieser Mehrpreis lohnt sich, vor allem je breiter der Webrahmen gewählt wird, da sich mit ihm mehr anfertigen läßt.

Er besteht aus Einzelteilen, die zusammengesetzt werden müssen, was dank einer mitgelieferten Anleitung keine Schwierigkeiten bereitet. Der wichtigste Unterschied zum einfachen Rahmen besteht darin, daß mit ihm Stücke verschiedener Länge gewebt werden können. Die für Sie bedeutsamste Neuerung ist die Tatsache, daß die obere und untere Begrenzung des Rahmens jetzt beweglich geworden ist, also um die eigene Achse gedreht werden kann.

Sie müssen dabei unterscheiden zwischen dem oberen Rahmenteil, an dem die Kettfäden befestigt und in beliebiger Länge, je nach der vorgesehenen Webarbeit, aufgerollt werden, und dem unteren Rahmenteil, an dem gleichfalls die Kettfäden angebracht werden und auf dem danach das fertige Gewebe aufgewickelt wird. Oberer und unterer Rahmenteil bestehen aus Leisten mit Einkerbungen, den Walzen, die an ihren Enden Zahnräder und Flügelschrauben aufweisen. Außerdem gehören dazu zwei Seitenteile mit Stützen für den Gatterkamm, der Gatterkamm selbst, Webnadel zum Bewickeln und Einfädeln, Trennstab und zwei Schraubzwingen (Abb. 36).

Merken Sie sich jetzt die Fachausdrücke: die obere Walze wird als **Kettbaum** bezeichnet, die untere als **Warenbaum.** Als »Ware« sieht der Weber das werdende bzw. fertige Webstück an. Am besten werden Sie die Funktion des Tischwebrahmens verstehen, wenn wir darauf gemeinsam einen Schal weben. Dafür setzen Sie zunächst den Webrahmen zusammen. Die länglichen Seitenteile werden mit Hilfe der Flügelschrauben auf den Achsen von Kett- und Warenbaum befestigt. Die Stützen für den Gatterkamm an den Seitenleisten zeigen nach oben. Damit ist wieder ein geschlossener Webrahmen entstanden. Der Gatterkamm wird erst bei Beginn der Webarbeiten eingesetzt. Wenn unser Schal aus feiner Wolle in einer Länge von 1,15 m (für ein Kind) entstehen und 20 cm breit sein soll, benötigen wir Kettfäden in einer Länge von je 1,60 m. Dieses Maß entsteht dadurch, daß die Kette zur richtigen Befestigung an beiden Seiten von Kett- und Warenbaum etwas Spielraum haben muß, nämlich je rund 15 cm, und daß zusätzlich 10% der Länge beim Weben »einlaufen«. Bei Verwendung eines Gatterkamms 40/10 brauchen wir 4 Kettfäden je Zentimeter, also 80 Kettfäden zur Verstärkung an beiden Seiten und 10% auch hier fürs »Einlaufen«. Die Rechnung ergibt also 80 + 4 + 8 = 92mal Kettfadenlänge (1,60 m). Das sind 147,20 m.

Wenn Sie die für den Schuß benötigte Garnmenge nicht »über den Daumen« schätzen wollen, bleibt Ihnen nichts anderes übrig, als nach dem Spannen der Kette eine etwa 1 cm hohe »Probe« zu weben, wobei Sie natürlich das gleiche Garn benützen, das auch der fertige Schal haben soll. Wenn Sie für diesen Probe-Zentimeter 5 Schußfäden benötigen, sieht Ihre Rechnung so aus: die Schußlänge beträgt mit einem gewissen Zuschlag (da der Faden locker eingelegt werden muß) 23 cm, dazu gut 10% »Einlaufen«, rund 3 cm, so daß Sie auf 26 cm kommen. Für 5 Fäden (je cm) sind das 1,30 m, die Sie mit der Länge des Schals, 1,15 m, multiplizieren: 149,50 m. Zu diesen 149,50 m zählen Sie die oben berechneten 147,20 m. Insgesamt brauchen Sie also exakt 296,70 m Garn, rund gerechnet 300 m. Da aber Garn meist nach Gewicht verkauft wird, müssen Sie, wenn Sie genau einkaufen wollen, 10 m Garn auf der Briefwaage abwiegen und auf Grund des dabei ermittelten Gewichts Ihren Bedarf berechnen. In unserem Beispiel würden Sie bei einem Gewicht der 10 m von 3 g die Menge von 90 g Garn benötigen.

Um die Kettfäden in der richtigen Länge – 1,60 m – gleichmäßig zuzuschneiden, befestigen Sie an der Tischplatte 2 Schraubzwingen im Abstand der halben Länge = 80 cm und wickeln zwischen beiden Zwin-

Farbtafel 4

Drei Tischdecken aus reinem Leinen in Köperbindung, von Ursula und Heinz Kahle gewebt.

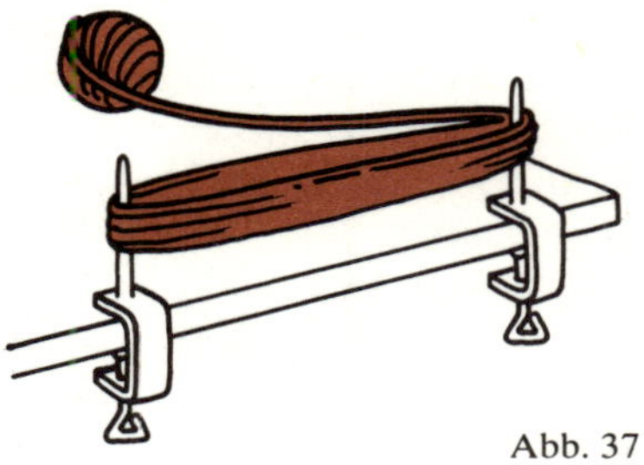

Abb. 37

gen das Garn auf, insgesamt 92 Umläufe (Abb. 37). Da das zu dick werden würde, schneiden Sie jeweils Bündel zu 10 Runden ab. Eine Möglichkeit beim Fehlen von Schraubzwingen ist das Abwickeln der Garnknäuel über Stuhlbeine. Indem die aufgewickelten Garnstränge durchschnitten werden, erhalten Sie gleichlange Fäden von je 1,60 m Länge.

Wie Sie es bereits von der Arbeit am einfachen Webrahmen mit Gatterkamm kennen, ziehen Sie nun die Kettfäden in den Gatterkamm (Abb. 32) und hängen den Gatterkamm in die Stützen oberhalb der Seitenteile (Abb. 38).

Falls Sie einmal eine schmälere Kette aufziehen wollen, als der Gatterkamm breit ist, ordnen Sie die Kettfäden immer von der Mitte aus an. Sie befestigen die losen Kettfäden am Kettbaum, wie Sie es schon vom Webrahmen her kennen (Abb. 34, Seite 32). Für die folgende Arbeit benötigen Sie eine Hilfsperson! Während der eine hinter dem Kettbaum steht, stellt sich der andere vor den Warenbaum. Der am Warenbaum Stehende greift die durch den Gatterkamm kommenden Fäden mit beiden Händen und teilt sie in zwei etwa gleich große Bündel auf, wobei er sie leicht anzieht. Zugleich dreht der am Kettbaum Stehende die hier befindliche Walze nach rückwärts, so daß sich die durch den Gatterkamm kommenden Fäden ordnen (Abb. 39) und aufrollen lassen. Dieser Vorgang heißt in der Webersprache **Aufbäumen.** Sie werden ihm noch oft begegnen! Achten Sie darauf, daß die Fäden sich nicht beim Drehen des Kettbaums in den Schlitzen verfangen, am besten legen Sie einen Streifen festes Papier oder Pappe darüber.

Die Kettfäden am Warenbaum sollten nach dieser Arbeit noch etwa 5 cm über den Warenbaum hinauslaufen. Der Kettbaum wird mit Hilfe der Zahnräder und einer Sperre festgestellt. Jetzt können die beiden Kettfädenbündel losgelassen werden. Jeder einzelne Kettfaden wird gleichmäßig straff gespannt und in der bekannten Art am Warenbaum befestigt (Abb. 33, 34, Seite 32).

Bewickeln Sie die Webnadel mit dem Schußfaden und beginnen Sie (Abb. 20, Seite 28) mit dem Weben. Dazu nehmen Sie am Tisch Platz und lehnen den Webrahmen so an die Tischkante, daß der Warenbaum zwischen Schoß und Oberschenkeln Halt findet, während der Kettbaum schräg über den Tisch ragt. So können Sie bequem mit

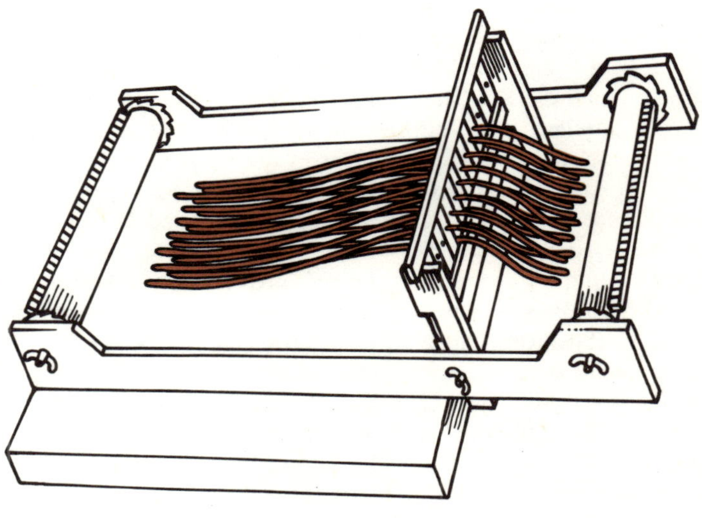

Abb. 38

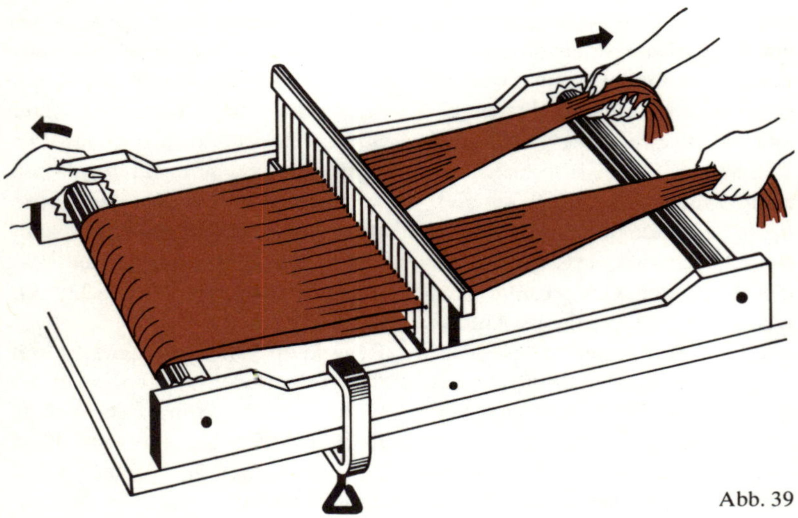

Abb. 39

dem Gatterkamm die Fächer bilden und die Webnadel durch die Fächer hindurchführen.

Sie werden jetzt rasch den anfangs genannten Vorzug dieses Webrahmens erkennen: nachdem Sie etwa 15–20 cm gewebt haben, lockern Sie vorsichtig, damit die Kettfäden nicht plötzlich abrollen, den Kettbaum mit einem Spiel der Kettfäden von etwa 15 cm. Danach rollen Sie einen entsprechenden Teil des Gewebten auf den Warenbaum, bis die Kette wieder so straff wie vorher ist, was Sie vom Kettbaum her regulieren. Bei unterschiedlicher Spannung würde nämlich das Gewebe ungleichmäßig – mal loser, mal fester. Dieses Aufrollen des fertig Gewebten auf den Warenbaum wiederholen Sie nach Bedarf mehrfach.

Außerordentlich wichtig ist es, daß – wie früher erwähnt (Abb. 21, Seite 28) – der Schußfaden locker im Bogen eingelegt und gleichmäßig angeschlagen wird, damit die Kanten gleichmäßig breit bleiben.

Sollte der Kettfaden einmal reißen, nehmen Sie einen neuen Faden und ziehen ihn im Verlauf der Fäden ein Stück in das fertige Gewebe, wo Sie den Faden unter Schlingenbildung mit einer Stecknadel befestigen (Abb. 40). Ziehen Sie den neuen Faden durch den Gatterkamm und verbinden Sie ihn am Kettbaum mit dem gerissenen Fadenende. Das geschieht mit einer Schleife. Wiederholen Sie das so lange beim Nachlassen der Kette, bis der gerissene Faden wieder an das Gewebe heranreicht und Sie ihn einweben können. Beim fertigen Gewebe entfernen Sie die Stecknadel und verstopfen die Fäden parallel zu den Kettfäden. Überflüssige Längen werden abgeschnitten.

Falls sich das Fach nicht sauber öffnen läßt und die Wollfäden aneinander haften, genügt es, mit der Hand einmal vor dem Gatterkamm über die Kette zu fahren, damit die Fäden sich voneinander lösen.

Wenn Ihr Schal die gewünschte Länge erreicht hat, lösen Sie, wie früher beschrieben, die Fäden vom Kettbaum und aus dem Gatterkamm. Dann rollen Sie den Schal vom Warenbaum ab und lösen auch von ihm die Kettfäden. Schneiden Sie die Kettfäden an beiden Enden gleichmäßig ab und knoten Sie sie zu Fransen zusammen. Wie früher erwähnt (siehe Seite 29), dämpfen Sie den Schal, der damit fertig ist.

Abb. 40

Wenn Ihnen das erste Stück vielleicht nicht hundertprozentig gefällt, wird es beim zweiten oder drit-

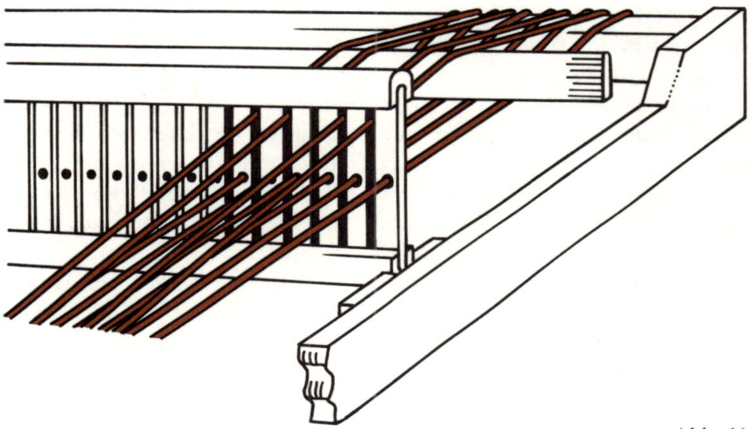

Abb. 41

ten schon weit perfekter wirken. Übung, die bekanntlich erst den Meister macht, ist fürs Weben besonders wichtig.

Mit Trennstab – ein drittes Fach

Die Handhabung des Webrahmens mit Gatterkamm läßt sich noch dadurch ergänzen, daß Sie mit Hilfe des Trennstabs (siehe Seite 31) ein drittes Fach bilden. Als Trennstab bezeichnet man einen ca. 3 cm breiten, vorn zugespitzten, flachen Holzstab, der etwas länger sein muß, als der Rahmen breit ist. Falls Ihr Webrahmen keinen Trennstab aufweist, können Sie auch eine entsprechende glatte Holzleiste oder ein Lineal verwenden.
Sie führen den Trennstab hinter dem Kamm durch die Kettfäden, die den Schlitz durchlaufen haben. Mit ihm können Sie sowohl im Unterfach wie im Oberfach weben. Durch Heben und Senken einiger Kettfäden können Sie zahlreiche neue Muster bilden. Der Stab muß dabei immer im Unterfach eingeführt – Fachausdruck »eingelesen«! – werden (Abb. 41).
Muster entstehen beispielsweise, wenn Sie beim »Einlesen« einen Kettfaden über, den anderen unter dem Stab laufen lassen oder wenn 2 Fäden über und einer unter dem Stab liegen.
Um im Unterfach den Schuß einzutragen, stellen Sie den Stab aufrecht. Im Oberfach schieben Sie den flachen Stab dicht an den Kamm heran und geben dann den Schußfaden hindurch. Nach dem erfolgten Einschuß wird der Stab möglichst nahe an den Kettbaum zurückgeschoben, damit sich keine Webfehler einschleichen. Falls Sie ein anderes Muster folgen lassen wollen, müssen Sie den Stab herausziehen und neu in die Kettfäden einlesen.

Einfach und reizvoll – Bandweben mit Kamm

Nachdem Sie sich jetzt mit der Arbeit mit dem Webrahmen beschäftigt haben, wird Ihnen im Vergleich dazu das Bandweben mit Hilfe des Kamms ganz leicht erscheinen. Aber es bereitet viel Spaß, in bunter Vielfalt immer neue Bänder und Gürtel wachsen zu sehen.
Auch hierfür benötigen Sie einen, allerdings schmalen, Gatterkamm (Abb. 42), den Sie zusammen mit den anderen Geräten – Webnadel (Abb. 18, Seite 27), Anknüpfstäb-

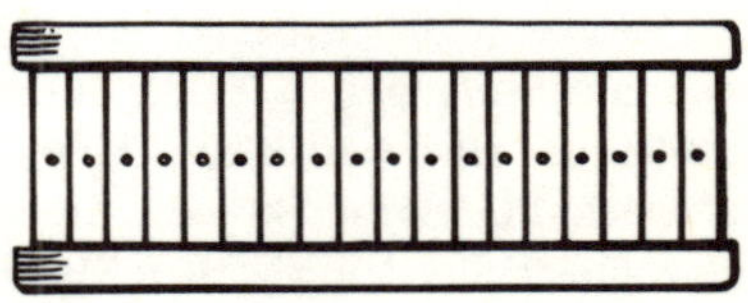

Abb. 42

Abb. 43

Abb. 44

Abb. 45

chen (Abb. 43), Schraubzwinge (Abb. 44) – für insgesamt weniger als DM 20,– kaufen können. Als Material kommen alle glatten Fasern in Frage: Baumwolle, Perlgarn, Stickgarn, Seide, Kunstfasern.
Auch hierfür müssen Sie zuvor die Fäden in der gewünschten Länge, je nach Verwendungszweck, wie geschildert (siehe Seite 34) abmessen und abschneiden. Dabei müssen Sie alle Maße reichlich berechnen, da sich am Anfang und Ende durch Schlaufen eine bestimmte Menge »Verschnitt« ergibt. Da jedes Stück gewöhnlich aus dem gleichen Material gewebt wird, besorgen Sie sich davon am besten verschiedene Farben nach Ihrem Geschmack.
Anders als beim früher erwähnten Rips weben wir hier einen sogenannten Kettrips, bei dem die Muster sich aus der Kette ergeben. Daher müssen Sie für ein gemustertes Webstück von Anfang an eine mehrfarbige Kette einziehen.

Als erstes werden die Kettfäden in der bekannten Weise durch den Gatterkamm gezogen und an einer Seite, gleichmäßig geordnet, durch einen gemeinsamen Knoten verbunden. Diesen Knoten befestigen Sie entweder an der Schraubzwinge, die umgekehrt an einer Tischplatte festgemacht ist, oder gegebenenfalls auch an einer Türklinke oder einem Fenstergriff. Ziehen Sie jetzt den Kamm über alle Fäden, so daß sie zierlich geordnet werden, aber ohne sie herausrutschen zu lassen. Dieses Ende der Kettfäden verknoten Sie an einem Anknüpfstäbchen (Abb. 45), das Sie nun an Ihrem eigenen Körper befestigen, z. B. am Gürtel. So können Sie die Spannung der Kettfäden selbst regulieren. Eine Hand hält den Kamm, während die andere Hand die vorher in üblicher Weise bewickelte Nadel durch die vom Kamm gebildeten Fächer schiebt (siehe Abb. 5). Dazu bewegen Sie den Kamm auf- und abwärts, so daß Ober- und Unterfach entstehen (siehe Seite 31). Der Schußfaden wird nicht mit dem Kamm, sondern nur mit der Webnadel angeschlagen. Dazu lassen Sie den Kamm los und drücken mit beiden Händen die Nadel fest gegen den Schuß.
Sie werden zu Ihrer Überraschung bemerken, wie trotz der Breite des Kamms Gürtel bzw. Band schmal werden. Das liegt daran, daß sich beim Anschlagen des Schußfadens die Kettfäden zusammenziehen, (siehe Abb. 5) die dicht beieinander liegen sollen. Bei dem Ende am Körper wird das Webbild erst nach einigen Zentimetern gleichmäßig. Insgesamt ergibt sich das Bild, daß der Schußfaden vom Kettfaden überdeckt wird und nur am Rande sichtbar ist (Abb. 46).
Mit dem Wachsen des gewebten Bandes müssen Sie die Kette verkürzen, indem Sie das bereits gewebte Stück um den Körper schlingen oder mit einer Sicherheitsnadel feststecken. Sonst könnten Sie Gatterkamm und Fächer nicht mehr mit den Händen erreichen.

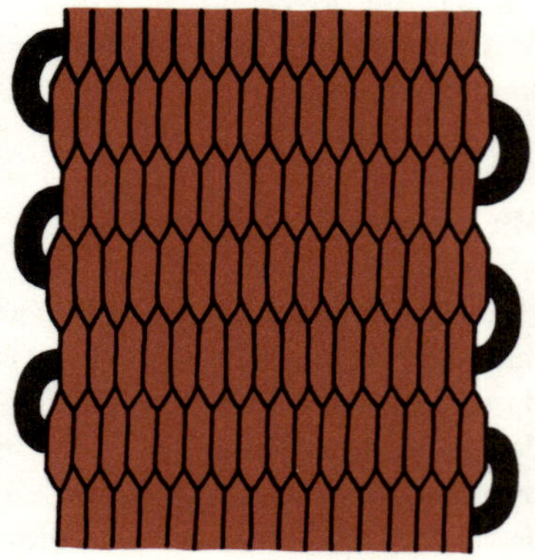

Abb. 46

Reizvoll werden Gürtel und Bänder besonders durch bunte Muster. Sie lassen sich verhältnismäßig einfach herstellen. Wenn Sie Querstreifen haben möchten, ziehen Sie durch die Löcher des Gatterkamms Fäden der einen, durch die Schlitze des

Gatterkamms Fäden einer anderen Farbe. Längsstreifen erhalten Sie, indem Sie jeweils nebeneinanderliegende Löcher und Schlitze mit der gleichen Farbe bespannen und entsprechend abwechseln. Um ein Karomuster zu bekommen, ziehen Sie in vier nebeneinanderliegende Gatterkamm-Löcher die gleiche Farbe, in die zugehörigen Schlitze eine andere Farbe. In die nächsten vier Löcher spannen Sie die zweite und in die Schlitze die erste Farbe. Es darf Sie nicht verwirren, daß beim Übergang zwischen den Farben zweimal die gleichen Farben nebeneinander auftauchen, das muß so sein!

Glauben Sie nicht, daß Sie mit dieser Methode nur ganz schmale Gegenstände herstellen können. Es ist durchaus möglich und sogar recht reizvoll, mehrere solcher Bänder miteinander zu verbinden und nebeneinander zu breiteren Flächen zu gestalten. So können Sie Wandbehänge, Vorhänge, Tischläufer, Sets mit einfachsten Mitteln bei origineller Farbgestaltung herstellen. Die Bänder in normaler Breite können außer als Gürtel auch als Hosenträger, Krawatten, Serviettenringe oder Uhrarmbänder dienen. Und natürlich lassen sich außer den genannten drei Beispielen – Quer- und Längsstreifen sowie Karos – vielerlei Muster einweben.

3 Das Garn, mit dem wir weben

Das Material und die Idee
Wie Garn entsteht
Worin sich Fasern unterscheiden
Das Wichtigste über Garne
So berechnen Sie die Garnmenge
Garn selbst färben

Das Garn, mit dem wir weben

Das Material und die Idee

Daß Sie ohne Garn nicht weben können, ist eine Selbstverständlichkeit. Aber für den Weber – es wird Ihnen bald genauso gehen – ist Garn mehr als lediglich ein nüchternes Material, es ist sozusagen die Seele des Webens.
Das mag Ihnen vielleicht zunächst übertrieben klingen. Aber es ist schon verständlich, daß fast immer das Garn die Phantasie des Webers anregt. Ein Garn zu sehen, zu betasten, zu fühlen bedeutet beinahe automatisch, daß davon Ideen für ein Webstück ausgehen. Denn selbstverständlich bestimmt die *Struktur* des Garns – dick, fein, rauh, glatt – das Aussehen des künftigen Webstücks. Verschiedene *Garnfarben* regen die Phantasie an. Mit Garn kann der Weber gewissermaßen »zaubern«. So erklärt es sich, daß gar nicht so wenige Weber schon auf das Werden ihres Garns Einfluß nehmen wollen, indem sie es selbst spinnen oder färben.

Wie Garn entsteht

Wir sind so daran gewöhnt, Garn gebrauchsfertig im Laden zu erhalten, daß sich kaum noch jemand Gedanken darüber macht, wie es eigentlich entsteht. Voraussetzung für die Entstehung eines Fadens ist das *Spinnen* der Fasern, wie es schon seit Jahrtausenden geschehen ist. Zunächst auf Rocken und Spinnrad mit den Händen, dann mit Maschinen. Dabei können tierische, pflanzliche oder synthetische Fasern den Ursprung bilden. Es genügt freilich nicht, die Fasern aneinanderzulegen. Sie müssen miteinander verdreht werden, so daß ein endloser Faden entsteht. Ein Faden allein oder mehrere Fäden zusammengedreht ergeben das Garn.
Der wichtigste Vorgang dabei ist das Spinnen. Wer Garn selbst spinnt, bestimmt vom ersten Augenblick an sein Arbeitsmaterial. Daher stößt man bei Webern häufig auch auf Spinnräder. In Entwicklungsländern wird heute oft noch lediglich mit einer Spindel gesponnen. Dank der 1768 von Richard Arkwright erfundenen Spinnmaschine stehen Ihnen heute für Ihre Webarbeiten Garne in reichhaltigster Variation zur Verfügung. Falls Sie sich selbst ans Spinnrad setzen wollen, werden Sie mit dem Fingerspitzengefühl für ein Garn eine früher einmal ganz selbstverständliche Handfertigkeit erlernen.
Die Natur liefert Fasern in reicher Zahl. Das können tierische Fasern sein wie Wolle, Haare und Seide oder pflanzliche Fasern wie Baumwolle, Flachs, Hanf, Jute, Ramie. In unserem Jahrhundert sind zahlreiche Kunstfasern hinzugekommen, die wir als Kunstseide, Zellwolle, Nylon, Perlon, Dralon usw. kennen.

Worin sich Fasern unterscheiden

Wolle stammt hauptsächlich von Schafen, Ziegen und Kamelen. Typisch für die Wollfaser ist ihre Kräuselung. Je feiner die Wolle, um so stärker ist diese Kräuselung. Gröbere Wollen sind leicht oder kaum gewellt. Zahlreiche Schafrassen liefern Wolle. Als Feinwollschaf bezeichnet man das u. a. in Australien und Südafrika verbreitete Merinoschaf, dessen Haare bis zu 10 cm lang sind; Merinowolle wird für feine Stoffe verwendet. Die grobe Wolle der in der Lüneburger Heide heimischen Heidschnucken eignet sich hauptsächlich für Teppiche.
Beim Angebot der Wollgarne unterscheidet man die Gruppen der Streich- und der Kammgarne. Der Name »Streichgarn« bedeutet, daß die Fasern beim Spinnen zwar glatt gestrichen werden, aber dennoch nicht ganz gleichmäßig nebeneinander liegen, was zu einer rauhen Oberfläche führt. Beim »Kammgarn« werden die kürzeren Fäden durch Kämmen entfernt, so daß die Fasern in gleicher Länge parallel liegen, was einen glatten und runden Faden ergibt.
Im Hinblick auf die Verarbeitung liegt der Vorzug der Wolle darin, daß sie eine hohe Dehnbarkeit aufweist, sehr elastisch ist und sich daher besonders gut verweben läßt.
Seide unterscheidet sich von allen Textilfasern dadurch, daß sie bereits von der Natur als langer endloser Faden geliefert wird, ein Produkt der Raupe des Maulbeerspinners; ihre Einhüllung zum Verpuppen, den Kokon, stellt sie aus einem Spinnfaden von mehreren tausend Metern Länge in 3 Tagen her. Allerdings läßt der Faden sich nur teilweise als Ganzes abwickeln. Bis zum 15. Jahrhundert war Seide ein Monopol Chinas, dann wurde die Seidenraupenzucht auch von Europa übernommen. Als Mitte des vorigen Jahrhunderts der französische Forscher Louis Pasteur auf Grund einer Seidenraupenkrankheit die Seidenraupe unter dem Mikroskop untersuchte, fand er zugleich die ersten Ansatzpunkte für die spätere Chemiefaser, bei der also die Natur Pate gestanden hat. Außer der Seide von gezüchteten Raupen kennt man auch Wildseiden, die von Kokons der Raupen in freier Natur stammen.
Seidengarne entstehen dadurch, daß mehrere der feinen und glänzenden Seidenfäden miteinander versponnen werden. Echte Seide übertrifft an Festigkeit und Elastizität alle anderen Naturfasern. Das macht Seidengewebe besonders knitterarm, geschmeidig und weich im Griff. Zwar ist der Seidenfaden ein ausgesprochen wertvolles Webmaterial, aber als Anfänger sollten Sie sich noch nicht ans Weben mit Seide wagen.
Baumwolle ist eine unzutreffende Bezeichnung, denn hier handelt es sich um die Samenhaare einer Frucht, die nicht auf Bäumen, sondern auf Stauden wächst. Aber als im 14. Jahrhundert in England eine frei erfundene Reisebeschreibung erschien, beschrieb ihr Autor einen Baum, auf dem kürbisähnliche Früchte wüchsen, aus denen nach ihrer Reifung Lämmer mit wolligem Fell sprängen: die »Baumwolle« war geboren!
Baumwolle ist zwar schon lange bekannt, setzte sich aber erst in den letzten 200 Jahren in Europa in größerem Umfang durch. Es ist die Samenfaser einer Staudengattung, die mit unserer Malve (Stockrose) verwandt ist. Baumwolle wird in vielen Ländern erzeugt, wobei Ägypten und die USA zu unseren Hauptlieferanten gehören.
Die Reißfestigkeit von Baumwolle ist etwa doppelt so groß wie die von Wolle. Das ist einer der Gründe, warum Baumwolle auch von Anfängern leicht zu verarbeiten ist; außerdem ist Baumwollgarn glatt und elastisch. Es ist im Handel in vielen Farbschattierungen erhältlich.
Flachs gehört zu den ältesten versponnenen Fasern und fand bereits in der jüngeren Steinzeit zur Herstellung von Leinen Verwendung. Auch im alten Ägypten war es weit verbreitet. Im Mittelalter spielten Flachsanbau und Leinenweberei eine beherrschende Rolle, die sich später insbesondere im 18. Jahr-

hundert noch verstärkte, als ein reicher Vorrat an Leinenwäsche Zeichen des Wohlstands war. Durch die Baumwolle wurden Flachs und Leinen verdrängt. Innerhalb von hundert Jahren sank die deutsche Flachsanbaufläche auf 1,5%. Flachs zu gewinnen und zu bearbeiten, ist recht mühsam.

Gegenüber Baumwolle ist Flachsgarn elastischer und reißfester, jedoch weniger dehnbar. Leinengewebe glänzt schön, wird durch Waschen noch besser, ist verhältnismäßig unempfindlich gegen Schmutz und hat die höchste Lebensdauer aller Gewebe. Durch seine etwas unregelmäßige Struktur läßt sich Leinen etwas schwerer verarbeiten als Baumwolle. Häufig werden im Handel als Garn Leinen-Baumwolle-Mischungen angeboten.

Hanf ist das etwas einfachere Gegenstück des Flachs und wird ähnlich bearbeitet. Es kommt vor allem für gröbere Gewebe in Frage.

Jute ist erst seit wenig mehr als einem Jahrhundert in Europa bekannt und vor allem in Indien und Pakistan verbreitet. Es ist die billigste Naturfaser und wird in vielen Farben zum Weben von Teppichen und Wandbehängen (Rupfen) verwendet.

Ramie, auch Chinagras genannt, was seine Herkunft verrät, ist in der Öffentlichkeit beinahe unbekannt. Es wird ähnlich wie Leinengarn verarbeitet, ist fein und fest, nicht dehnbar und darüber hinaus so gut wie unverwüstlich.

Kunstfasern gibt es seit etwa hundert Jahren, wobei den Anfang die Kunstseide machte. Vor ungefähr 50 Jahren schlug die Geburtsstunde der synthetischen Fasern, die wir heute unter zahllosen Namen kennen. Nylon gibt es erst seit 1940. Chemie-Fasern haben eine große Reiß- und Scheuerfestigkeit, sind leicht, elastisch und formbeständig. Für den Webanfänger ist es nicht ganz einfach, sich durch die Vielfalt der Kunstfasern hindurchzufinden. Zwar sind sie billiger, aber Handweben als eine der Natur besonders nahestehende Kunstfertigkeit findet sein Arbeitsmaterial am ehesten im Bereich der natürlichen Fasern, die – schon vom Anfassen her – mehr Leben besitzen und in ihren Farben wärmer und individueller wirken. Aber das ist Ihre persönliche Entscheidung, wobei es ja auch Mischgarne aus Natur- und Kunstfasern in reicher Auswahl gibt. Am besten gehen Sie einmal in ein gutes Fachgeschäft und lassen sich erklären, was für Garnarten heute im Handel erhältlich sind.

Andere Webmaterialien außer den oben genannten Fasern eröffnen eigene und besondere Möglichkeiten. Zu ihnen gehören farbige Metallfäden, Gräser, Strohblumen, Baste (Natur und Kunst!), Federn, Perlen, Schleifenbänder, Kordeln und manches andere.

Das Wichtigste über Garne

Rufen Sie sich jetzt ins Gedächtnis zurück, was Sie früher (siehe Seite 13) über den Unterschied von Kette und Schuß gelesen haben. Es liegt eigentlich sehr nahe, daß auf Grund der verschiedenen Aufgaben von Kette und Schuß auch die dafür verwendeten Garne unterschiedlichen Anforderungen entsprechen müssen. Grundsätzlich hat Kettgarn, das Garn für die Kette, stärkere Strapazen auszuhalten als Schußgarn. Das beginnt schon beim Aufbringen der Kette, die unter Spannung steht und während des Webens durch neues Spannen und Reiben in Anspruch genommen wird. Daher läßt sich nicht jedes Garn als Kettgarn benützen. Kettgarne sollten immer glatt, fest und nicht zu dehnbar sein. Der Charakter des Kettgarns muß sich nach der Art des Gewebes richten, das Sie herstellen wollen, z. B. unterschiedlich für Gardinen oder Teppiche. Ein Garn, das schon beim Spannen in der Hand leicht reißt, ist als Kettgarn nicht geeignet. Verwenden Sie unbedingt die in Webanleitungen vorgeschlagenen Garne oder die vom Hersteller -ausdrücklich als Kettgarn bezeichnete Ware. Bei Verwendung ungeeigneten Garnes sind Reißen und Anknoten die unvermeidliche und ärgerliche Folge. Demgegenüber läßt sich als Schußgarn, das Garn für den Schuß, jedes

Garn verwenden. Das Angebot ist in Material und Farben sehr reichhaltig. Außerdem können alle in Handarbeitsgeschäften angebotenen Stick-, Strick- und Häkelgarne benützt werden.

Die meisten Garne haben eine Nummer. Diese Nummer dient als Grundlage für die Berechnung der nötigen Garnmenge. Garne können nach ihrer Länge oder nach ihrem Gewicht numeriert sein.

Bei der Längennumerierung drückt die Nummer aus, wie viele Meter 1 g enthält. Die Abkürzung für diese Zahlenangabe lautet Nm = Nummer metrisch.

Dabei bleibt das Gewicht, also 1 g, stets gleich, während sich die Länge je nach Dicke des Garns unterscheidet. Für die Praxis bedeutet das: ein Garn Nm 4 wiegt 1 g und ist 4 m lang. Ein anderes Garn Nm 8 wiegt ebenfalls 1 g, ist jedoch 8 m lang. Daraus ergibt sich, daß ein Garn um so feiner und länger ist, je höher seine Nummer ist. Falls ein Garn aus mehreren Fäden zusammengedreht ist, also kein Einfach-, sondern ein Mehrfach-Garn ist, wird der Nummer des Einfachgarns hinter einem Schrägstrich eine weitere Zahl hinzugefügt, die die Anzahl der Fäden innerhalb des Garns angibt.

Demgemäß bedeutet die Angabe Nm 8/2, daß zwei Fäden der Nummer 8 zusammengedreht worden sind. Daher wiegen sie doppelt so viel, nämlich 2 g. Man muß jetzt nur die Garnnummer, also 8, durch die Zahl der Fäden, also 2, teilen, um die Fadenlänge je Gramm zu erhalten: 4 m! Stehen 2 Zahlen hinter dem Strich, zum Beispiel 8/22, dann beträgt die Fadenlänge je Gramm 2 m, nämlich 8 : 2 : 2.

Bei der Gewichtsnumerierung, die durch die Angabe »tex« angezeigt wird, steht die Länge fest, während das Gewicht je nach Garnart wechselt. Die feststehende Länge dafür beträgt 1000 m. 10 tex bedeuten, daß 1000 m Garn 10 g wiegen.

So berechnen Sie die Garnmenge

Selbstverständlich müssen Sie vor Beginn Ihrer Webarbeit wissen, welche Menge Garn Sie für Ihr Webstück benötigen, damit Sie es einkaufen können. Dabei ist zu berücksichtigen, daß jedes Garn elastisch ist und das fertig gewebte Stück nach dem Abnehmen vom Webstuhl sowohl in der Länge wie in der Breite »schrumpft«. Dieser Verlust hängt in seinem Umfang von der jeweiligen Faser ab und wird im Durchschnitt mit 10% angenommen. Also müssen Sie Ihre Kette immer 10% länger und breiter aufziehen, als das fertige Gewebe groß sein soll. Hinzu kommen, wie Sie wissen, zur Verstärkung der Ränder an beiden Seiten 4 Fäden (2 an jeder Seite). Außerdem muß der Kettabfall bedacht werden, der zum Anbinden der Kette am Kett- und Warenbaum benötigt wird. Je größer der Webstuhl, um so mehr Abfall entsteht. Wenn das beim Webrahmen (Seite 34) 30 cm waren, so müssen Sie bei einem Webstuhl mittlerer Größe bereits die doppelte Menge rechnen.

Auf etwas müssen Sie achten: Es kann vorkommen, daß Ihr Garnstrang oder Ihre Spule keine Garnnummer – wie vorher angegeben – hat. In diesem Fall müssen Sie sich die Lauflänge des Garns vorher selbst errechnen. Dafür wiegen Sie einen Garnstrang ab. Haben Sie Spulen, müssen Sie sich vorher einen Strang herstellen, den Sie ebenso wiegen. Messen sie den Umfang des Strangs und zählen Sie dann die Fäden aus.

Dabei gilt als Berechnungsgrundlage:

$$\frac{\text{Strangumfang} \times \text{Fadenzahl}}{\text{Gewicht in Gramm}} =$$

Anzahl der Meter je Gramm

Wir nehmen also, um es zu wiederholen, den Strangumfang mal Fadenzahl und teilen das durch das Gewicht. So haben wir die Meterzahl je Gramm.

Um das Kettgarn zu berechnen, gehen wir von der Angabe Nm des Garnstrangs oder der Spule aus (wie angegeben oder von uns berechnet). Bei der Kettlänge berücksichtigen

wir den geschilderten Schrumpfverlust und den Kettabfall. Die Anzahl der Kettfäden ergibt sich aus der Rechnung:
Warenbreite + 10% Schrumpfverlust × Kettfadenzahl je cm + 4 Randfäden
(Achtung bei der Ausrechnung: erst jeweils die 10% bzw. die 4 Randfäden dazu zählen, erst danach die beiden Zahlen multiplizieren).
Die Anzahl der Kettfäden je cm ist von dem jeweils benötigten Webblatt (Gatterkamm) abhängig und davon, ob die Kettfäden einfach oder mehrfach gestochen werden sollen. Den Garnbedarf für die Kette errechnen Sie also, indem Sie die Kettlänge mit der Anzahl der Kettfäden multiplizieren (malnehmen) und durch Nm teilen.
Das Schußgarn berechnen Sie, indem Sie von der Nm-Zahl des Garnstrangs oder der Spule ausgehen und Warenbreite zuzüglich Schrumpfverlust feststellen. Ermitteln Sie die Schußfadenzahl je cm (Seite 34) und die Warenlänge einschließlich von 10% Schrumpfverlust. So ergibt sich Ihr Bedarf an Schußgarn:
Warenbreite × Schußfadenzahl je cm × Warenlänge, geteilt durch Nm.

Garn selbst färben

Zahlreiche Webkünstler sind der Meinung, daß erst dann ein Gewebe in voller Harmonie entsteht, wenn sie auch das Färben des Garns in eigener Regie vorgenommen haben. Die fertig angebotenen Garne genügen ihren Ansprüchen an Variation und Aussagekraft der Farben nicht. Für einen Webanfänger ist es wohl etwas verfrüht, auch noch das Färben seiner Garne vorzunehmen und zu lernen, aber auf die Möglichkeit soll hier kurz hingewiesen werden.
Farben für die verschiedenen Faserarten werden im Handel angeboten. Außerdem lassen sich die von der Natur vielfältig und abwechslungsreich zur Verfügung gestellten Farbstoffe verwenden.
Für das Färben muß Wolle vorher entfettet und gewaschen werden, wodurch ein weiterer Arbeitsgang erforderlich ist. So reizvoll und überraschend das eigene Färben des Garns auch ist, so erfordert es doch einige Mühe und etwas Fingerspitzengefühl. Wenn Sie erst perfekt weben, werden Sie vielleicht Lust bekommen, auch dies auszuprobieren.

4 Die Technik des Webens

Die Technik des Webens

Die Wahl des Webstuhls

Bisher haben Sie Ihre ersten Weberfahrungen mit einfachen Webgeräten gemacht. Sie haben erfreuliche Erfolgserlebnisse gehabt. Die Arbeit am Webrahmen (siehe Seite 27) haben Sie beherrschen gelernt. Aber sie hat vermutlich bei Ihnen auch den Appetit geweckt, endlich mit einem »richtigen« Webstuhl zu arbeiten. Noch einmal gesagt, auch mit dem Webrahmen lassen sich schöne Dinge weben. Aber es hat einfach einen besonderen Reiz, an einem Gerät zu sitzen, das in seinem Aufbau speziell fürs Weben entwikkelt wurde und dementsprechend viele Möglichkeiten bietet. Von einem Webstuhl geht nun einmal eine echte Faszination aus. Er stellt ein Gerät dar, das in seiner Grundform schon seit vielen Jahrhunderten im Gebrauch ist.
Aber natürlich müssen Sie sich erst schlüssig werden, welchen Webstuhl Sie kaufen.
Prinzipiell unterscheidet der Weber zwischen Tief- und Hochfach-Webstühlen. Alle Webstühle haben gegenüber dem Ihnen bekannten Webrahmen Schäfte, eine Blattlade mit Blatt und Tritte oder Pedale. Indem Sie die Tritte betätigen, schaffen Sie je nach Konstruktion ein Tief- oder Unterfach bzw. ein Hoch- oder Oberfach. Fach ist die winkelartig gebildete Öffnung der Kettfäden, durch die hindurch das Weberschiffchen bewegt wird. Webstühle mit Unterfachbildung sind meist etwas kleiner und leichter zu bedienen. Die viel verbreiteten Hochfach-Webstühle werden in allen Breitenmaßen angeboten. So sind u. a. die meisten Tisch-Webstühle Hochfach-Webstühle. Am vielseitigsten einsetzbar ist dabei der sogenannte Kontermarsch-Webstuhl, der Anfängern manchmal kompliziert erscheint. Sein Vorzug besteht darin, daß Sie mit ihm gleichzeitig ein Ober- und ein Unterfach bilden können.
Der Webstuhl **ohne** Kontermarsch trägt an seinem Obergestell einen Stab, an dem Rollen befestigt sind. Über diese Rollen laufen Schnüre, an denen, über sogenannte Wippen, die Schäfte aufgehängt sind, die mit Hilfe der Tritte über Querhölzer betätigt werden. Für einen Webanfänger arbeitet es sich damit am leichtesten (Abb. 47).
Der Webstuhl **mit** Kontermarsch hat anstatt des Stabs mit Rollen einen Aufbau mit Wippen, die senkrecht oder waagerecht angebracht sein können. Gegenüber dem Webstuhl ohne Kontermarsch hat er zusätzliche Querhölzer. Wer häufig und vor allem vielseitig weben will, sollte auf den Kontermarsch nicht verzichten. Er ist dabei, sich immer mehr durchzusetzen (Abb. 48).
Webstühle können verschiedene Arten von Blattladen, auch Webladen genannt, haben. Als Blattlade

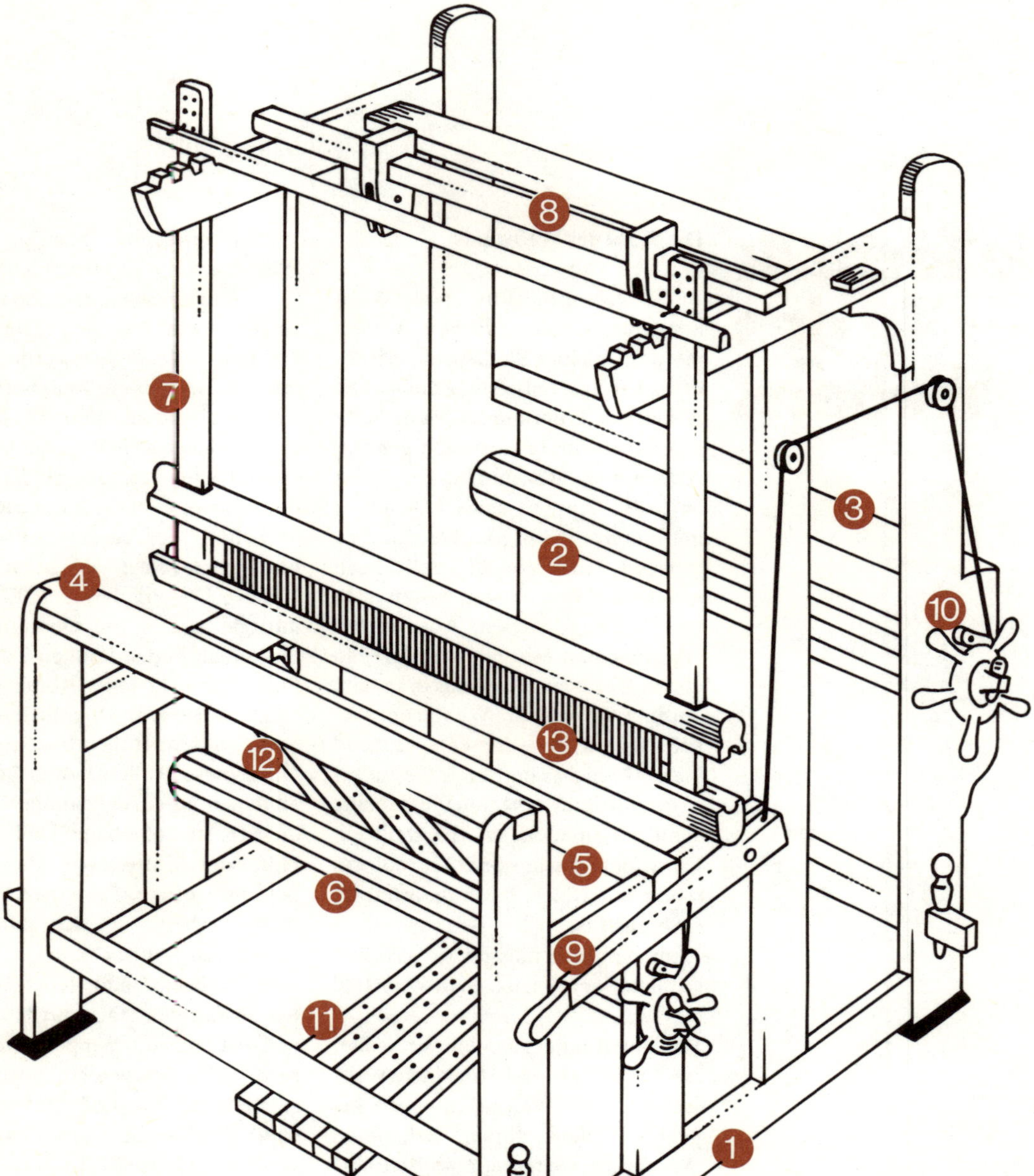

Abb. 47

1 Webstuhl-Grundgestell
2 Kettbaum
3 Streichbaum
4 Brustbaum
5 Kniebaum
6 Warenbaum
7 Schlagbaum mit Blattlade
8 Wellenstab mit Rollen
9 Stab zum Regulieren des Sperr-Rades
10 Sperr-Rad für Kette und Warenbaum
11 Tritte oder Pedale
12 Querhölzer oder Seitenschwingen
13 Webblatt oder Webkamm

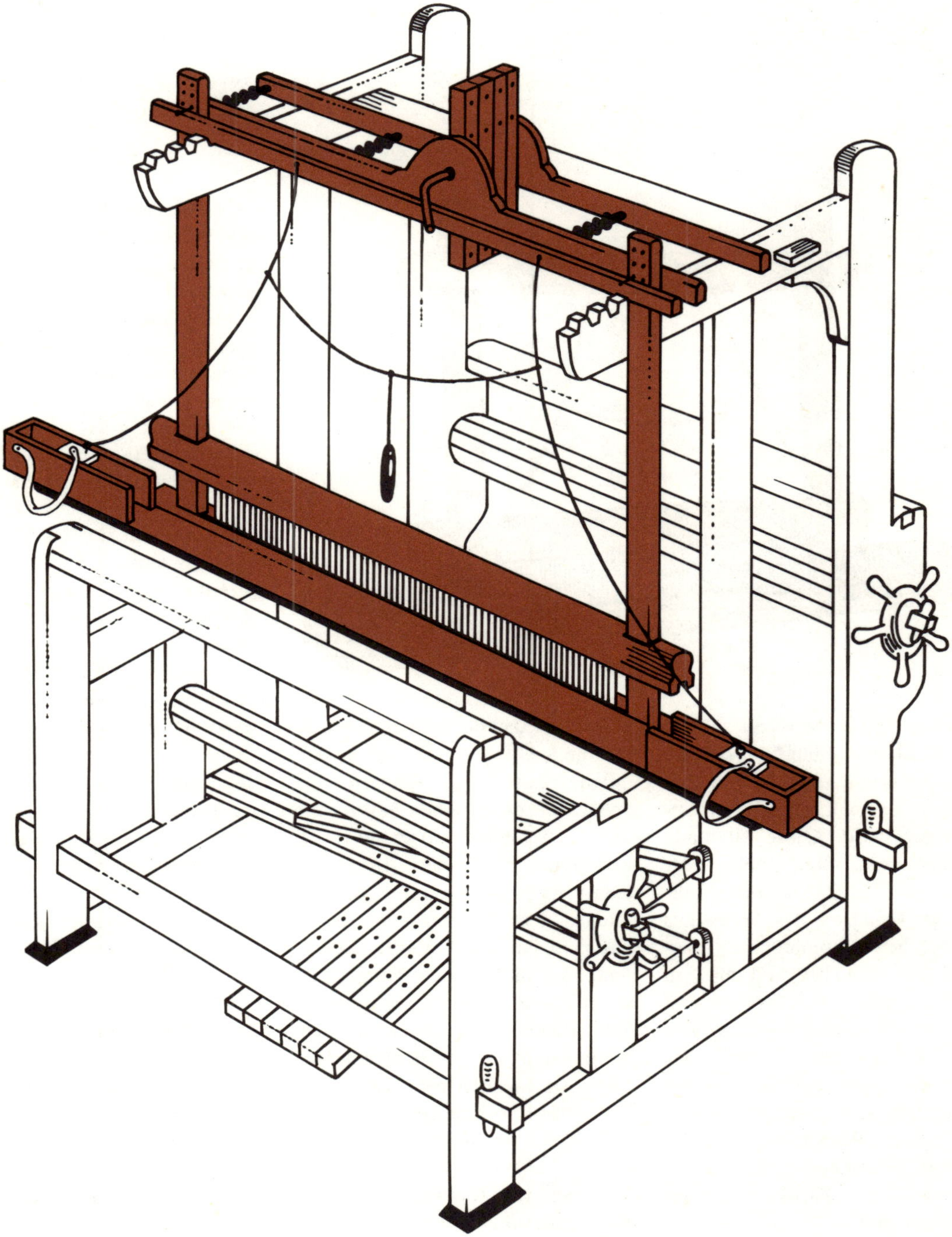

Abb. 48

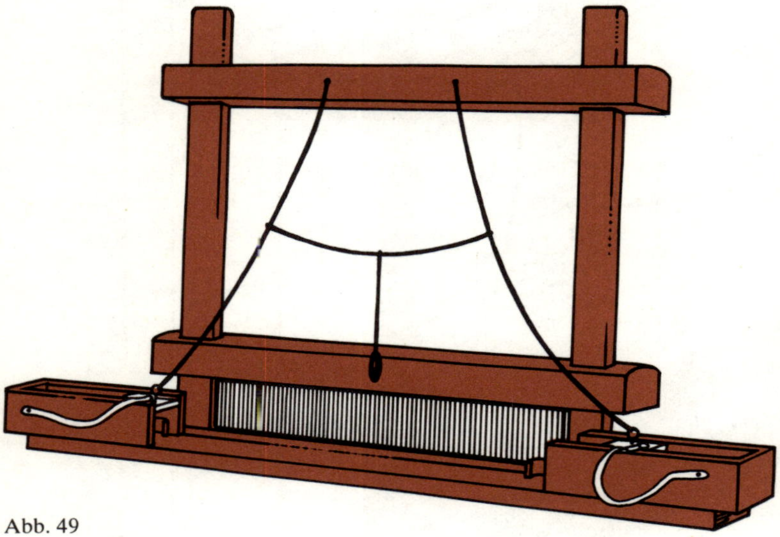

Abb. 49

bezeichnet man die Vorrichtung, die das Blatt – beim Webrahmen hieß das Gatterkamm! – hält und mit der jeder neue Schußfaden festgeschlagen wird. Diese Blattlade kann entweder eine Steh- oder Hängelade sein. Dabei ist die Stehlade am Unterteil des Webstuhls befestigt, bewirkt einen harten Anschlag des Gewebes und muß in zwei Bewegungen zum Gewebe und von ihm zurückgeführt werden. Die Hängelade ist am Oberteil des Webstuhls aufgehängt und schwingt nach dem Anschlagen des Gewebes allein zurück. Sie läßt sich leichter in der Höhe verstellen, so daß das Einrichten des Fachs bequemer vonstatten geht.
Sie können bei manchen Weberinnen sehen, daß diese nicht unmittelbar die Schiffchen (mit dem Schußfaden) betätigen, sondern die Schiffchen durch einen Seilzug hin und her schießen, wobei sie rechts und links mit einem fröhlichen Knall im sogenannten Schützenschlag, dem begrenzenden Holzkästchen, landen (Abb. 49). Das beschleunigt die Webarbeit ungemein, so daß man diese Einrichtung als Schnellschuß bezeichnet. Diesem Vorteil steht der damit verbundene Lärm als Nachteil beim Betrieb in hellhörigen Wohnungen entgegen.
Sowohl bei der Kontermarsch- wie bei der Schnellschuß-Technik spielen auch die Kosten eine Rolle. Webstühle mit diesen beiden Vorrichtungen sind teurer. Dabei besteht durchaus die Möglichkeit, einen Webstuhl ohne Kontermarsch zu kaufen und ihn später auf Kontermarsch »umzurüsten«. Für den Schnellschuß gilt das gleiche. Sie können also Ihren einfacheren Webstuhl später ergänzen.
In jedem Fall ist Ihnen nun deutlich geworden, daß es – wie bei vielen anderen Geräten – nicht einfach »den« Webstuhl gibt, sondern daß man unter den verschiedenen Möglichkeiten sich für das Modell entscheiden muß, das auch in Größe (Breite), Funktion und Kosten den vorgesehenen Aufgaben am besten entspricht.
Um Ihnen die Entscheidung zu erleichtern, schlagen wir vor, daß Ihr erster »richtiger« Webstuhl – sofern Sie nicht ganz spezielle andere Vorstellungen haben – ein vierschäftiger Tisch- oder Standwebstuhl sein sollte. An einem Standwebstuhl mit vier Schäften erläutern wir Ihnen jetzt die Technik des Webens, so daß Sie alle Vorgänge ohne weiteres nachvollziehen können.

Zuerst das Kettspulen

Die für unser Webstück benötigte Menge Kettgarn haben wir vorher (siehe Seite 48) berechnet und entsprechend eingekauft. Dabei erhalten wir Baumwolle, Leinen und eventuell andere Garne von Speziellen Lieferfirmen (siehe S. 181) bereits auf konischen (kegelförmigen, Abb. 50) und zylindrischen (walzenförmigen, Abb. 51) Spulen, für die Arbeit sofort verwendbar. Gele-

Abb. 50

Abb. 51

Abb. 52

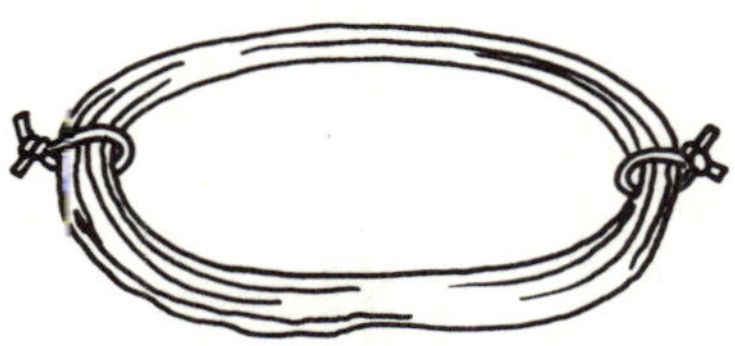

Abb. 53

gentlich kann man Wolle auch bereits auf fertigen Spulen erhalten. Häufiger kauft man jedoch Wolle in sog. Docken (zusammengedrehter Strang, Abb. 52) bei den gleichen Spezialfirmen oder in Handarbeitsgeschäften. Um die Wolle aufzuspulen, öffnen wir die Docke zu einem Strang (Abb. 53). Um den Garnstrang abzuwickeln, brauchen wir eine Garnwinde, die jeder Webstuhlhersteller als Zubehör liefern kann. Sie besteht aus Holz und wird mit einer Schraubzwinge senkrecht oder waagerecht am Tisch befestigt. Der schirmartige Aufsatz läßt sich je nach Größe des Garnstrangs beliebig weit öffnen.

Man hält den geöffneten Garnstrang von innen her mit beiden Händen straff und hängt ihn über den geschlossenen Schirm. Die eine Hand hält den Strang weiterhin gestrafft (Abb. 54), während die andere Hand den Schirm auseinanderspreizt, bis der Strang fest das Schirmchen umschließt (Abb. 55).

Zum Aufspulen der Wolle benötigen wir eine **Scheibenspule** (Abb. 56) mit Scheiben an beiden Seiten und ein **Spulgerät**. Beide können vom Webstuhlhersteller bezogen werden, wobei es Spulgeräte in verschiedener Ausführung gibt (siehe Seite 91). Die Scheibenspule wird fest auf den dafür vorgesehenen Dorn des Spulrades gesteckt. Wir wickeln den von der Garnwinde kommenden Faden um die Spule, betätigen den Antrieb und führen den Faden beim Aufspulen so, daß er gleichmäßig von links nach rechts und von rechts nach links zwischen den Scheiben hin und her läuft (Abb. 55). Es kommt darauf an, daß der Faden nicht an den Scheiben hochsteigt, weil er dadurch anhaken oder reißen könnte. Sollte der Faden einmal reißen, wird er mit Kreuzknoten oder Weberknoten (siehe Seite 102) angeknüpft. Die Spule wird nur so weit bewikkelt, daß das Garn in der Höhe die Scheiben nicht übersteigt. Sobald die Spule voll genug ist, wird der Faden durchschnitten. Der gleiche Vorgang des Aufspulens wiederholt sich mit einer neuen Spule, bis das benötigte Kettgarn auf einzelnen Spulen aufgewickelt ist. Diese Spulen benützen wir anschließend, um die Kette herzustellen.

Wir scheren die Kette

Diese Überschrift enthält einen Ausdruck, den mancher mißverste-

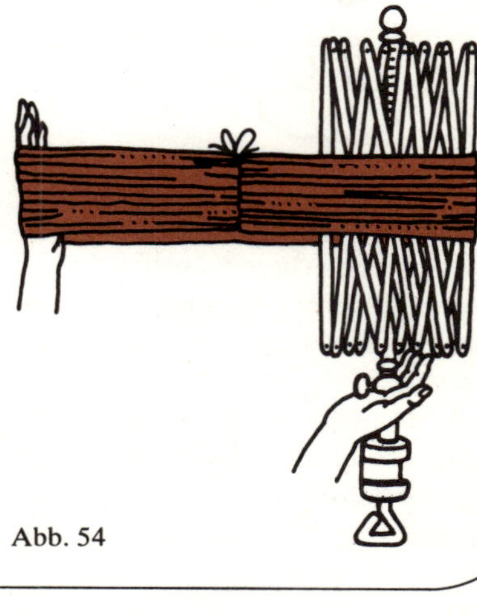

Abb. 54

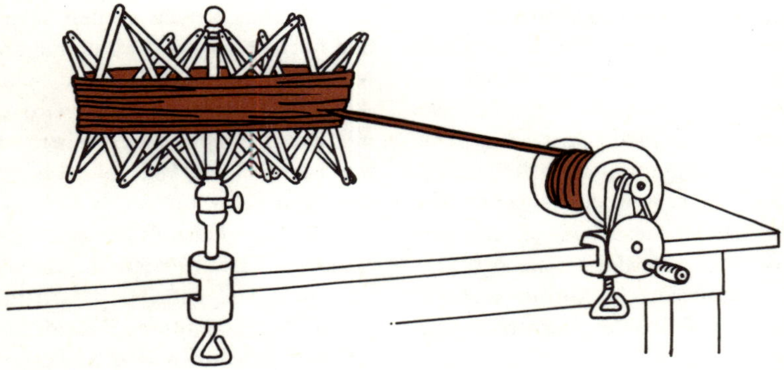

Abb. 55

hen könnte. Die Kette wird hier nicht etwa »geschoren« wie ein Schaf. Vielmehr stammt der Ausdruck wohl von »Zusammenscharen«, weil die Kettfäden hierbei in der gewünschten Länge zusammengebracht werden. Dennoch kann man hier oder da diesen Ausdruck

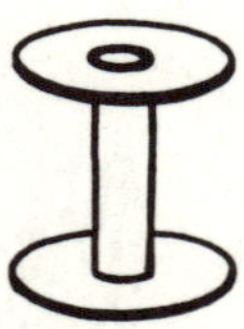

Abb. 56

in verschiedener Schreibweise lesen: außer scheren auch scheeren oder schären; in Süddeutschland spricht man nicht selten auch von zetteln.

Für das Scheren der Kette benötigen wir die vorbereiteten Spulen mit dem Kettgarn und ein **Spulengestell**, das es in zwei Arten gibt. In einem Fall hat das Spulengestell senkrechte Metallstäbe (Abb. 57), im anderen Fall waagerechte (Abb. 58). Für Scheibenspulen verwenden wir das waagerechte Spulengestell, für konische und zylindrische Spulen das senkrechte Spulengestell. Für ein Webstück darf jeweils nur eine einheitliche Sorte Spulen verwendet werden, da sonst die Fadenspannung unterschiedlich wird. Spulengestelle gehören zu den Artikeln, die im Rahmen ihrer Angebote von den Webstuhlfirmen geliefert werden.

Für eine Kettenlänge von 1–14 m kann man einen sogenannten Scherrahmen verwenden. Wollen wir längere Ketten scheren, ist es günstiger, dafür einen Scherbaum zu benützen, der aber auch für kürzere Ketten in Frage kommt. (Scherrahmen und Scherbaum werden anschließend beschrieben.)

Falls Sie über die große Länge der Ketten erstaunt sind, so müssen Sie bedenken, daß ja nicht nur im Maß begrenzte Gegenstände wie Decken gewebt werden, sondern auch ganze Stoffbahnen für die verschiedensten Zwecke. Außerdem könnten Sie ja mit der gleichen Kette verschiedene Webstücke nacheinander anfertigen, etwa mehrere Decken. Da das Aufziehen der Kette stets ein zeitraubender Vorgang ist, kann man sich mit einer langen Kette viel Mühe sparen.

Der **Scherrahmen** besteht aus einem hölzernen Brett oder Rahmen mit einsteckbaren Holzpflöcken (Abb. 59). Die Maße eines Scherrahmens sind festgelegt, je nach Größe 1 m oder mehr. Da Sie das

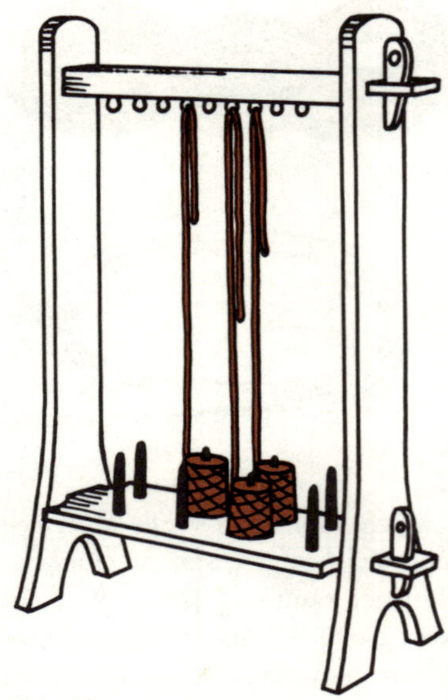

Abb. 57

Maß Ihres Scherrahmens kennen, können Sie danach leicht ausrechnen, wie oft Sie den Kettfaden im Zickzack zwischen den Pflöcken hin und her führen müssen, um die erforderliche Länge des Kettfadens zu erhalten. Dazu befestigen Sie den Faden am unteren linken Pflock des Rahmens und spannen ihn abwechselnd von links nach rechts und rechts nach links, jeweils um einen Pflock herum.

Abb. 58

Die erforderliche Kettlänge muß am oberen linken Pflock erreicht sein. Kommen Sie aber nicht etwa auf die Idee, den Faden nun abzuschneiden, sondern führen Sie ihn mit einer Runde um diesen oberen Pflock den gleichen Weg wieder zurück, so daß alle Fäden gewissermaßen deckungsgleich laufen. Damit Sie im Verlauf der Arbeit den Überblick über die Zahl der gespannten Fäden nicht verlieren, fassen Sie jeweils zehn Fäden mit einem andersfarbigen Garn als Strang zusammen (Abb. 60). Jeweils unmittelbar vor dem Ende jeder Kettlänge wird überdies ein Fadenkreuz angelegt, das für das spätere Aufbäumen unentbehrlich ist.

Der Scherrahmen besitzt im oberen und unteren Längsteil je zwei zusätzliche Pflöcke. Sie dienen dazu, beim Aufziehen der Kette ein Fadenkreuz zu bilden. Bei Ketten unter 6 m Länge kommt man mit *einem* Fadenkreuz aus. Bei längeren Ketten werden oben und unten Fadenkreuze gebildet (Abb. 65). Der von unten nach oben führende Faden wird zwischen den beiden zusätzlichen Pflöcken kreuzweise am unteren und oberen Pflockteil entlanggezogen, was Ihnen die Zeichnung gut verdeutlicht. Wichtig ist, daß die Fäden dabei gleichmäßig so gespannt werden, daß sie weder von den Pflöcken herunterrutschen können, noch so fest sitzen, daß sie sich nicht mehr lösen lassen. Sollte im Faden ein Knoten sein, muß er herausgeschnitten werden. Dabei muß die erneute Verknüpfung des Fadens, der ja nicht unterbrochen werden darf, stets am Anfangs- oder Endpflock – also unten oder

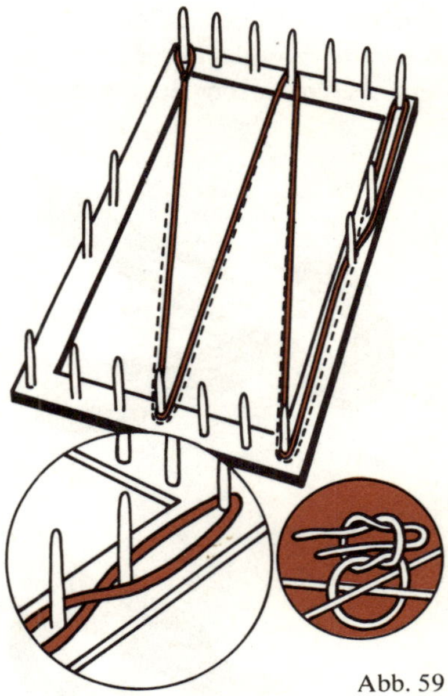

Abb. 59

oben links – erfolgen. Auf diese Weise kann der Knoten später nie ins Gewebe kommen, sondern gehört zum Kettabfall.

Sobald die erste Spule mit ihrem Garn vom Spulengestell auf den Scherrahmen übertragen ist, schnei-

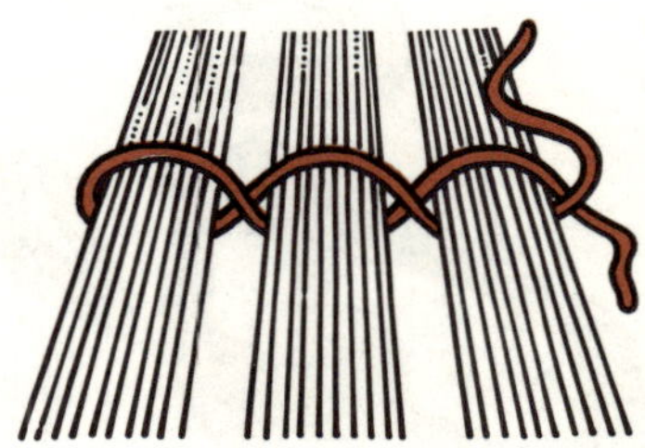

Abb. 60

den wir den Faden so ab, daß sich das Ende entweder am unteren oder am oberen linken Endpflock mit

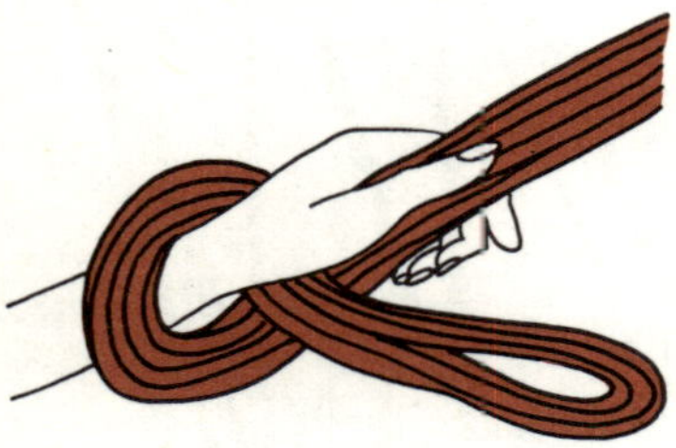

Abb. 61

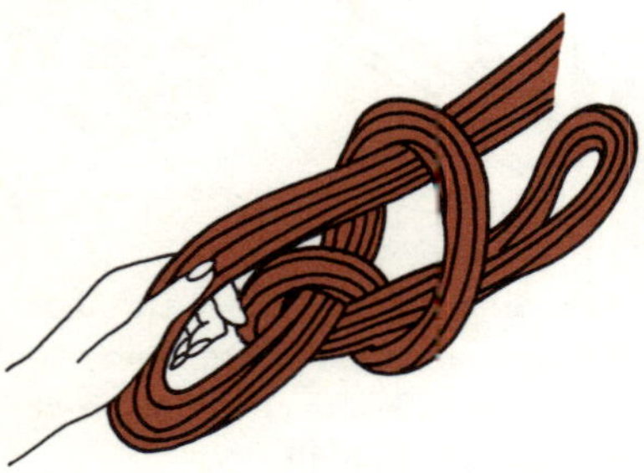

Abb. 62

Abb. 63

dem Faden der zweiten Spule verknüpfen läßt.

Ist die gewünschte Kettfadenzahl erreicht, schneiden Sie den Faden mit Zugabe ab, damit Sie den losen Fadenrest mit dem letzten Faden verschlingen können, um allem Halt zu geben. Ziehen Sie um den Begegnungspunkt im Fadenkreuz eine Schnur, die annähernd doppelt so lang sein sollte, wie das Webstück breit wird (Abb. 59, Seite 59). Verknoten Sie die Schnur entsprechend der Zeichnung. Bei zwei Fadenkreuzen – bei längeren Ketten – müssen Sie das zweimal tun. Durch die am unteren und oberen linken Endpflock von den Fäden gebildete Schlaufe ziehen wir ebenfalls eine kurze Schnur mit Schleife, um die Fäden abzubinden, damit sie sich nicht verwirren.

Nun heben wir die Kette zuerst vom oberen Pflock mit dem Fadenkreuz und danach von den anderen Pflökken unter Herstellung eines Fadenzopfes ab (Abb. 61–63, Abb. 67, Seite 63).

Ein **Scherbaum** sieht nicht nur recht eindrucksvoll aus, sondern nimmt auch einigen Raum in Anspruch. Er kann nämlich einen Umfang von 3–4 m haben, es gibt allerdings auch Tischmodelle mit 2–3 m Umfang. Aus einem gekreuzten Holzfuß erhebt sich eine metallene Mittelachse, um die sich zwei Rahmen drehen, die vier Flügel bilden. Auch der Scherbaum ist oben und unten mit Pflöcken versehen, die für die Bildung des Fadenkreuzes notwendig sind, jedoch nicht – wie der Scherrahmen – mit weiteren Pflökken. Der Bezug eines Scherbaums, der den Preis eines mittleren Staubsaugers hat, erfolgt durch die Firmen, die Webstühle herstellen (Abb. 65).

Da Sie den Umfang Ihres Scherbaums kennen, können Sie – analog zum Scherrahmen – nun leicht errechnen, wie viele Male Sie den

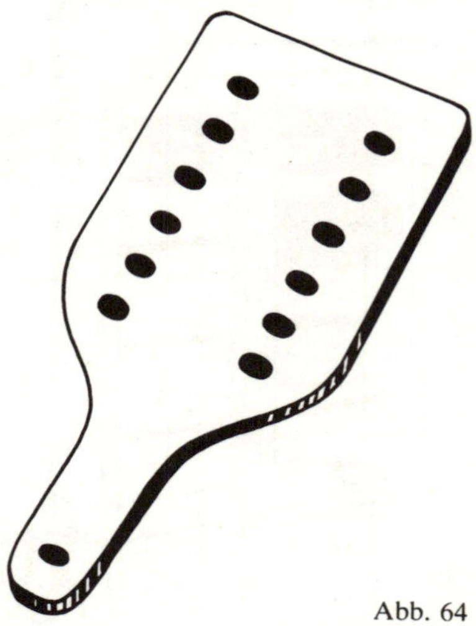

Abb. 64

Kettfaden um den Scherbaum herumwinden müssen. Dabei können Sie gleichzeitig mehrere Fäden scheren, was natürlich den Arbeitsablauf beschleunigt. Eine gute Idee und leicht für die Berechnung ist es, wenn Sie auf einmal so viele Fäden scheren, wie für Ihr Gewebe auf

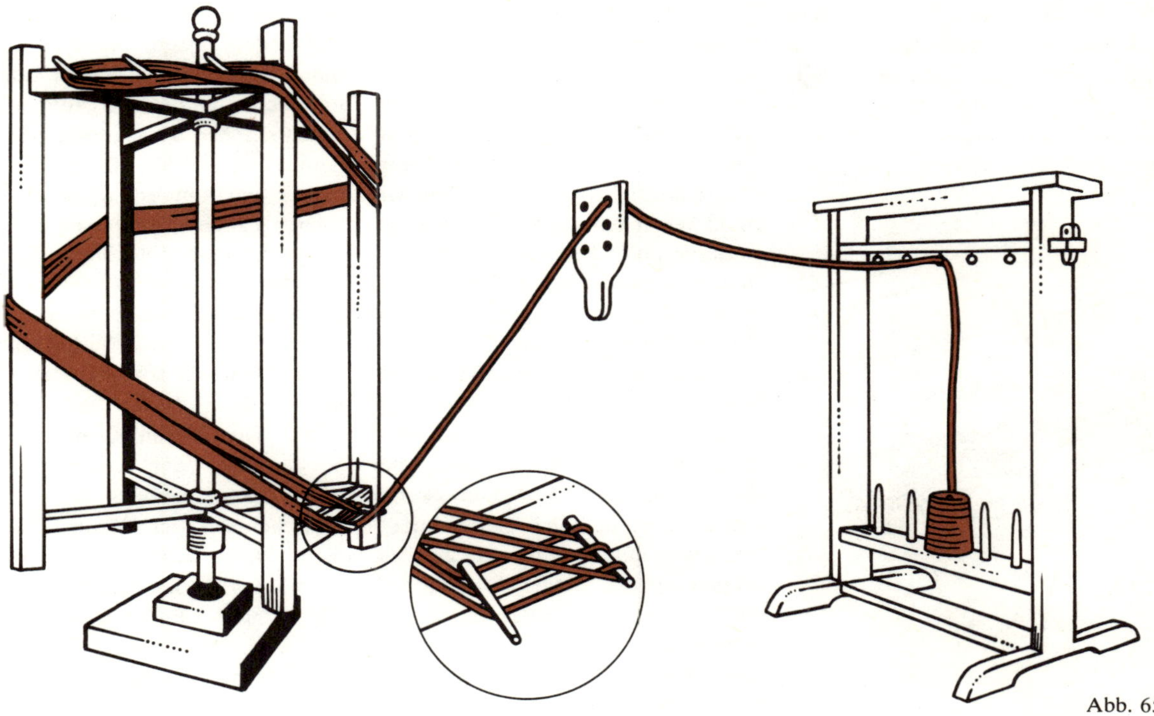

Abb. 65

1 cm Breite kommen. Jedoch können Sie am Anfang auch weniger Fäden nehmen. Wir stecken so viele Spulen auf das Spulengestell, wie wir Fäden zugleich scheren wollen. Spulengestell und Scherbaum sollten so viel Abstand voneinander haben, daß man sich gut dazwischen bewegen kann. Dabei sollte der Raum hell genug sein, um die Fäden gut zu erkennen. Da ein Teil des Raums von Fäden durchzogen wird, ist jetzt der Augenblick gekommen, wo Sie Ihren Hund oder Ihre Katze in einen Nebenraum schicken, bevor sie einen entsetzlichen Garnsalat angerichtet haben. Auch Kinder können da stören.

Um die Fäden zu ordnen, brauchen wir ein **Scherbrettchen** (Abb. 64). Es ist nichts anderes als ein Holzbrettchen mit paarweise angeordneten Löchern.

Die Fäden von den Spulen werden in gleichmäßiger Anordnung durch die Löcher des Scherbrettchens gezogen, ohne daß sie sich kreuzen. Die durchgezogenen Fäden werden zu einem Knoten verknüpft. Mit diesem Knoten beginnt die Kette.

Wir hängen den Knoten über den ersten oberen Pflock (für das Fadenkreuz) des Scherbaums. Das an den unteren Pflöcken zu bildende Fadenkreuz wird als Gangkreuz bezeichnet.

Nun nehmen wir das Scherbrettchen in die rechte Hand und greifen mit dem linken Zeigefinger den ersten Faden, führen ihn unter dem zweiten Faden hindurch und greifen den zweiten Faden mit dem Daumen. Jetzt greifen wir mit dem Zeigefinger den dritten Faden, führen ihn unter dem vierten Faden entlang und greifen mit dem Daumen den vierten Faden. Das setzen wir durch alle Fäden so fort. Wenn es beendet ist, hat sich zwischen unserem Zeigefinger und Daumen das Fadenkreuz gebildet. Die Öffnung am Zeigefinger wird über den zweiten Pflock gestreift, die Öffnung vom Daumen über den dritten Pflock (Abb. 66).

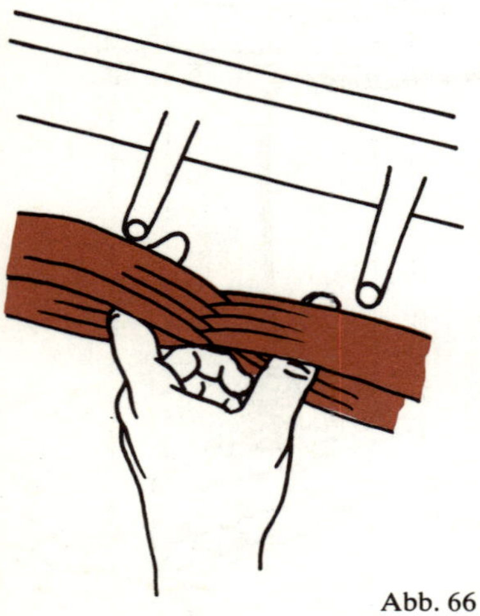

Abb. 66

Mit der rechten Hand halten wir das Scherbrettchen und schlingen mit der linken Hand, während wir den Scherbaum allmählich drehen, die Fäden um den Scherbaum abwärts bis hinab zum Gangkreuz. Das vom Fadenkreuz zum Gangkreuz abwärts laufende Fadenbündel trägt in der Webersprache den Namen Gang. Teilt man dieses Fadenbündel in zwei Teile auf, so heißt jeder Teil Gängelchen. Genau das tun wir nun! Wir teilen das Fadenbündel in unserer linken Hand in zwei Hälften und führen das erste Gängelchen unter den ersten der unteren Pflöcke hindurch und über den zweiten hinweg. Das zweite führen wir über den ersten Pflock hinweg und unter den zweiten Pflock entlang. Nun schlingen wir das erste hintere Gängelchen über das zweite vordere, so daß sich beide erneut kreuzen, und legen nun ein zweites Gangkreuz in umgekehrter Richtung (Abb. 65, Seite 61). Ist das geschehen, nehmen wir das Scherbrettchen aus der rechten in die linke Hand und müssen dabei die Kettfäden über- oder unterqueren, also darüber hinwegsteigen oder darunter hindurchkriechen. Daraufhin führen wir das Fadenbündel mit der rechten Hand und drehen mit der gleichen Hand den Scherbaum, wobei das Fadenbündel (der Gang) sich nunmehr von unten nach oben auf das bereits ausgelegte serpentinenartige Fadenband legt, bis wir das Fadenkreuz wieder erreicht haben.

An den Fadenkreuzpflöcken müssen wir nun abermals ein Kreuz bilden. Das geschieht, indem wir mit dem rechten Daumen den ersten der Fäden fassen, ihn von unten hinter den zweiten Faden führen und diesen mit dem Zeigefinger von unten nehmen. Jetzt greifen wir mit dem Daumen den dritten Faden, führen ihn von unten hinter den vierten Faden und erfassen ihn von unten mit dem Zeigefinger. Setzen Sie das in dieser Weise bis zum Ende des Fadenbündels fort. Wie Sie das bereits kennen, schieben wir die beiden sich so bildenden Öffnungen über dritten und zweiten Pflock. Nun führen wir das Fadenbündel über den ersten Fadenkreuzpflock, nehmen das Scherbrettchen aus der linken Hand in die rechte und über- oder unterqueren wie vorher den Fadenstrang und bilden mit der linken Hand ein Fadenkreuz. Daraufhin führen wir den Gang serpentinenförmig nach unten, und alle Vorgänge wiederholen sich, wobei man das Fadenkreuz nie vergessen darf.

Um die Übersicht über die Anzahl der Kettfäden zu behalten, zählen wir jeweils zehn der Gänge am Fadenkreuz und teilen sie mit einem andersfarbigen Faden ab, indem wir diesen Faden um die gebündelten zehn Fäden schlingen (Abb. 60, Seite 59).

Sobald die erforderliche Länge der Kette erreicht ist und wir das letzte Faden- oder Gangkreuz gebildet haben, fassen wir alle Fäden durch einen abschließenden Knoten zu-

sammen und schneiden die Fäden ab. So können wir die Kette auf den letzten Pflock stecken.
Mit einer kräftigen Schnur, die doppelt so lang ist wie die Kettbreite, binden wir erst das Fadenkreuz, sodann das Gangkreuz ab (Abb. 67). Ist unsere Kette sehr lang, empfiehlt es sich, den Kettstrang in einigen Abständen noch zusätzlich mit einer Schnur abzubinden.
Wir nehmen die Kette vom ersten Pflock des Fadenkreuzes ab und flechten die Kette abwärts zu einem Zopf, wobei wir den Scherbaum langsam drehen (Abb. 61–63). Das Ende der Kette nehmen wir vom Gangkreuzpflock ab und vollenden das Flechten des Zopfes (Abb. 67). Falls es sich um eine sehr breite Kette handelt, ist es besser, wenn wir sie in zwei Vorgängen, jeweils die Hälfte, scheren. Dabei muß unbedingt darauf geachtet werden, daß beide Hälften in der gleichen Spannung fertiggestellt werden. Nützlich ist dazu eine andersfarbige Schnur, die wir in der Länge der Kette zuschneiden. Dabei geben wir einige Zentimeter zu, die wir für die Befestigung brauchen. Wir knüpfen die Schnur am ersten oberen Pflock des Scherbaums fest, wickeln sie darum abwärts und befestigen sie wieder am letzten unteren Pflock. Beide Ketten scheren wir dann gleichmäßig auf der Höhe dieser Leitschnur. Übrigens kann man auch mit dem Scherrahmen (siehe Seite 58/59) unter Verwendung eines Scherbrettchens mit mehreren Fäden zugleich arbeiten.
Wenn wir beabsichtigen, eine mehrfarbige Kette zu scheren, ist die erste Voraussetzung, daß wir uns von Anfang an über die Farben und ihre jeweilige Breite klar werden. Dafür richten wir uns einen **Scherzettel** oder Scherbrief ein. Erinnern wir uns an das Beispiel eines Kinderschals (siehe Seite 34), der aus 92 Kettfäden bestand. Wenn wir ihn mit blauen, weißen und roten Streifen weben wollen, müssen wir diese Streifen vorher in der gewünschten Breite über die Kette verteilen. Die Rechnung dafür sieht etwa so aus, wie unser Scherzettel zeigt:

Farbe			Kett-einteilung				Faden-zahl
blau	18		16			18	52
weiß	5	5		5	5		20
rot		10		10			20
							90

Abb. 67

Sie können am Scherzettel ablesen, daß drei breite blaue Streifen mit zwei mittelbreiten roten und vier schmalen weißen Streifen abwechseln.
Jeder Farbstrang ist nun in der angegebenen Zahlengröße für sich zu scheren. Dabei haben wir zwei Möglichkeiten: entweder scheren wir alle Stränge einer Farbe hintereinander oder die Stränge in der farblichen Reihenfolge, wie sie auf dem Scherzettel verzeichnet sind. Selbstverständlich müssen Sie hinterher noch wissen, wie Sie vorgegangen sind.
Ja, wir sind uns bewußt, daß dieses Scheren keine ganz einfache Sache ist. Insbesondere wird mancher sich ein wenig schwer tun, die von uns gegebene Beschreibung in die Realität umzusetzen. Sobald Sie erst ein wenig Übung haben, die Sie hier unbedingt brauchen, wird es Ihnen von Mal zu Mal leichter von der Hand gehen. Falls Ihnen die praktische Verwirklichung der beschriebenen Vorgänge gar zu mühsam erscheint, sollten Sie versuchen, ob es in Ihrer Umgebung irgendwo einen Handweber(in) gibt, bei dem Sie sich die Sache einmal anschauen können. Mit der Meisterung des Scherens haben Sie eine der schwierigen Hürden überwunden, die vor der eigentlichen Webarbeit zu bewältigen sind.

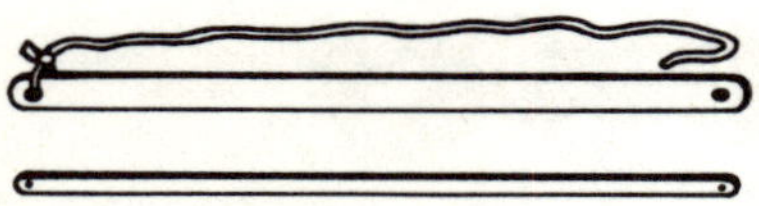

Abb. 68

Die Kette wird aufgebäumt

Vor dem »Aufbäumen« (siehe Seite 37) müssen wir aus unserem Webstuhl das Blatt und die Schäfte herausnehmen. Wir hängen die Blattlade so tief, daß sie mit Streichbaum und Brustbaum auf einer Ebene hängt.
Streichbaum und Brustbaum, die Sie auf der Abbildung 47 (Seite 54) bereits gesehen haben, sind der hintere und der vordere Querbalken, die die beiden Seitenteile des Webstuhl-Grundgestells miteinander verbinden. Über den hinteren Streichbaum läuft die Kette zum Kettbaum. Über den vorderen Brustbaum der fertig gewebte Stoff zum Warenbaum, wobei er vorher den Kniebaum passiert. Der Kniebaum ist der dritte Querbalken, der in der Mitte des Webstuhls über den Warenbaum angebracht ist.
Wir legen unsere zum Zopf geflochtene Kette, nachdem wir die Sitzbank am Webstuhl zur Seite gestellt haben, vor dem Webstuhl auf den sauberen Boden. Dabei ist darauf zu achten, daß die Gangschlaufe – das Ende der Kette, das wir am Gangkreuz vom Pflock genommen haben – sich oben befindet. Dieses

Abb. 69

Ende ergreifen wir und ziehen es von unten um den Kniebaum nach vorn und über Brustbaum und Blattlade bis zum Streichbaum (Abb. 70). Hier schieben wir die Gangschlaufe auf eine **Peitsche**.
Diese Bezeichnung trägt ein Holz- oder Eisenstab, dessen Länge der Breite des Webstuhls entspricht. Die hölzerne Peitsche hat an jeder Seite ein Loch, wobei durch die Löcher eine parallel zum Stab verlaufende Schnur gezogen ist bzw. wird, die später verknotet wird (Abb. 68). Die eiserne Peitsche ist prinzipiell gleich.
Wir verknoten zuerst in einem Loch der Peitsche eine feste Schnur, die etwas länger als die Peitsche sein muß. Jetzt schieben wir die Peitsche mit dem nicht verknoteten Ende in die Gangschlaufe des Gangkreuzes der Kette. Nun ziehen wir die Schnur vor dem abgebundenen Gangkreuz durch die Kette und verknoten sie mit dem Loch des anderen Peitschenendes, so daß die Kette einen guten Halt hat (Abb. 69). Wir öffnen die Schnur des Gangkreuzes und ziehen sie zur größeren Sicherheit nicht heraus,

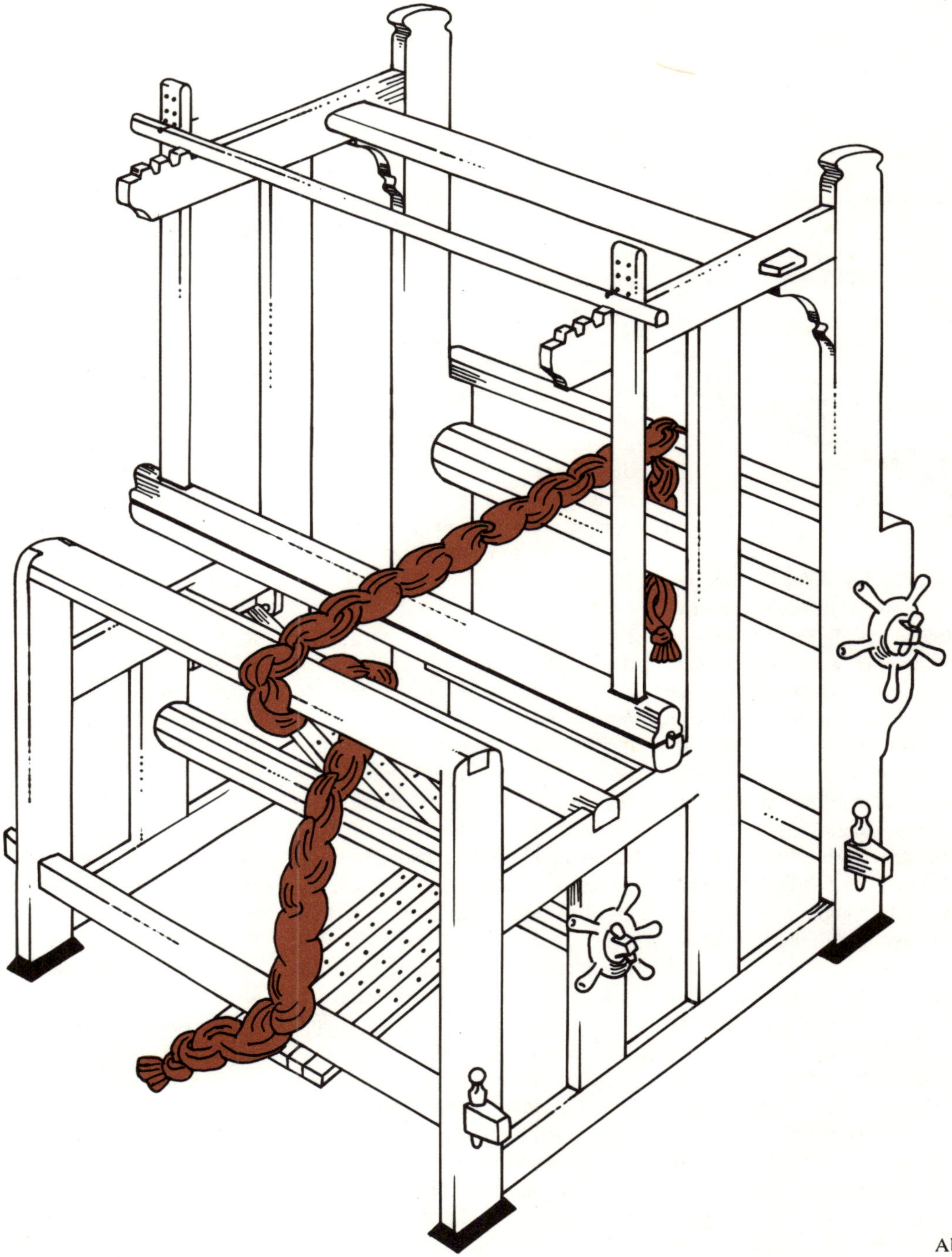

Abb. 70

sondern lassen sie beim folgenden Vorgang längs der Peitsche liegen. Wir verteilen dabei die Fäden des Gangkreuzes gleichmäßig über die Peitsche.

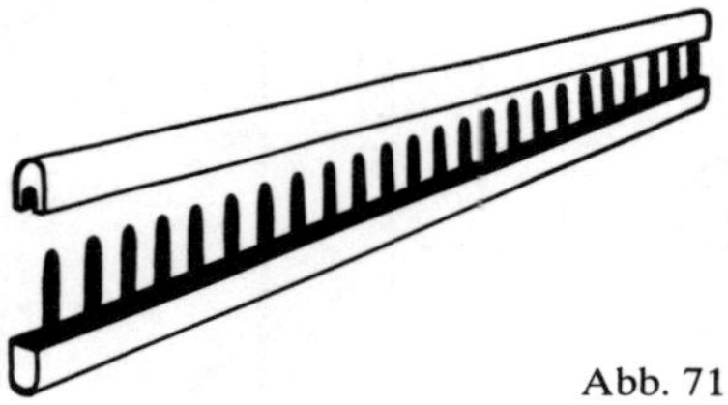

Abb. 71

Für die folgende Arbeit benötigen wir zwei glatte Holzlatten von etwa 5 cm Breite, die in der Länge vom Brustbaum bis zum Streichbaum reichen, was je nach Webstuhlgröße unterschiedlich ist. Solche Latten müssen wir uns in einem Holzgeschäft besorgen. Sie werden nicht von den Webstuhlfirmen geliefert. Sie werden waagerecht rechts und links an den Webstuhlrand gelegt und an Brust- und Streichbaum mit Bindfaden fest gebunden. Sie dienen der späteren Arbeitserleichterung.

Wir stellen uns jetzt hinter den Webstuhl (an seine Rückseite) und binden die Peitsche mit Hilfe von Bindfäden fest auf den Streichbaum. Dabei achten wir darauf, daß links und rechts der Kettfäden auf der Peitsche je ca. 10 cm frei bleiben. Für den nächsten Arbeitsgang benötigen wir einen **Reedekamm**, den wir vom Webstuhlhersteller beziehen. Er besteht aus einer Holzschiene, in die in regelmäßigen Abständen 5 cm lange Metallstäbe eingelassen sind, und einer abnehmbaren oberen Holzschiene, die eine Rille hat, in die die Metallstäbe der anderen Schiene ein kleines Stück eindringen können. Die Freiräume zwischen den Stäben sind die sogenannten Riete. Reedekämme werden je nach Verwendung mit verschiedenen breiten Rieten geliefert. Am häufigsten benötigt werden sie mit 10 Rieten auf 10 cm oder 15 Rieten auf die gleiche Länge (Abb. 71).

Der Reedekamm dient uns dazu, die Kettfäden gleichmäßig geordnet auf den Kettbaum zu drehen. Zu diesem Zweck binden wir den Reedekamm mit Bindfaden rechts und links senkrecht auf die Leisten, wobei etwa 30 cm Abstand vom Streichbaum an der äußeren Webstuhlkante bestehen. Dabei muß der Kettzopf so angehoben werden, daß er ober- und nicht etwa unterhalb des Reedekamms verläuft. Für diese Arbeiten haben wir die abnehmbare obere Schiene entfernt.

Jetzt gehen wir daran, den Kettzopf so weit zu öffnen, daß wir die Gänge gleichmäßig in die Riete verteilen können. Dabei müssen wir abermals unsere Rechenkünste bemühen.

Sie wissen sicher noch vom Kettscheren, wie viele Gänge Ihre Kette hat. Soweit Sie die Zahl der Riete Ihres Reedekammes nicht kennen, stellen Sie diese fest. Teilen Sie die Zahl der Gänge durch die Zahl der Riete, wodurch Sie die Gangzahl für jedes Riet erhalten. Dementsprechend legen Sie die jeweilige Zahl der Gänge in die Riete. Allerdings geht diese Rechnung nicht immer so glatt auf, daß auf alle Riete die gleiche Zahl Gänge entfallen kann. Wenn das eintritt, beginnen Sie in der Mitte des Reedekamms mit der Verteilung, indem Sie abwechselnd Riete mit mehr und Riete mit weniger Gängen folgen lassen.

Dafür ein Beispiel: Sie haben 75 Gänge für 50 Riete. Ordnen Sie das so ein, daß Sie im mittleren Riet mit 2 Gängen beginnen, das nächste mit einem Gang belegen, was in der Webersprache »einlesen« heißt, in den dritten Gang wieder 2 Gänge einlesen, in den vierten einen Gang, in den fünften 2 und entsprechend weiter, bis Sie am Ende sind. So ist die Gewähr gegeben, daß die Fäden zu beiden Seiten gleichmäßig verteilt sind.

Falls Sie eine Kette haben, die schmäler als der Reedekamm ist, also weniger Gänge aufweist, als Riete vorhanden sind, lesen Sie wie immer die Gänge von der Mitte aus ein und lassen Sie die Ränder frei. Dadurch arbeitet es sich besser. Sie können sonst nicht gleichmäßig die Schußfäden anschlagen. Ihr Gewebe würde sich verziehen. Selbstverständlich lesen Sie die Gänge in der gleichen Reihenfolge ein, wie sie

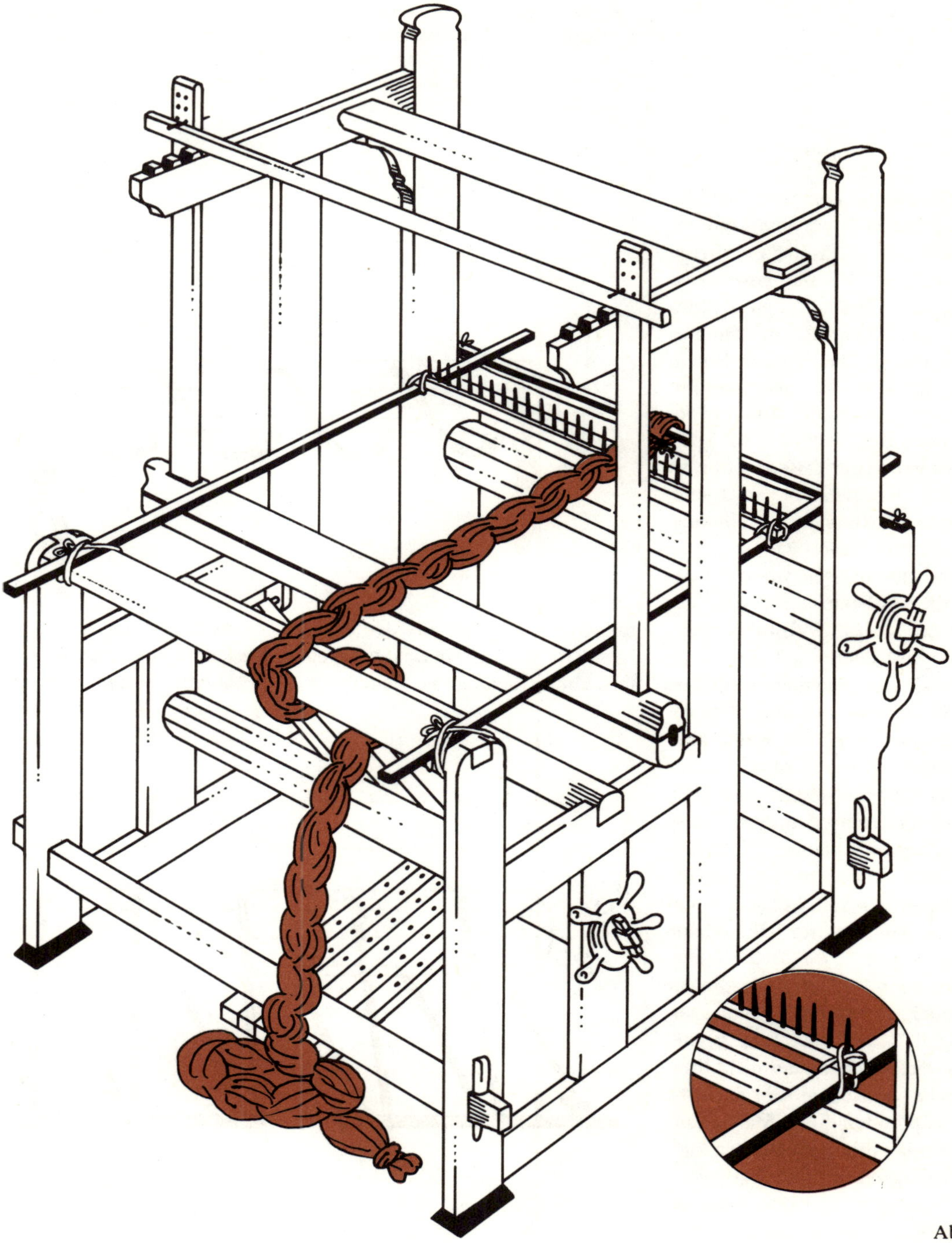

Abb. 72

Farbtafel 5

1 und 3 Vorhangstoffe, Mischgewebe aus Naturfasern, in freier Bindung gestaltet.
2 Kissenbezug aus reiner Schafwolle in Leinenbindung und erweitertem Rosengang (Arbeitsanleitung S. 153).
4 Decke in Leinenbindung, mit unterschiedlich breiten Farbstreifen gewebt, Mischgewebe aus Baumwolle und Wolle (Arbeitsanleitung S. 154).

Arbeiten 1, 3 und 4: Marianne Müller, 2: Gertraute Saggau.

vom Gangkreuz kommen. Sie dürfen sich nicht etwa überkreuzen, weil sich sonst die Kette verwirrt.
Nun drücken Sie die bewegliche Oberschiene fest auf den Reedekamm und binden ihn mit Bindfaden an den beiden äußeren Enden und in der Mitte fest zusammen, so daß er sich keinesfalls öffnen kann. Vor Ihnen liegt jetzt der nach wie vor fast ganz geschlossene Zopf, an den der Reedekamm anschließt, durch dessen Riete die eingelesenen Gänge laufen (Abb. 72).
Als nächstes müssen wir die Peitsche am **Kettbaum** befestigen. Der Kettbaum Ihres Webstuhls weist eine Anzahl Löcher auf. Durch sie ziehen wir nun eine nicht zu dünne, feste Schnur lose von einer Seite zur anderen, wobei wir der Reihe nach die Schnur so durch diese Löcher führen, daß wir jeweils von oben nach unten gehen. Auf diese Weise hängen unten Schlaufen herab, deren Länge annähernd bis an die Schäfte reichen soll. Mit jedem Fadenende knüpfen wir eine kleine Schlinge (Abb. 73). Durch die herabhängenden Schlaufen stecken wir nun quer einen sogenannten Anknüpfstab (eine ca. 2 cm breite, 0,5 cm dicke Leiste), der nicht breiter als der Kettbaum sein darf. An den Endpunkten dieses Stabes hängen wir die vorher geknüpften kleinen Schlingen auf (Abb. 74).
Jetzt brauchen wir eine helfende Hand. Bitten Sie also ein Familienmitglied, jemanden aus der Nachbarschaft oder sonst Bekannte um ihre Unterstützung, die weder Vorkenntnisse noch Kräfte erfordert. Sie halten den Anknüpfstab mit den Schlaufen hinter dem Webstuhl

Abb. 73

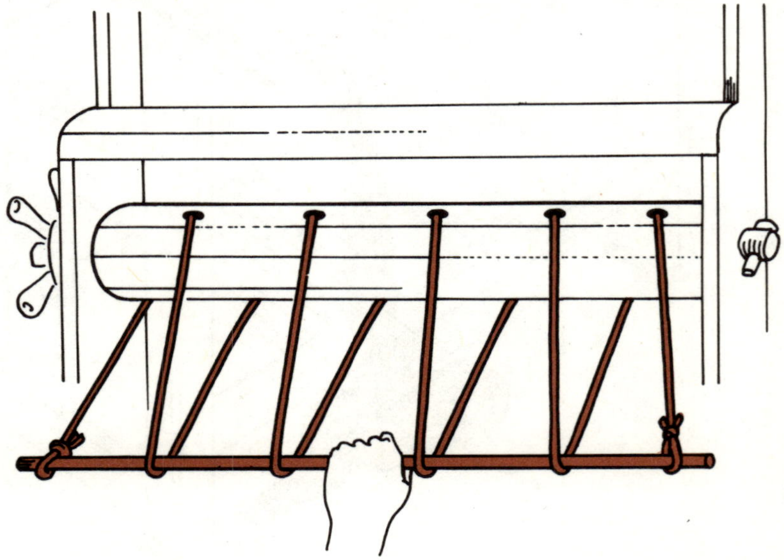

Abb. 74

1 △ 3 ▽ 2 △ 4 ▽

Farbtafel 6

Bettdecke von der Insel Kreta aus Wolle. Bunte Zusammenstellung von Blumen, Vögeln und Figuren. Weberin: Rodoula Stathaki-Koumari.

stramm, während Ihre Hilfskraft die Sperrklinke am Sperrad des Kettbaums löst und das Sperrad langsam dreht. Dadurch werden die Schlaufen aufgewickelt und zwar so lang, bis der Anknüpfstab den Streichbaum erreicht hat. Daraufhin wird das Sperrad wieder festgestellt, damit sich die Schlaufen nicht wieder abwickeln.

Binden Sie in einem Arbeitsgang die Peitsche vom Streichbaum los und anschließend sofort wieder fest an den Anknüpfstab. Damit sind die Vorbereitungen für das Aufbäumen beendet – der eigentliche Vorgang des Aufbäumens kann beginnen.

Hierfür brauchen Sie nun allerdings am besten gleich zwei Hilfskräfte, die keine speziellen Voraussetzungen mitbringen müssen und die Sie in ihre Tätigkeit einweisen.

Eine der Hilfskräfte stellt sich vor den Webstuhl und hält hier den Kettzopf fest. Die zweite Hilfskraft dreht auf Ihren Hinweis langsam den Kettbaum. Sie selbst halten den Reedekamm. Nach dieser Arbeitsverteilung geschieht Folgendes:

Der Reedekamm, der fest an die Hilfsleisten angebunden ist, wird losgebunden. Hinter dem Webstuhl stehend, halten Sie den Reedekamm fest mit beiden Händen. Veranlassen Sie, daß die Sperrklinke am Sperrad des Kettbaums gelöst und der Kettbaum gleichmäßig gedreht wird. Ihre vor dem Webstuhl stehende weitere Hilfskraft hält den Kettzopf straff, der sich beim Drehen des Kettbaums allmählich auflöst. Dadurch laufen die Kettfäden durch den Reedekamm, mit dessen Hilfe Sie durch geschickte Bewegungen den gleichmäßig geordneten Lauf der Fäden bestimmen. Das soll sich ruhig und kontinuierlich vollziehen – nur keine Aufregung und Hektik!

Dabei ist darauf zu achten, daß niemand in die laufenden Fäden greift – vielleicht, um in bester Absicht eine Ungleichmäßigkeit zu beheben. Das darf allein durch leichtes Schütteln der Kette vom Zopf aus geschehen.

Sobald das Kett-Ende den Kniebaum erreicht hat, stellen wir den Kettbaum mit der Sperrklinke fest (Abb. 75). Damit ist der eigentliche Vorgang des Aufbäumens abgeschlossen. Eine gut aufgebäumte Kette muß gleichmäßig stramm und fest auf den Kettbaum gewickelt sein.

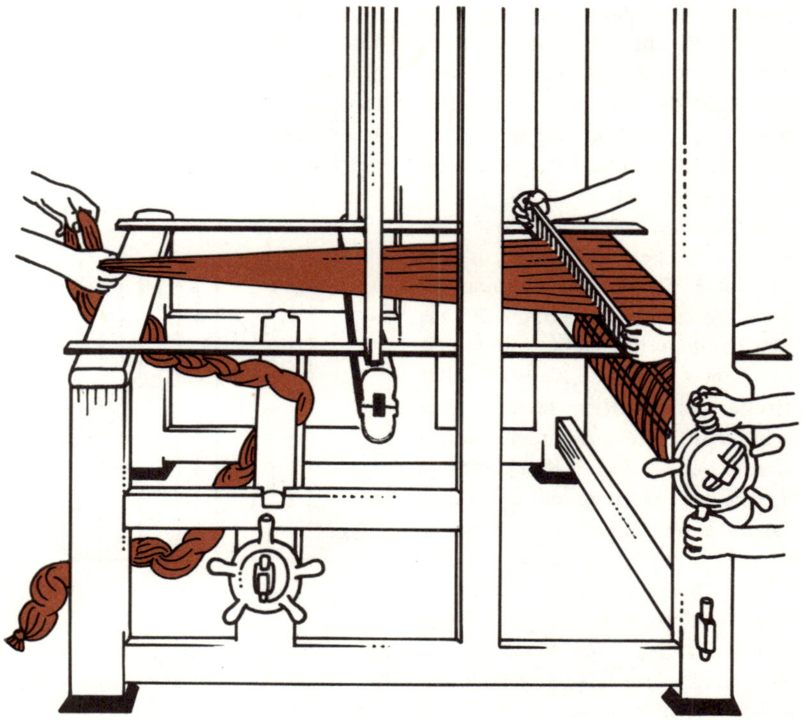

Abb. 75

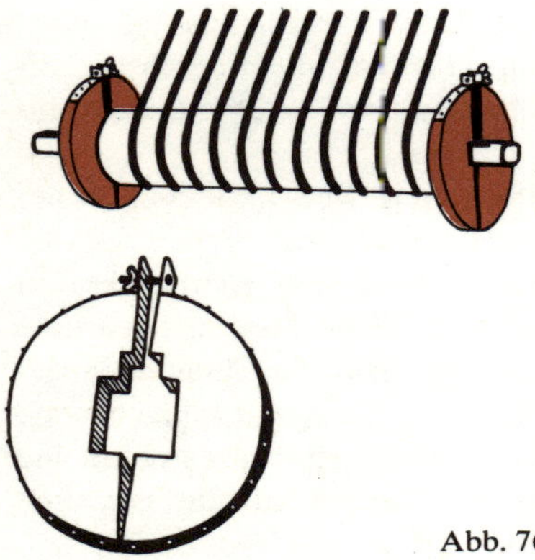

Abb. 76

Beim Arbeitsablauf des Aufbäumens muß unter Umständen noch auf folgende Punkte geachtet werden: falls der Kettbaum an seinen beiden Enden begrenzende Scheiben hat (Abb. 76), kann die Kette nicht abrutschen. Hat er jedoch keine solchen Scheiben, müssen wir das Abrutschen verhindern, indem wir mit Hilfe des Reedekamms einen sogenannten Hals bäumen. Das Halsbäumen geschieht, indem wir zwar am Anfang die Kette in voller Breite durchlaufen lassen, aber schon bald – sie darf ja nicht seitlich abrutschen – den Reedekamm in senkrechter Haltung schräg drehen. Dadurch wird die Kette zwangsläufig schmaler (Abb. 77). Wir können diese Schrägstellung allmählich etwas verstärken, so daß das letzte Stück der Kette das schmalste ist. Allerdings erfordert diese Handhabung, bevor man sie gut im Griff hat, Geschick und Erfahrung. Ein anderer Weg, um das unangenehme Abrutschen zu verhindern, besteht in der Verwendung von Bäumlatten. Dabei handelt es sich um 3 cm breite dünne Latten in der Kettbaumbreite, die wir uns am besten in einem Bastelgeschäft besorgen. Diese Latten werden in einigen Abständen vorsichtig zwischen Kette und Kettbaum eingelegt, um der Kette zusätzlichen Halt zu geben (Abb. 75, 78).

Sobald die Kette zierlich aufgebäumt ist, können wir den Reedekamm entfernen. Das geschieht mühelos, indem wir die obere Schiene abheben und das Unterteil der Doppelschiene herausziehen. Der Reedekamm hat seine Pflicht getan. Auch ohne ihn laufen jetzt die Kettfäden regelmäßig auf den Kettbaum zu.

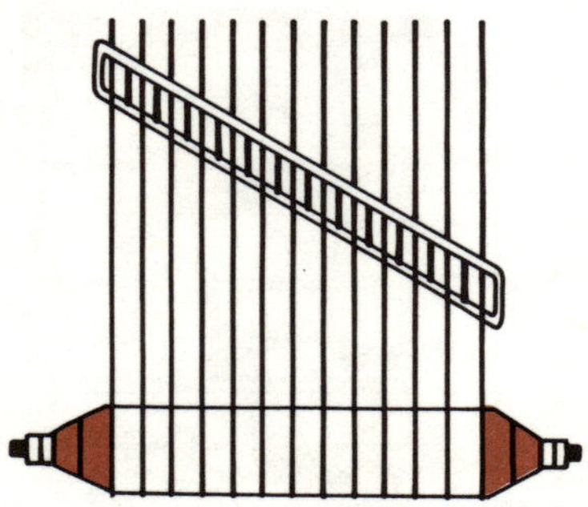

Abb. 77

Zur Weiterführung unserer Arbeit brauchen wir nun zwei sogenannte **Geleseleisten**, die auch Kreuzlatten genannt werden, ca. 3 cm breit und

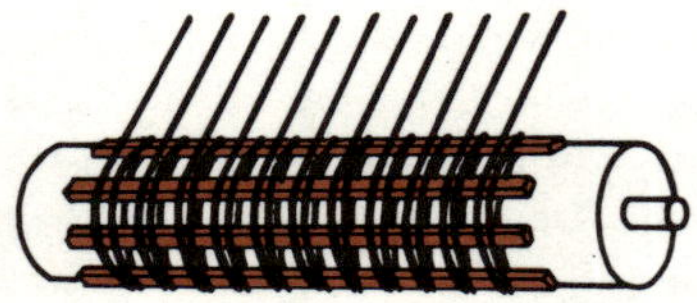

Abb. 78

1 cm dick; sie sind so lang wie die Webstuhlbreite und haben an jeder Seite ein Loch. Sie bekommen sie als Zubehör vom Webstuhlhersteller (Abb. 79).

Seitlich am Webstuhl stehend, schieben wir die erste der beiden Geleseleisten an der Fadenkreuzschnur entlang durch das Kettenende. Die zweite Geleseleiste führen wir an der anderen Seite des Fadenkreuzes hindurch, so daß zwischen den beiden Geleseleisten das Fadenkreuz liegt (Abb. 80). Beide Geleseleisten binden wir nun mit einem Bindfaden und mit Hilfe der beiden Öffnungen an ihren Enden zusammen (Abb. 79), so daß das Fadenkreuz beweglich bleibt. Daraufhin können wir die Schnur des Fadenkreuzes lösen und entfernen. Vorher haben wir uns aber sicherheitshalber noch einmal überzeugt, daß alle Fäden erfaßt sind und die Bindung der beiden Geleseleisten aneinander wirklich haltbar ist. Nunmehr ordnen wir die Kettfäden des Fadenkreuzes gleichmäßig über die volle Breite der Geleseleisten, die wir dazu auf die Hilfsleisten legen können (Abb. 81).

Wenn Sie jetzt nach dem beendeten

Abb. 79

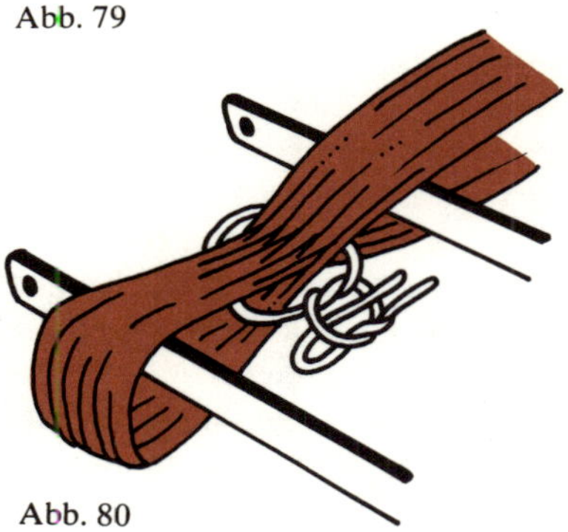

Abb. 80

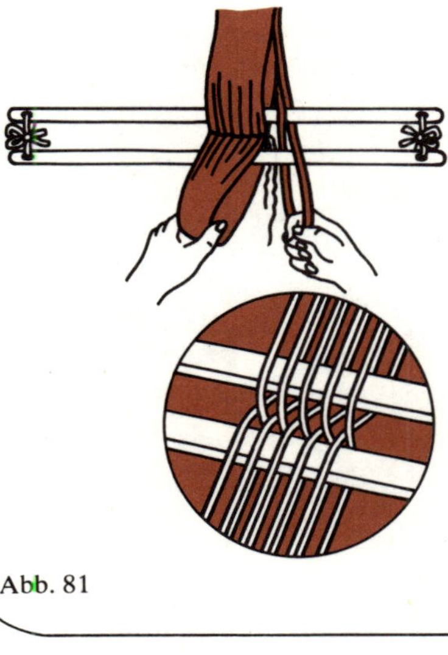

Abb. 81

Aufbäumen Ihren Webstuhl betrachten, wird Ihnen der Fortschritt ganz deutlich, den Sie gemacht haben. Denn zum ersten Mal im Verlauf der gewiß nicht ganz mühelosen und auch recht zeitraubenden Vorarbeiten präsentiert sich Ihr Webstuhl sozusagen im »Webe-Look« mit den durchlaufenden Kettfäden. Lassen Sie sich durch die vorangehenden und leider unvermeidlichen Arbeitsgänge, die Sie jetzt hinter sich haben, nicht verdrießen. Allmählich sehen Sie nämlich Ihr Ziel, die flüssige Webarbeit, immer deutlicher vor sich.

Wozu wir Schäfte und Litzen brauchen

Am Webstuhl verstehen wir unter **Schäften** doppelte Latten, mit deren Hilfe die Kettfäden geordnet geführt werden. Diese Schaftlatten haben jeweils eine Länge, die der Breite des Webstuhls entspricht, sind 3 cm breit und 1 cm dick. Sie werden mit jedem Webstuhl geliefert, so daß man sie nicht extra besorgen muß (Abb. 82). Jeder Schaft hat an jeder Seite und in der Mitte ein Loch.
Um mit den Schäften arbeiten zu können, brauchen wir außerdem **Litzen**. Sie verbinden die beiden Schaftlatten und leiten die Kettfäden. Es gibt sie in verschiedenem Material und verschiedenen Größen. Für jeden einzelnen Kettfaden wird eine Litze benötigt, so daß wir für unseren Webstuhl je nach der Größe des Webstückes weit über tausend Litzen brauchen – für breitere Webstühle kann die Zahl auf mehrere tausend anwachsen. Sie müssen beim Webstuhlhersteller gesondert bestellt werden, wobei man die Wahl aus verschiedenen Ausführungen hat. Zum Glück sind sie »im Dutzend billiger«, das heißt, eine Litze ist ein Pfennigartikel.
Litzen bestehen meist aus drei Teilen, nämlich dem mittleren Litzenauge, das den Kettfaden aufnimmt, und zwei Schlaufen – oben und unten je eine, durch die die Schaftlatten gesteckt werden. An den Schlaufen kann überdies eine Führungsöse angebracht werden, durch die eine Führungsschnur läuft. Litzen können aus Schnur (Abb. 83), Schnur mit Metallauge (Abb. 84) und ganz aus Metall (Abb. 85) bestehen. Litzen mit Metallaugen haben den Vorzug, daß sie formbeständig sind. Allerdings beansprucht das Metall die Kettfäden erheblich, so daß Schnurlitzen schonender im Gebrauch sind. Wer Lust

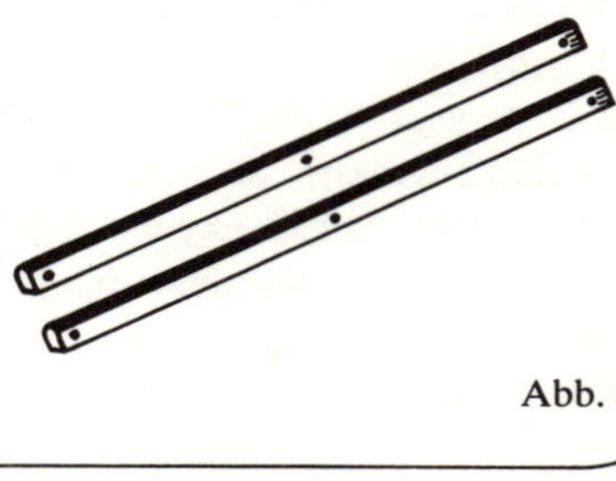

Abb. 82

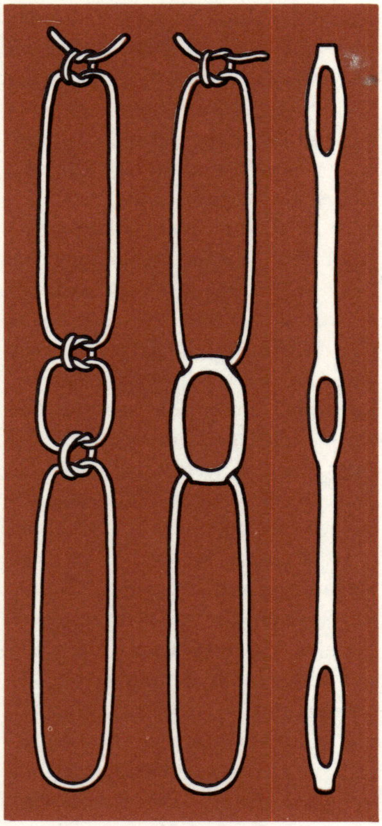

Abb. 83 Abb. 84 Abb. 85

dazu hat, kann sich Schnurlitzen übrigens auch selbst herstellen.
Für unseren Webstuhltyp eignen sich am besten 27 cm lange Litzen mit 2 cm großen Augen. Für zarte Gewebe empfiehlt es sich, Litzen mit kleineren Augen zu verwenden. Für grobe Teppichgewebe benutzt man Teppichlitzen, die stärker und haltbarer sind.

Bereits beim Beginn des Aufbäumens haben wir die Schäfte aus dem Webstuhl entfernt (siehe Seite 64) und können nun auf einem beliebigen Tisch mit ihnen arbeiten. Das heißt, wir wollen hier die benötigten Litzen auf die Schäfte bringen. Dazu müssen wir aber erst einmal wissen, wie viele Litzen wir überhaupt brauchen. Für jeden Kettfaden brauchen wir eine Litze, die in Bündeln geliefert werden (Abb. 86), deren Gesamtzahl sich auf die vier Schäfte verteilt. Bei einer feinfädigen Kette benötigen wir mehr Litzen als bei einer groben Kette. Über die laut Berechnung benötigte Zahl der Litzen hinaus ziehen wir einige, etwa 5, als Reserve auf, falls eine Litze beschädigt ist oder wir im Ablauf eine übergangen haben. Selbstverständlich dürfen nur Litzen gleicher Größe gemeinsam aufgezogen werden. Alle Litzen müssen gleichmäßig ausgerichtet sein (Abb. 87).
Damit die Litzen nicht vom Schaft herunterrutschen können, befestigen wir – wie bei der Peitsche (siehe Seite 64) – eine dünne Schnur durch einen Knoten am äußeren linken Loch des Schaftes, ziehen sie zum äußeren rechten Loch und verknoten sie hier ebenfalls am Schaftende. Haben die Litzen an den Schlaufen vorstehende Knotenenden, knüpfen wir mit ihrer Hilfe Ösen, durch die diese Führungsschnur laufen kann. Dabei muß in

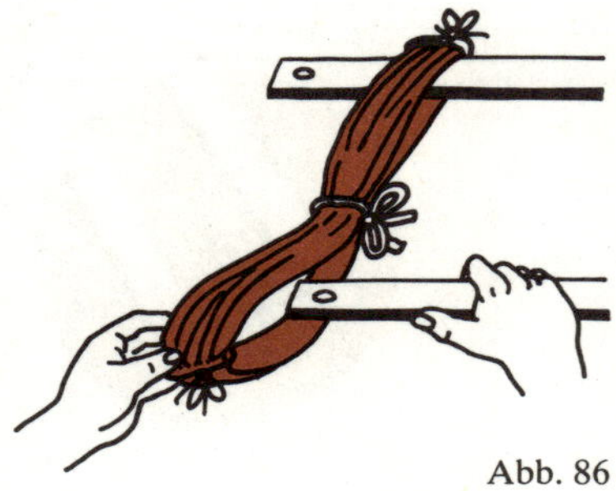

Abb. 86

jedem Fall ein Kreuzknoten (siehe Seite 102) angelegt werden (Abb. 87). Wir kommen also hier nicht darum herum – Sie brauchen etwas Geduld! – je nach Breite der Kette tausend und mehr Knoten nacheinander zu knüpfen. Auch das gehört zum Weben.
Sobald wir die Litzen auf den Schäften untergebracht haben, hängen wir die Schäfte zunächst einmal provisorisch auf. Zu unserem Webstuhl gehören zwei sogenannte **Schaftheber**, kleine Brettchen mit Einkerbungen für die zum Webstuhl gehö-

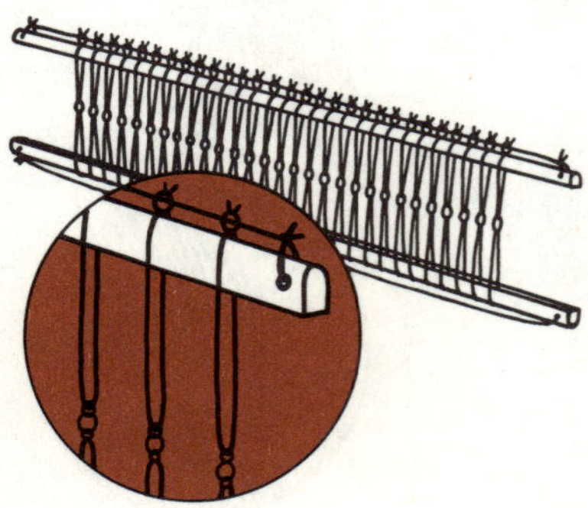

Abb. 87

renden Schäfte. An der Seite befinden sich Löcher. In ihnen befestigen Sie eine Schnur, mit deren Hilfe Sie die Schaftheber am Wellenstab Ihres Webstuhls anhängen können, an jeder Seite einen von ihnen (Abb. 88). In die Kerben der Schaftheber legen wir nun die äußeren Enden der oberen Schaftlatten. Dabei ruhen die unteren Schaftlatten auf den Hilfsleisten (Abb. 89). Damit wir die Schäfte besser unterscheiden können, ziehen wir durch die unteren Litzenschlaufen eines jeden Schaftes einen jeweils andersfarbigen dicken Faden.

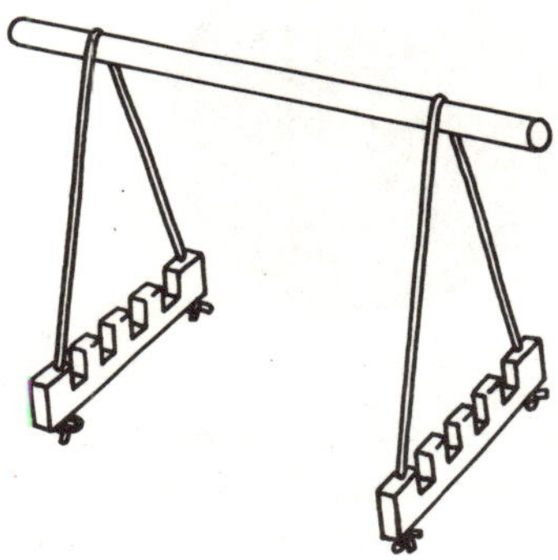

Abb. 88

Zum Durchziehen der Kettfäden durch die Litzenaugen verwenden wir einen sogenannten **Reihhaken** (Abb. 90), der auch Einziehhaken genannt wird. Manche Ausführungen ähneln einer Häkelnadel. Beim Einziehen der Kettfäden ist es günstig, wenn wir zu zweit sind – allein ist es etwas schwieriger und dauert länger. Dabei setzt sich die Hilfsperson, die etwas beweglich sein sollte, auf einen Hocker in den Webstuhl hinein, so daß sie zwischen Schäften und Geleseleisten sitzt. Ihre Aufgabe besteht darin, die einzelnen Kettfäden der Reihe nach zuzureichen. Dazu muß sie mit einer Schere die Schlaufe des Kettendes, die über die Geleseleisten hinweghängt, aufschneiden, was wir ihr vorher genau zeigen. Wir beginnen damit an der linken Seite.

Die Hilfsperson reicht nun jeden Kettfaden einzeln der Weberin zu. Dabei muß sie sorgsam darauf achten, daß sie abwechselnd einen oberhalb der Geleseleisten verlaufenden Faden und einen unterhalb verlaufenden weitergibt. Die Weberin sitzt auf dem Brustbaum des Webstuhls und zieht mit dem Reihhaken den ihr jeweils zugereichten Kettfaden durch ein Litzenauge. Das geschieht, indem die Weberin mit der linken Hand die Litze hält und das Litzenauge vor sich hat. Nun führt sie mit der rechten Hand den Reihhaken durch das Litzenauge hindurch, faßt den zugereichten Faden und holt ihn mit dem Haken durchs Litzenauge zu sich her. Diesen Vorgang mit der nun folgenden Verteilung der Kettfäden auf

Abb. 89

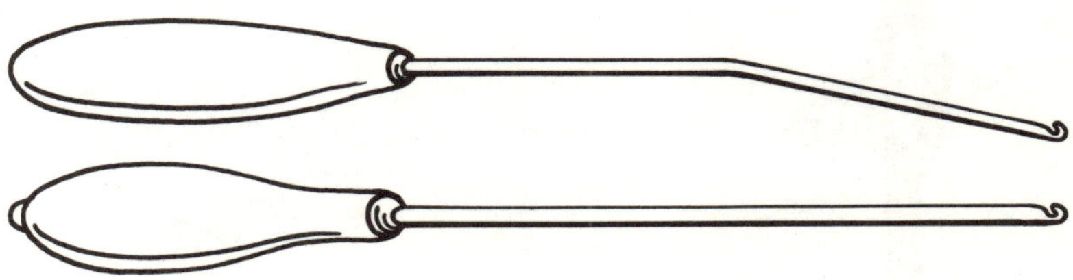

Abb. 90

die Schäfte bezeichnet man als **Einzug** (Abb. 91). Um die Kettfäden richtig auf die Schäfte zu verteilen, müssen wir von dem beabsichtigten Muster ausgehen. Bei einer Leinenbindung (siehe Seite 118) benötigen wir nur zwei Schäfte. Wir ziehen den ersten Faden durch die erste Litze des ersten Schaftes, den zweiten Faden durch die erste Litze des zweiten Schaftes, den dritten Faden durch die zweite Litze des ersten Schaftes und den vierten Faden durch die zweite Litze des zweiten Schaftes. In gleicher Folge setzen wir diese Arbeit fort.

Je nach dem vorgesehenen Muster unseres künftigen Gewebes benötigen wir mehrere Schäfte, im Falle unseres Webstuhls alle vier Schäfte. Bei einem solchen Muster ziehen wir den ersten Faden durch die erste Litze des ersten Schaftes, den zweiten durch die erste Litze des zweiten Schaftes, den dritten durch die erste Litze des dritten Schaftes, den vierten durch die erste Litze des vierten Schaftes und beginnen vom fünften Kettfaden an wieder von vorn. Die zur Orientierung eingezogenen verschiedenfarbigen Fäden helfen uns jetzt, daß wir die Schäfte nicht verwechseln. Dabei dürfen wir die vorgesehenen Doppelfäden zur Verstärkung der Kanten nicht unberücksichtigt lassen. Das heißt, daß wir – abweichend von dem eben genannten grundsätzlichen Schema – den ersten Faden für den ersten Schaft als doppelten Faden einziehen, ebenso den ersten Faden für den zweiten Schaft. Dadurch können diese beiden Doppelfäden die Kante verstärken.

Damit wir die Übersicht über die durchzogenen Kettfäden erhalten und uns die Arbeit erleichtern, knoten wir jeweils ein Fadenbündel vor den Schäften zusammen (Abb. 92). Das kann entweder jeweils mit zehn Fäden geschehen oder entsprechend den Farbengruppen Ihres jeweiligen Musters.

Das Einziehen an sich ist eine Sache, die Sie bereits nach wenigen Minuten beherrschen werden. Unbedingt erforderlich ist dabei jedoch äußerste Konzentration, um nicht durch einen Fehler die Arbeit zu beeinträchtigen. Nicht weiter schlimm ist es, wenn Sie einmal eine Litze übersehen, die dann ohne Bedeutung im Schaft hängen bleibt. Ärgerlicher wird es jedoch, wenn Sie etwa danebenstechen, so daß der Kettfaden lose hängen bleibt, ohne daß Sie es bemerken; sehr ärgerlich ist es, wenn Sie den Kettfaden gleich durch zwei Litzenaugen ziehen oder die Litzen sich verdrehen. Falls Sie das erst nachträglich bemerken, müssen Sie von da ab die

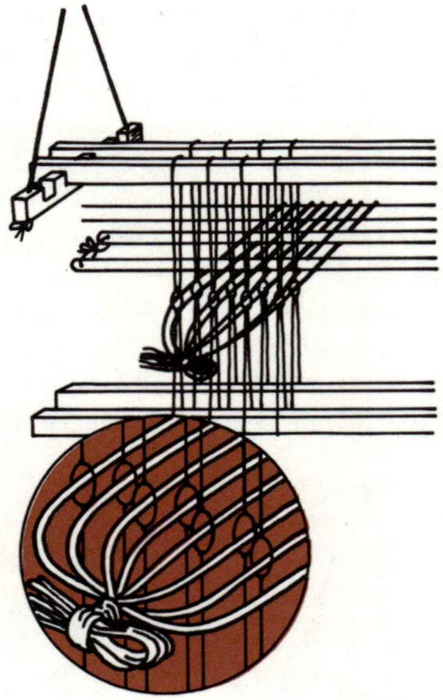

Abb. 92

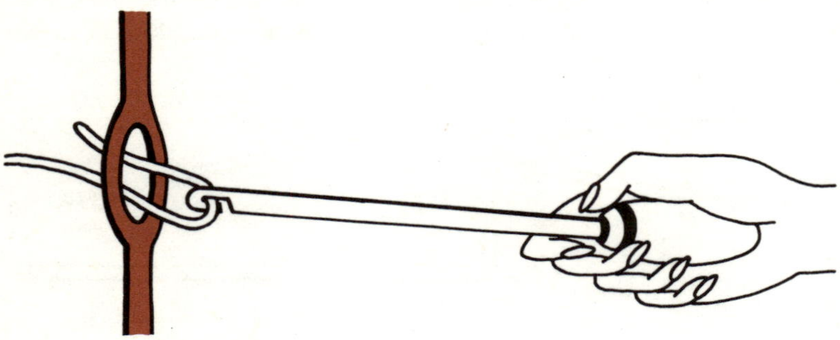

Abb. 91

ganze Arbeit leider wieder aufziehen und den Fehler beheben. Denkbar unangenehm ist es, wenn Sie den Fehler gar erst beim Weben entdecken. Daher: stets ruhig und konzentriert bleiben!

Das Blatt stechen

Dieser Ausdruck stammt keineswegs aus dem Skatspiel, sondern besagt, daß es um das **Webblatt**, auch Webkamm genannt, geht. Im Prinzip ist es das Gegenstück zum Gatterkamm (siehe Seite 30). Das Blatt besteht aus einer oberen und einer unteren Schiene, die mit kammartigen Metallzinken verbunden sind, die die Bezeichnung Blattstäbe haben. Den dazwischen bestehenden Abstand bezeichnet man – wie beim Reedekamm – als Riet. Der Blattstab am Rand weist eine Einstanzung auf, die die Zahl der Riete auf eine Länge von 10 cm angibt und vermerkt, wie lang das Blatt insgesamt ist (Abb. 93). Je höher die Rietzahl, um so feiner ist das Blatt.

Das Blatt bewirkt, daß die Kettfäden gleichmäßig nebeneinander laufen. Die Wahl des richtigen Blattes ist wichtig, denn das Blatt übt einen entscheidenden Einfluß auf das Aussehen des Gewebes aus. Um das passende Blatt zu finden, stellt man zunächst fest, wie viele Garnfäden nebeneinanderliegen müssen, um einen Zentimeter Breite auszufüllen. Die Rietzahl soll die Hälfte der Fadenanzahl betragen. Als Beispiel: wenn 8 Fäden 1 cm breit liegen, wählen wir ein Blatt 40/10 = 4 Riete. Das bedeutet, daß durch jedes Riet zwei Fäden laufen.

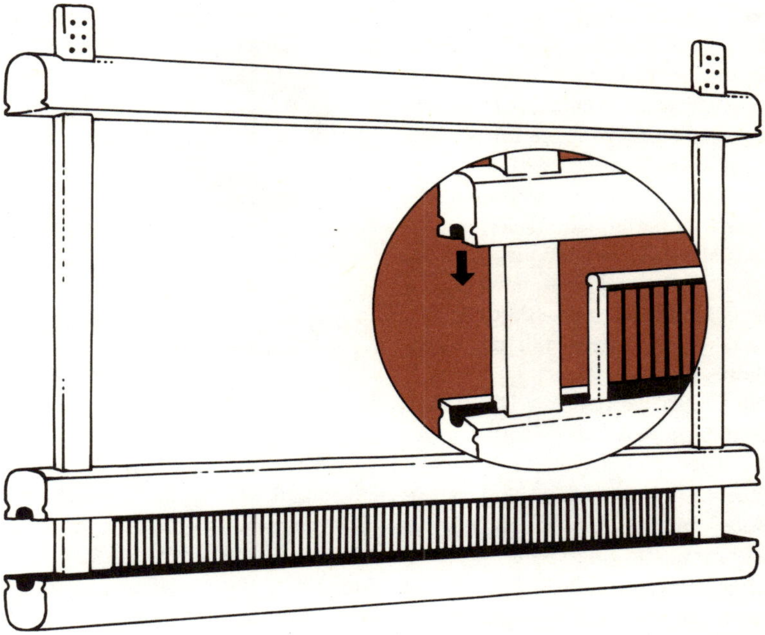

Abb. 94

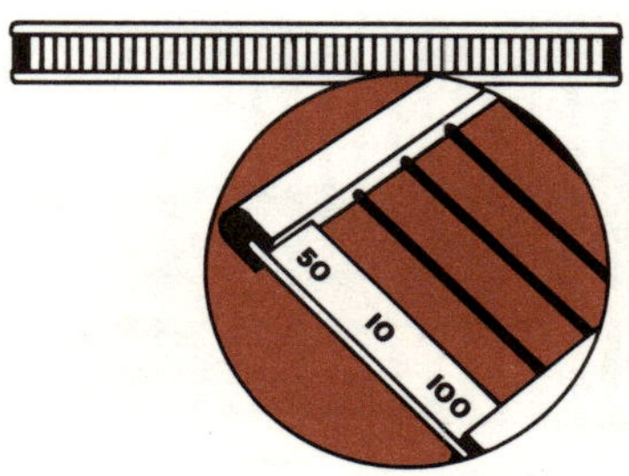

Abb. 93

Das Blatt zu stechen bedeutet, die Fäden durch die Riete des Blattes zu ziehen. Im Fall unseres Beispiels bezeichnet man das Durchlaufen von zwei Fäden durch ein Riet als »doppelt gestochen«.

Bei sehr starken Fäden, wobei auf den Zentimeter nur 1–4 Fäden kommen, verwenden wir Blätter mit entsprechender Einteilung, also bei 2 Fäden je Zentimeter ein Blatt 20/10, wobei durch jedes Riet ein Faden gezogen wird. Bei sehr dünnen Garnen kann auch »dreifach gestochen« werden, also 3 Fäden je Riet. Ebenso können 2 Fäden und 1 Faden je Riet abwechseln oder ein bzw. mehrere Riete im Wechsel ausgelassen werden.

Wie Sie sich erinnern werden (siehe Seite 89), hatten wir vor Beginn des Aufbäumens das Blatt aus der Lade genommen. Jetzt müssen wir es wieder einhängen. Die Blattlade bewirkt einen festen Halt des Webblattes (Abb. 94).

Die Fäden werden mit Hilfe eines **Blattstechers** durch das Blatt gezogen. Blattstecher gibt es in verschiedener Form – messerähnlich aus Holz und Metall (Abb. 95), in S-Form aus Plastik (Abb. 96).

Ohne weiteres läßt sich auch ein Blatt verwenden, das schmaler als der Webstuhl ist, wobei Sie dessen Breite nicht voll ausnützen. Ist die Kette schmaler als das Blatt, legen wir sie so an, daß sie durch die Mitte des Blattes mit gleichen Abständen nach beiden Seiten läuft.

Es ist ratsam, zum Blattstechen abermals eine Hilfsperson hinzuzuziehen. Sie steht innen im Webstuhl zwischen Schäften und Blattlade.

Ihre erste Tätigkeit besteht darin, die vor den Schäften verknoteten Fadenbündel nunmehr wieder aufzulösen. Das sollte von Fall zu Fall geschehen.

Dabei reicht sie die Fäden der Reihe nach von links nach rechts zum Blatt. Die Weberin sitzt auf der Webbank vor dem Webstuhl und holt mit dem Blattstecher die Fäden durch das Blatt (Abb. 97). Falls doppelt oder dreifach gestochen werden soll, müssen selbstverständlich jedesmal zwei oder drei Fäden zugleich gereicht und geholt werden. Vor dem Blatt knotet die Weberin – wie beim Litzendurchzug – jeweils 20 Kettfäden oder vom Muster bestimmte Fadengruppen zusammen (Abb. 97). Dadurch lassen sich etwa gemachte Fehler rascher entdecken, denn sie können sehr ärgerlich sein. Durch Überspringen eines Riets oder durch einen falschen Fadeneinzug entstehen häßliche Längsstreifen im Gewebe.

Das Blattstechen läßt sich notfalls auch allein durchführen. Dabei müssen wir die Fäden stückweise auf der Blattlade vorsortieren. Am günstigsten ist es, jeweils einen Knoten zu lösen und diese Fäden mit dem Blattstecher durchzuziehen.

Falls man nach dem Abschluß eines Gewebes ein zweites in der gleichen Art bzw. Musterung folgen lassen will und dafür eine neue Kette herstellen muß, kann man sich einen Teil der Arbeit erleichtern. In diesem Fall zieht man die restlichen Kettfäden der alten Kette nicht aus Schäften und Blatt heraus, sondern man bündelt zuerst die Kettfäden in

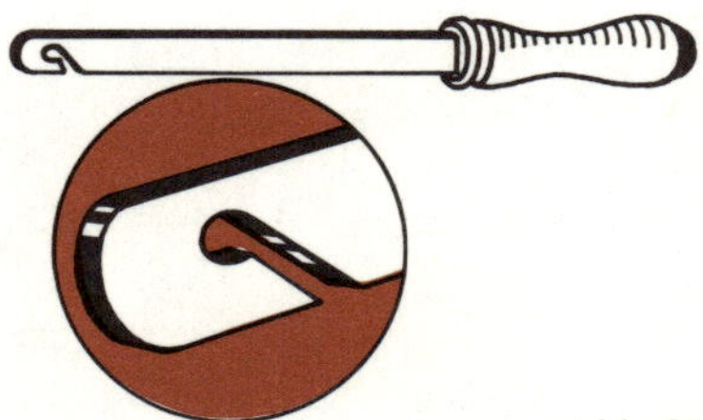

Abb. 95

Abb. 96

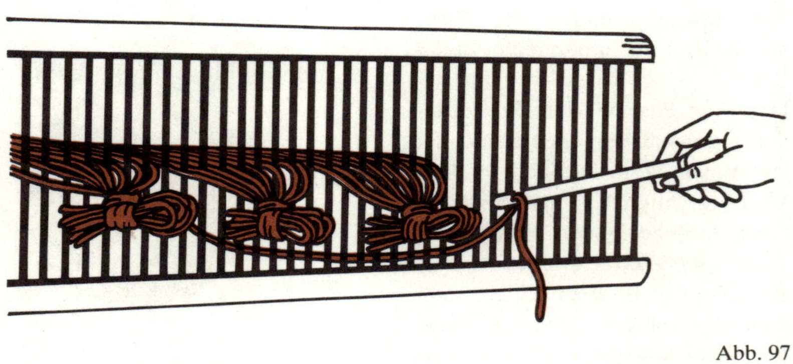

Abb. 97

Gruppen vor dem Blatt und hinter den Schäften zusammen, damit die Fäden nicht herausrutschen können. Dann stellt man sich in den Webstuhl zwischen Geleseleisten und Schäfte und verknüpft von rechts nach links die zusammengehörenden Fäden der neuen und alten Kette mit einem Kreuz- oder Weberknoten (Abb. 143–150, Seite 102/103). Dabei löst man nach und nach die einzelnen Knotenbündel vor den Schäften wieder auf. Man spart dabei die Arbeit, die neuen Kettfäden wieder durch Litzen und Blatt zu ziehen. Sind alte und neue Kette zusammengeknotet, zieht man die neue Kette so weit durch Schäfte und Blatt, bis man die angeknotete alte Kette endgültig abschneiden kann.

Die Kette kommt an den Warenbaum

Falls Sie sich nicht mehr erinnern: als **Warenbaum** bezeichnen die Weber (siehe Seite 34) die vordere drehbare Walze des Webstuhls, die das fertige Gewebe aufnimmt. Sie lesen aus dieser Bezeichnung die interessante Tatsache ab, daß Weben lange Zeit in erster Linie ein dem Erwerb dienendes und Ware herstellendes Gewerbe war.

Bevor wir die Kette am Warenbaum befestigen können, brauchen wir einen Anlänger. Mit ihm verbinden wir den Warenbaum mit der Kette. Das können einerseits Schnüre sein, wie wir sie bereits vom Kettenbaum kennen. Andererseits kann das ein kräftiges Leinen- oder Nesseltuch sein, das wir auch als Schürze bezeichnen.

Die Schürze hat den Sinn, den fertig gewebten Stoff zu schonen. Nehmen wir dagegen Schnüre als Anlänger (was gelegentlich getan wird), besteht die Gefahr, daß der Stoff Beulen und Druckstellen bekommt (Abb. 98).

Diese **Schürze** muß so breit wie der Webstuhl sein und vom Warenbaum über Knie- und Brustbaum bis annähernd an das Blatt reichen. Wir stellen sie selbst aus einem geeigneten Tuch her, wofür sich übrigens ein Bettlaken – das aber noch nicht verschlissen sein darf – gut eignet. Zuerst messen wir die innere Webstuhlbreite und die angegebene Länge vom Warenbaum bis zum Blatt, schneiden das Tuch im Fadenlauf unter Zugabe eines Saums passend zurecht und säumen die Längsseiten. Ausgehend von der Querseite schneiden wir, 5 cm vom Rand entfernt beginnend, in Abständen von ca. 20 cm, je ca. 20 cm lange Schlitze in Längsrichtung. Mit den senkrechten Einschnitten beginnen wir jeweils rechts und links neben den Säumen. Auch diese Schlitze müssen gesäumt werden. Nun schlagen wir die Querseite der Schürze so um, daß die Stoffkante genau in der Mitte der Längsschlitze liegt, die dadurch am Außenrand liegen und nun nur noch 10 cm Länge haben. Der so erfolgte Umschlag wird gesäumt. Das gleiche wiederholen wir auch an der gegenüberliegenden Seite der Schürze.

Wie wir es ja bereits vom Kettbaum kennen (siehe Seite 34), ziehen wir nun auch durch den Warenbaum, der die gleichen Löcher aufweist, eine Schnur von oben nach unten, die an beiden Endpunkten je eine Schlinge bzw. Schlaufe erhält. Dabei sollte – anders als beim Kettbaum – die durchgezogene Schnur nicht zu lang durchhängen. Mit ei-

Abb. 98

nem kräftigen Holzstab, dem sogenannten Schürzenstock, der der Breite des Webstuhls entsprechen muß, verbinden wir nun die Schnur mit der Schürze. Dazu stecken wir ihn abwechselnd durch die Schlaufen der Schnur und die der Schürze (Abb. 98). Wir ziehen die herabhängende Schürze über Knie- und Brustbaum in die Höhe, lösen die Sperrklinke des Warenbaum-Sperrades und drehen die Schürze so weit, daß der obere Schürzensaum auf den Brustbaum zu liegen kommt. Ist das erfolgt, stellen wir das Sperrad wieder fest. Nun schieben wir einen zweiten Schürzenstock durch den Saum und binden mit einem festen, dünnen Bindfaden einen weiteren Stock längs des oberen Schürzenstocks. An diesen Anknüpfstab knüpfen wir unsere Kette fest.

Abb. 99

Damit wir die Kette an den Anknüpfstab vor der Schürze befestigen können, müssen wir zunächst die Knoten vor dem Blatt lösen. Dann ziehen wir uns, vor dem Webstuhl stehend, jeweils schmale Stränge – nicht breiter als 2 cm – zum Anknüpfstab hin und befestigen sie dort (Abb. 100–103). Damit sich die Kette nicht schräg verzieht, beginnen wir mit einigen Strängen an der linken Seite, lassen dann entsprechend einige Stränge an der rechten Seite folgen und füllen dann als letztes die Mitte gleichmäßig zu den Seiten hin aus. Alle Stränge müssen in gleicher Weise straff gezogen werden, damit keine unterschiedlichen Spannungen entstehen. Das ist leichter zu erreichen, wenn wir die Stränge zunächst mit halben Schleifen befestigen, so daß wir etwa abweichende Stränge leichter korrigieren können. Ist das geschehen, werden die endgültigen Schleifen geknüpft (Abb. 99). Da-

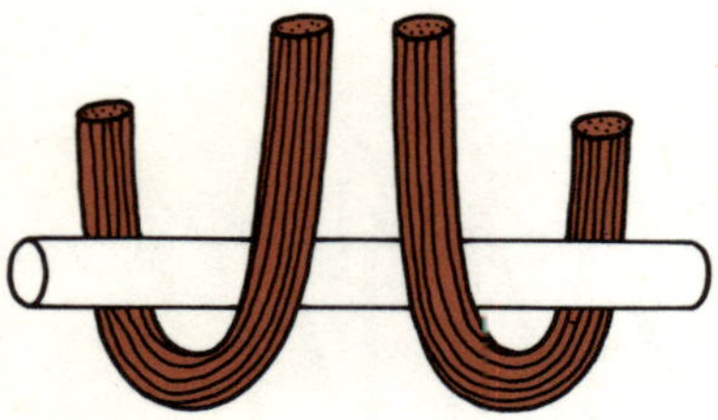

Abb. 100

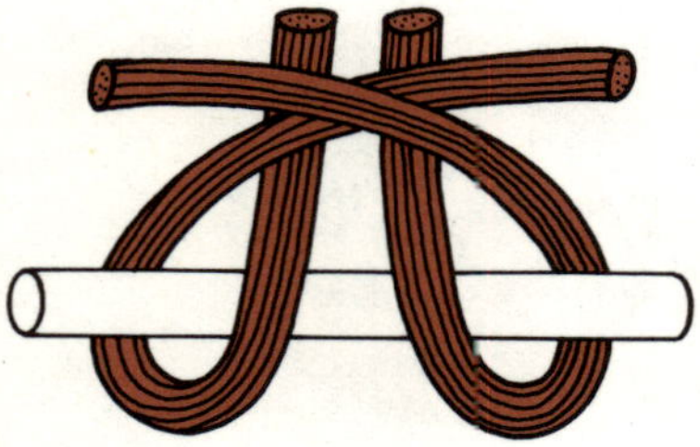

Abb. 101

Abb. 102

Abb. 103

mit ist das Einziehen der Kette eigentlich beendet (Abb. 104). Lassen Sie sich von dem ausführlichen und manchmal schwierigen Ablauf nicht erschrecken. Das eigentliche Weben wird Ihnen danach wie ein Kinderspiel erscheinen. So mühsam Ihre allererste Kette sein mag – schon bei der dritten werden Ihnen die meisten Handgriffe ganz selbstverständlich sein.

Den Webstuhl verschnüren

Was bedeutet das? Nun, es geht darum, daß wir die Schnüre anbringen, um Wippen, Schäfte, Querhölzer mit Hilfe der Tritte in Bewegung zu setzen.
Bisher hatten wir die Schäfte lediglich provisorisch auf den Schafthebern liegen. Nun wollen wir sie richtig aufbinden. Dazu brauchen wir eine kräftige Schnur, die aus Kunststoff bestehen kann oder als sogenannte Kontermarsch-Schnur aus Hanf beim Webstuhlhersteller zu beziehen ist. Bei Verwendung einer Kunststoffschnur muß man diese an den Enden mit einer Streichholzflamme verschmelzen, damit sie sich nicht aufdreht. Außer dieser Schnur benötigen wir jetzt Schere und Zentimetermaß.

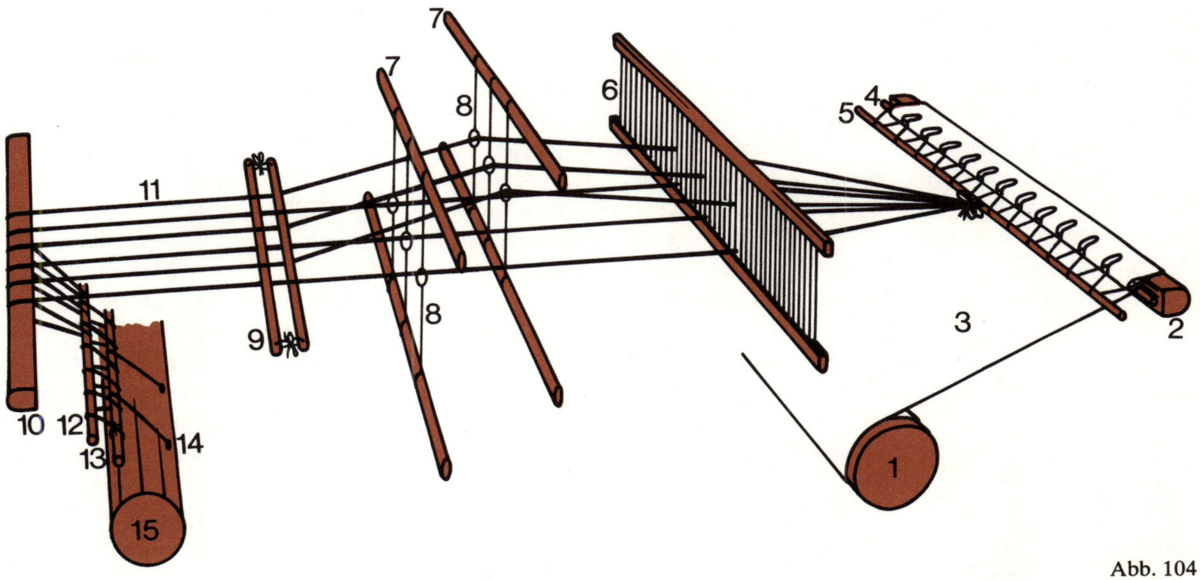

Abb. 104

Übersicht des Kettverlaufs

1 Warenbaum
2 Brustbaum
3 Schürze
4 Schürzenstock
5 Anknüpfstab
6 Webblatt
7 Schäfte
8 Litzen
9 Geleseleisten
10 Streichbaum
11 Kette
12 Peitsche
13 Anknüpfstab
14 Schnur-Anlänger
15 Kettbaum

Wenn wir im folgenden Text Maße in Zentimetern angeben, so handelt es sich dabei lediglich um Annäherungswerte. Die genauen Abmessungen können bei den verschiedenen Größen und Typen der Webstühle recht unterschiedlich sein. Wir gehen, wie Sie wissen, von unserem mittelgroßen vierschäftigen Webstuhl aus.

Ebenso müssen Sie beachten, daß bei allen Verschnürungen von oben nach unten immer Schnurenden auf die von unten nach oben angelegten Schlaufen stoßen. Diese beiden Teile – das Ende eines Schnurpaars und eine Schlaufe – gehören zu einem Ziehknoten, den wir bei all diesen Arbeiten anlegen müssen (Abb. 105).

Dieser **Ziehknoten** entsteht, indem wir mit Daumen und Zeigefinger von oben in die von unten kommende Schlaufe fassen, waagerecht abkippen und so mittels unserer Finger zwei Ösen bilden, die wir zu einer zusammenführen. Durch diese Öse stecken wir die beiden Schnurenden und befestigen die durch die Öse gezogenen Schnüre durch einen halben Knoten, so daß sie festen Halt haben.

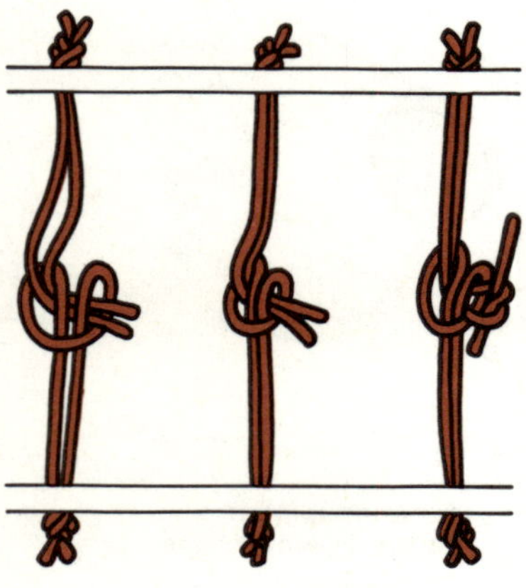

Abb. 105

Zwischen der rechten und linken Seite des Webstuhls verläuft oben auf dem Grundgestell der Wellenstab. An ihm hängen jeweils zwei Rollen, von denen jede die Mitte einer Stabhälfte einnimmt. An diese Rollen werden nachher die Wippen gehängt.

Beim Weben sind **Wippen** etwa 20 cm lange schmale Holzbrettchen mit je einer Einkerbung an jeder Oberseite und einem Loch in der Mitte. Mittels dieser Wippen wollen wir später beim Weben die Schäfte heben und senken. Dazu müssen wir sie im Webstuhl anbringen. Insgesamt benötigen wir vier Wippen, also für jeden Schaft eine.

Jetzt schneiden wir dafür die Schnüre in der passenden Länge zu. Sie beträgt etwa je zweimal 100 cm. Wir ziehen die Schnüre durch die Löcher von 2 Wippen, so daß wir je ein gleich langes Schnurpaar erhalten, in dem die Wippen hängen können. Nunmehr schneiden wir zwei je ca. 30 cm lange Schnüre und fädeln je ein Schnurende durch die Löcher der zwei anderen Wippen, worauf wir diese Enden mit einem Doppelknoten verknüpfen, so daß eine Schlaufe entsteht.

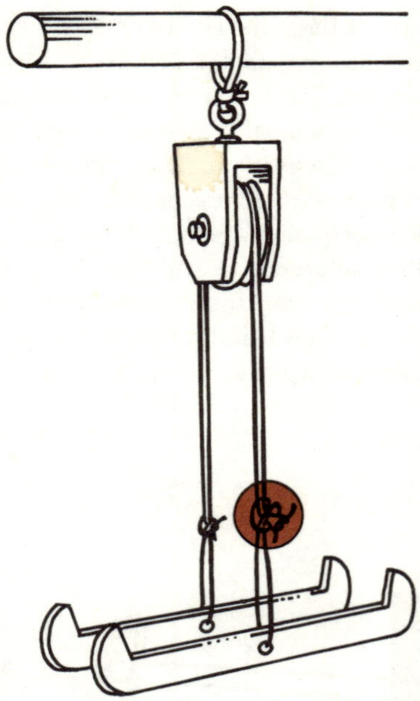

Abb. 106

Die beiden längeren Schnurenden der beiden ersten Wippen ziehen wir von hinten jeweils über eine der am Wellenstab aufgehängten Rollen nach unten und verknüpfen sie mit Hilfe des Ziehknotens mit den Schlaufen der beiden anderen Wippen. So hängen an jeder Rolle zwei Wippen (Abb. 106). Selbstverständlich müssen diese Wippen nun auch noch mit den Schäften verbunden werden.

Dazu schneiden wir für jeden Schaft 2 etwa 40 cm lange Schnüre zu, deren Enden wir zusammenlegen und mit einem Doppelknoten zu einer Schlaufe verknüpfen. Dieses Maß gilt künftig für alle Schlaufen von unten. Jetzt ziehen wir die vordere Wippe herunter, so daß sie waagerecht über den Schäften hängt. Wo die gedachte Verlängerung der Kerbe auf den Schaft trifft, also unterhalb der Kerbe, schieben wir die Litzen leicht zur Seite und schlingen eine der vorhin geknüpften Schlaufen unter Bildung einer Öse über den von der Litze befreiten Teil des oberen Schaftstabs. Den gleichen Vorgang wiederholen wir an den drei anderen Schäften. Um nunmehr die Wippen an die Schäfte zu knüpfen, schneiden wir uns abermals je Wippe zwei Schnüre von je 40 cm Länge zu. Jedes Schnurpaar wird mit Hilfe der bekannten Ösenbildung auf beide Kerben der Wippe gehängt. Schäfte und Wippen verknüpfen wir mit einem Ziehknoten, so daß an jeder Wippe zwei Schäfte hängen.

Nachdem wir die eine Seite angeknüpft haben, wiederholen wir den gleichen Vorgang auf der anderen Seite – jedoch spiegelverkehrt (Abb. 107). Dabei müssen Wippen und Schäfte waagerecht hängen und die Schnüre gleichmäßig straff verlaufen. Durch Regulieren mit Hilfe der Ziehknoten sorgen wir dafür, daß die Litzenaugen in Höhe der Blattmitte hängen. Jetzt können die provisorischen Schaftheber (s. Seite 74) abgenommen werden.

Für die Verwendung mehrerer Tritte müssen wir Querhölzer anbringen. **Querhölzer**, auch Seitenschwingen genannt, sind 4 cm breite und 2 cm dicke Holzlatten, deren Länge von der Größe des Webstuhls abhängt. Sie werden unter den Schäften meist an der linken Seite des Webstuhls angebracht. Dazu werden sie locker auf einen Metallstab am Webstuhl aufgereiht. Die Anzahl der Querhölzer entspricht der Zahl der Schäfte. Damit die Schäfte beim Befestigen an die Querhölzer und Tritte nicht heruntergezogen werden, binden Sie vorher die Wippenpaare zusammen. Um die Querhölzer aufzubinden, kriechen Sie am besten in den Webstuhl und setzen sich so, daß Sie Schäfte und Querhölzer vor sich haben. Vorher haben Sie vier Schnüre von je ca. 50 cm Länge zugeschnitten, außerdem für benötigte Schlau-

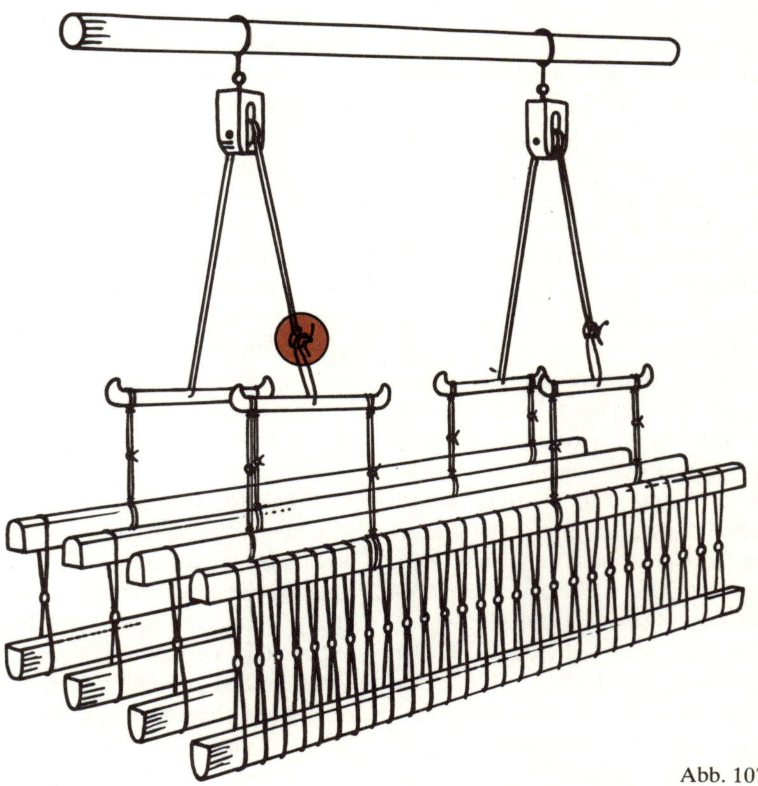

Abb. 107

fen vier weitere Schnüre von je ca. 40 cm Länge.
Meist hat die untere Schaftlatte (bzw. Schaftstab) in ihrer Mitte ein Loch. In diesem Fall schieben wir die darüber befindlichen Litzen etwas auseinander und ziehen beide Enden von einer der 50 cm langen Schnüre von oben nach unten durch das Loch der Schaftlatte und befestigen die Schnur oben an der Schaftlatte, indem wir die Mitte des Schnurpaars mit einem Doppelknoten auf der Schaftlatte festlegen.
Falls die Schaftlatte jedoch kein Loch hat, schlingt man das Schnurpaar unter Bildung einer Öse, wie bekannt, um die Mitte der Schaftlatte.
Wir wiederholen das an allen anderen Schäften, so daß danach von vier Schäften die Schnurenden herabhängen.
Die Querhölzer, die wir nun befestigen müssen, haben für jeden Tritt ein Loch und ein weiteres Loch in der Mitte, um die Schäfte anzubinden. In dieses mittlere Loch ziehen wir von oben nach unten die doppelten Enden der 40 cm langen Schlaufenschnur und verknoten sie mit Doppelknoten unter den Querhölzern. Das wiederholen wir noch dreimal. Damit zeigen die Schlaufen, die also unbefestigt in den Querhölzern stecken, nach oben. Diese Schlaufen verknüpfen wir mit dem senkrecht herunterhängenden Schnurpaar jedes Schafts, wobei wir abermals den Ziehknoten anwenden. Mit Hilfe der Ziehknoten richten wir die Querhölzer so, daß sie in einer Ebene waagerecht angeordnet sind. Dabei können die waagerechten Querhölzer in Richtung zur Webstuhlmitte eine leichte Neigung nach oben aufweisen, jedoch keinesfalls umgekehrt.
Damit wir die Kettfäden bei der Fachbildung auseinanderteilen können, müssen die Schäfte gehoben oder gesenkt werden. Dies geschieht durch **Tritte**.
Damit bezeichnen wir 4 cm schmale und 2 cm dicke Latten, die hinten am unteren Grundgestell befestigt sind. Durch ein Loch in ihrem hinteren Ende sind sie auf einem Metallstab aufgereiht. Zwischen jeder Latte sorgen Holzklötzchen für einen gleichmäßigen Abstand. Die Tritte reichen von hinten bis annähernd an den Vorderteil des Webstuhls. Mit Hilfe von Löchern können sie mit den Querhölzern verbunden werden.
Die meisten vierschäftigen Webstühle haben sechs Tritte. Wenn zwei Schäfte an einem Tritt befestigt sind, ergeben sich sechs Kombinationsmöglichkeiten. Die Verbindung der Tritte mit den Schäften erfolgt durch die Wippen und Querhölzer. Die Verschnürung wird mit Hilfe eines sogenannten **Verschnürungsplans** vorgenommen, von dem später noch einmal die Rede sein wird. Er wird schematisch auf dem Papier mit schwarzen und weißen Quadraten festgelegt. Wir brauchen das Schema dieses Verschnürungsplans, damit wir festlegen, welcher Teil der Kettfäden bei der Fachbildung gesenkt und welcher Teil gehoben werden soll.
Dabei bezeichnen die waagerechten Reihen die Schäfte, wobei der hinterste, dem Kettbaum am nächsten liegende Schaft die Nummer 1 trägt. In den senkrechten Reihen werden die Tritte dargestellt. Der erste Tritt befindet sich rechts.
Auch zur Anbringung der Tritte müssen wir uns innerhalb des Webstuhls aufhalten. Zuvor aber müssen wir die benötigten Schnüre zurechtschneiden. Für jedes der vier Querhölzer brauchen wir eine Schnur, die als Schnurpaar von den Querhölzern senkrecht auf die Tritte reicht. Dadurch ergibt sich ihre Länge. Von den Tritten führen Schlaufen, deren Enden unterhalb der Tritte verknotet sind, ihnen entgegen. Innerhalb des Webstuhls sitzen wir mit dem Rücken zum Kettbaum und richten uns nach dem vor uns auf dem Boden liegenden Verschnürungsplan. Da wir entgegen der eigentlichen Webrichtung sitzen, müssen wir den Verschnürungsplan von rückwärts lesen. Alle Einzelheiten, wie Sie diesen Verschnürungsplan anzulegen haben, können Sie (siehe S. 119) nachlesen. Grundsätzlich geben die ausgefüllten Quadrate an, welche Quer-

hölzer mit welchen Tritten verbunden werden. Diese Verknüpfung nehmen wir jetzt vor. Wenn wir Querhölzer und Tritte verbunden haben, können wir durch Treten der Tritte die Schäfte bewegen. (Abb. 108).

Zu beachten ist dabei, daß nach dem Verknüpfen von Tritten und Querhölzern die Tritte alle waagerecht auf gleicher Ebene liegen sollen, etwa 20 cm oberhalb des Fußbodens.

Abb. 108

Wenn Ihr Webstuhl einen Kontermarsch hat

Haben wir einen **Kontermarsch** an unserem Webstuhl, müssen wir die Verschnürung anders durchführen. Wie Sie sich erinnern (siehe Seite 53), ermöglicht uns der Kontermarsch, gleichzeitig ein Hoch- und ein Tieffach zu bilden. Am Kontermarsch können die Wippen waage- und senkrecht angebracht sein – wir gehen von einem Kontermarsch mit senkrechten Wippen aus.

Der Kontermarschaufsatz besteht aus zwei Leisten, die so lang sind, wie der Webstuhl breit ist. In der Mitte zwischen ihnen sind die vier Wippen angebracht. Inmitten der linken und rechten Seite befinden sich Rollen, außerdem weitere Rollen an einer Außenseite, in unserem Fall der linken (Abb. 109). Der gesamte Kontermarschaufsatz sitzt oben auf dem Grundgestell des Webstuhls über den Schäften (Abb. 48, Seite 55, Abb. 114, Seite 90).

Die Wippen, für jeden Schaft eine, haben ein Loch in der Mitte und sind hintereinander auf einen Stab aufgereiht, so daß sie beweglich sind. Sie sind 50 cm lang, 4 cm breit und 1 cm dick. In Ruhestellung stehen sie senkrecht. Ein durch ein weiteres Loch aller Wippen gesteckter Metallstift hält sie senkrecht am Rahmen fest. Die Wippen haben außerdem Löcher, die durch ihre Schmalseite verlaufen, je eines im Ober- und Unterteil und eines am oberen Drittel, insgesamt also drei.

Farbtafel 7

1 Jacke in frei variierten Streifen in Leinenbindung. Mischgewebe aus Naturfasern. Entwurf Moidl Pfister (Arbeitsanleitung S. 154).
2 Gestreifte Tischdecke aus Baumwolle und Leinen in Leinenbindung und Rosengang (Arbeitsanleitung S. 154).
3 Schicker Kaminrock aus Wolle und Baumwolle in Leinenbindung mit breiter Bordüre am Rocksaum in Schwedenborte (Arbeitsanleitung S. 157).
4 Aparte Folklorebluse aus Baumwolle in Leinenbindung mit abgestuften Bordüren an den Ärmeln.

Arbeiten 2–4 von Gertraute Saggau.

Um die Wippen an den Schäften zu befestigen, bereiten wir wiederum Schnüre vor. Für jeden Schaft zwei Schnüre von je 2,20 m Länge. Wir falten eine Schnur auf 1,10 m Länge übereinander und führen die beiden so zusammenkommenden Schnurenden durch das untere Loch, und zwar von rechts nach links; dann ziehen wir die Schnur fast ganz durch und verknüpfen rechts die Schlinge zu einem Doppelknoten. Die beiden freien Schnurenden führen wir über die mittleren linken Rollen des Kontermarschs und lassen die Enden herunterhängen. Diesen Arbeitsgang wiederholen wir mit den anderen drei Wippen.
Um die rechte Seite der Schäfte zu befestigen, ziehen wir die Schnur von links nach rechts durch die Löcher des oberen Drittels der Wippen und lassen sie über die rechten Mittelrollen laufen, wobei die Enden wieder herabhängen. Für den nächsten Arbeitsgang befestigen wir die Wippen mit dem Metallstift, damit sie senkrecht stehen und einen festen Halt bekommen.
Die Schlaufen werden – wie ohne Kontermarsch (siehe Seite 73) – an den Schäften angebracht. Die von oben herunterhängenden Schnüre geben dafür die richtige Stelle an. Durch einen Ziehknoten verbinden wir die Schlaufen mit den dazugehörigen Schnurpaaren. Auch hier sollen die Litzenaugen – wie beim Webstuhl ohne Kontermarsch – genau in der Mitte des Blattes hängen.
Der Kontermarschwebstuhl besitzt die doppelte Menge Querhölzer. Dabei haben vier von ihnen die gleiche Länge wie beim gewöhnlichen Webstuhl, vier weitere sind länger, als der Webstuhl breit ist, so daß sie 4 cm über die linke Seite des Grundgestells hinausragen. Diese längeren Querhölzer werden 20 cm

Abb. 109

tiefer als die anderen angebracht, jedoch auf die bekannte gleiche Weise befestigt. In unserem Webstuhl sind alle Querhölzer rechts angebracht.
An die Schäfte werden die oberen Querhölzer in der gleichen Weise angehängt wie beim Webstuhl ohne Kontermarsch. Um die unteren Querhölzer zunächst an den Wippen zu befestigen, lösen wir wieder den Metallstift aus den Wippen und bereiten die notwendigen Schnüre vor. Wir brauchen dazu vier Schnüre von je 4 m Länge und 4 Schnüre von 40 cm Länge wie üblich für die Schlaufen.
Wir falten eine der Schnüre von 4 m Länge übereinander und ziehen die offenen Schnurenden von rechts nach links durch die oberen Löcher der Wippen. Mit einem Doppelknoten befestigen wir das Ende an der rechten Seite. Die freien Schnurenden ziehen wir über die linken Rollen und lassen sie außerhalb des Webstuhls herunterhängen. Auch diesen Arbeitsgang wiederholen wir mit den anderen drei Wippen.
Die Querhölzer haben an ihren Enden je ein Loch, durch die wir in bekannter Weise die Schlaufen ziehen. Danach knüpfen wir Schlaufen und Schnurenden mit einem Ziehknoten zusammen.
Die Schnüre müssen gespannt sein, und die Querhölzer müssen waagerecht hängen. Das gilt selbstverständlich für die Ruhestellung der Wippen.
Prinzipiell gilt: die oberen Querhölzer ziehen die Schäfte herunter, die unteren Querhölzer heben die Schäfte nach oben.
Bei dem auf Papier festgehaltenen Verschnürungsplan weist uns jedes schwarze Quadrat darauf hin, daß ein kurzes Querholz an den passenden Tritt unter ihm befestigt wird. Jedes weiße Quadrat zeigt dagegen an, daß ein langes Querholz mit dem passenden Tritt darunter verbunden wird.
Um die kurzen Querhölzer an die Tritte zu binden, brauchen wir Schnüre von 80 cm Länge und für die langen Querhölzer solche von 50 cm Länge. Wir verfahren, wie bereits bekannt: wir ziehen die Schnurpaare durch die Löcher, ver-

1 △ 3▽ 2 △ 4 ▽

Farbtafel 8

Gobelin »Morgen« von Franka Lechner, Format 103 × 165 cm.

knoten die Enden, bringen an den Tritten die Schlaufen an und verbinden beides mit Ziehknoten. Die Tritte müssen wieder gleichmäßig waagerecht in einer Ebene hängen und 20 cm vom Fußboden entfernt sein.

Das Fach wird gerichtet

Worum es sich beim Fach handelt, muß hier wohl nicht noch einmal erklärt werden (siehe Seite 13).
Wir überprüfen zunächst noch einmal, ob alle Litzen ordentlich in den Schäften hängen, ob Schäfte und Wippen sich in einer Ebene befinden, ob alle Schnüre senkrecht laufen und sich nicht gegenseitig stören und ob sich Querhölzer und Tritte in ihrer richtigen Lage befinden.
Ist das der Fall, betätigen wir jetzt mit dem Fuß einen der Tritte, damit sich das Fach öffnet. An den Webstühlen mit oder ohne Kontermarsch müssen wir vorher die Wippen lösen.
Wir stellen uns jetzt an die Seite des Webstuhls und schauen von hier in das geöffnete Fach. Die Kettfäden sollen eine gerade Verbindung zwischen Brust- und Streichbaum herstellen.
Der untere Teil der Kette soll beinahe auf der oberen Kante der unteren Blattlade, der sogenannten Ladebahn, aufliegen. Hängt die Blattlade zu hoch, müssen wir ihre Höhe dadurch regulieren, daß wir die Pflöcke am Schlagbaum über dem Grundgestell umstecken, was selbstverständlich an beiden Seiten gleichmäßig geschehen muß. Ein besseres Fach bekommen wir, wenn die Blattlade nahe den Schäften hängt. Um das zu erreichen, hängen wir den Schlagbaum in die hintere Kerbe.
Verlaufen die Kettfäden zu hoch oder hängen sie durch, müssen wir den Schaft, durch den sie laufen, mit Hilfe des Ziehknotens herunterlassen oder anheben.
Kennzeichen eines guten Fachs ist, daß alle gehobenen und gesenkten Kettfäden in einer Ebene gleichmäßig verlaufen, so daß wir das Weberschiffchen mühelos hindurchschießen können.

Weberschiffchen und Schußspulen

Das Weberschiffchen muß den Schußfaden ständig hin und her bringen. Zu diesem Zweck ist in ihm eine Spule angebracht, von der der Schußfaden abläuft.
Weberschiffchen gibt es in verschiedenen Arten, die von den jeweiligen Verwendungszwecken und dem benützten Schußgarn abhängig sind. Die einfachste Form, die Webnadel (siehe Seite 27), haben wir bereits kennengelernt.
Das Weberschiffchen für unseren Webstuhl, das man auch als Handschützen bezeichnet, ist aus glattpoliertem Holz und hat eine Form, die einem Schiffchen ähnelt. Mit ihm kann man den Faden auch durch breite Ketten schießen. Je nach dem verwendeten Garn muß das Schiffchen größer oder kleiner sein – je dicker das Garn, um so größer das Schiffchen. Das Innere des Schiffchens ist hohl. Durch seine Mitte

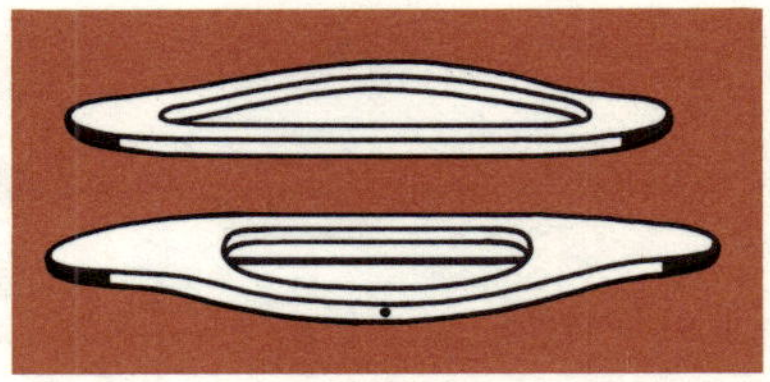

Abb. 110

Abb. 111

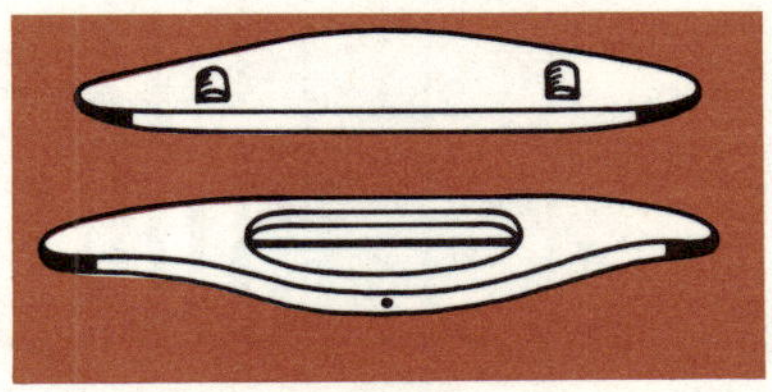

Abb. 112

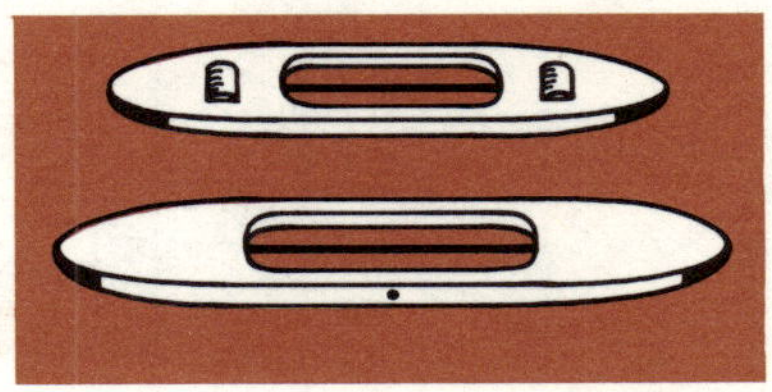

Abb. 113

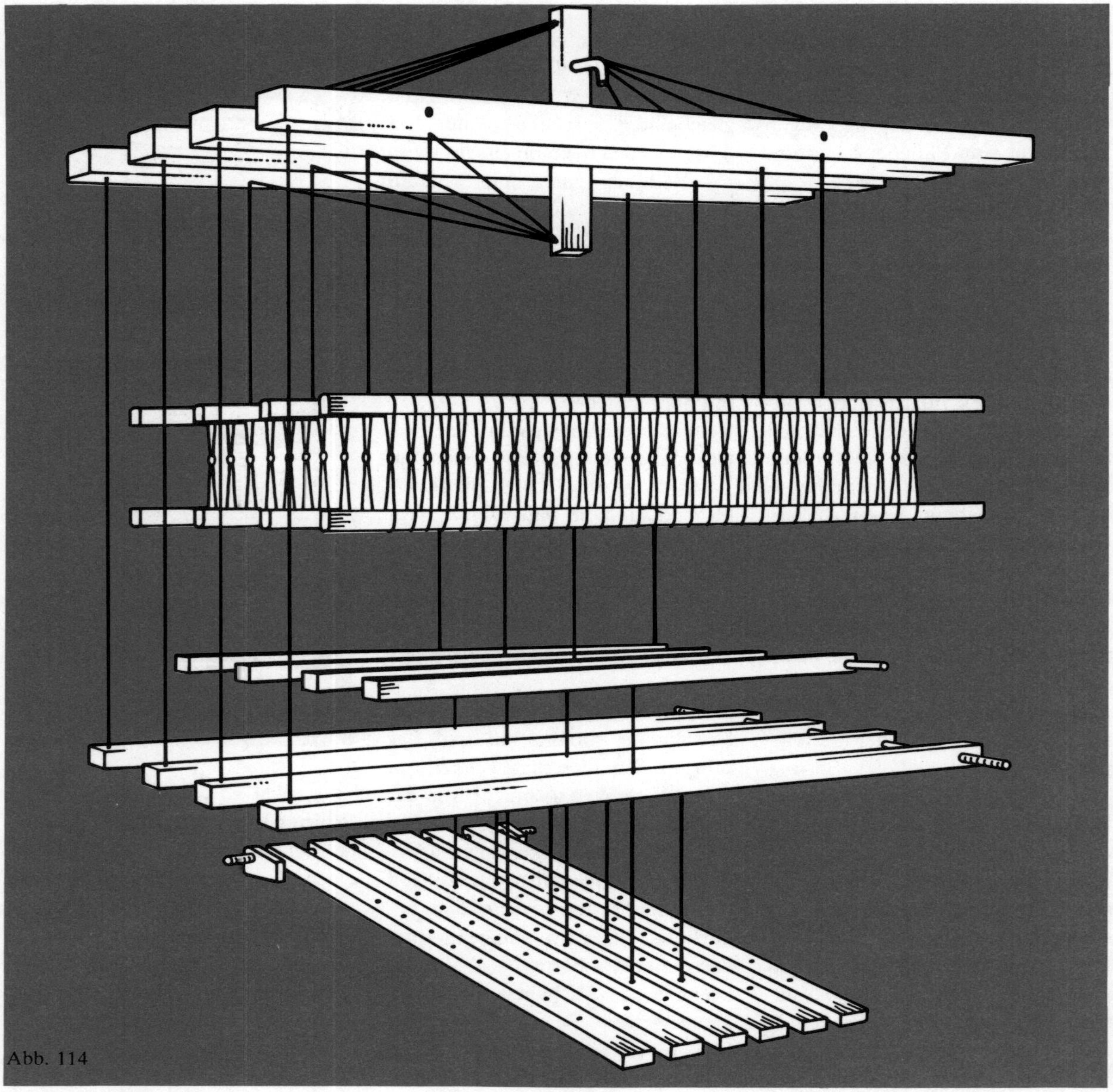

Abb. 114

führt eine Metallachse, auf der lokker die Spule sitzt, von der das Schußgarn abrollt.
Beim Abrollen wird der Faden durch eine seitliche Öffnung in der Mitte des Schiffchens geleitet. Diese Öffnung muß beim Weben immer dem Weber zugewandt sein.
Schiffchen können sehr verschiedenartig konstruiert sein. Die Unterseite kann geschlossen sein (Abb. 110). Das Schiffchen kann für doppelte Schußfäden zwei Spulräume haben (Abb. 111). Es kann auf der Unterseite mit Rollen versehen sein, so daß es dadurch besonders schnell durch das Fach gleitet (Abb. 112). Auch offen kann die Unterseite sein (Abb. 113). Allerdings könnte sich das hemmend beim Weben auswirken, falls die Spule zu dick bewickelt ist.
Haben wir an unserem Webstuhl einen Schnellschuß (siehe Seite 56), benützen wir dafür einen eigenen

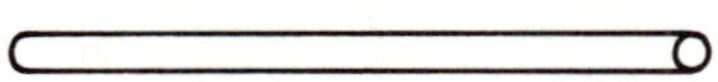

Abb. 116

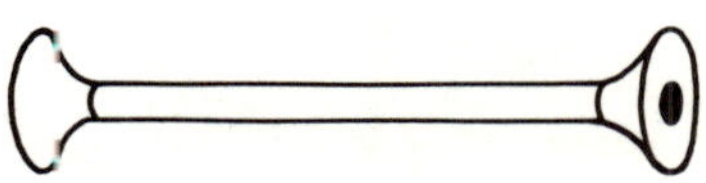

Abb. 117

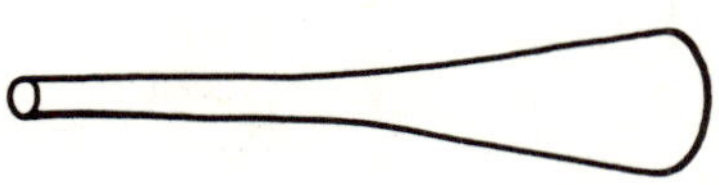

Abb. 118

Schützen. Dieses Schiffchen läuft meistens auf Rollen. Im Spulraum befindet sich ein als Feder ausgebildeter Dorn, der sich kippen läßt. Auf ihn wird die Spule gesteckt, die fest sitzt und sich im Gegensatz zu

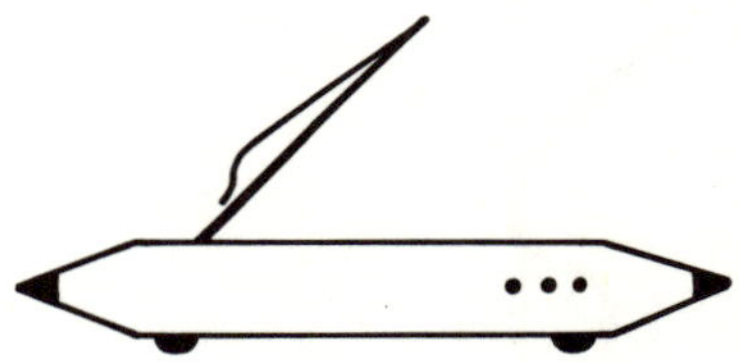

Abb. 115

sonstigen Spulen nicht dreht und von der sich der Faden abwickelt, um einen Haken läuft und durch eine Öse geführt wird. Die Spitzen des Schiffchens sind aus Stahl und leicht aufwärts gerichtet, damit sie gut durch das Fach gleiten können (Abb. 115).
Die Spulen der Schiffchen können aus festem Papier, aus Pappe, Holz oder Plastik sein. Es gibt sie in drei verschiedenen Ausführungen: als gerades Pappröhrchen ungefähr in der Form einer Zigarette (Abb. 116), als Röhrchen mit zwei seitlichen scheibenartigen Begrenzungen, den Köpfen (Abb. 117). Beide sind Rollspulen. Die Spule für den Schnellschützen verjüngt sich nach einer Seite, was man als Konus bezeichnet. Diese Spule sitzt fest und bewegt sich nicht (Abb. 118).
Um die Spulen zu füllen, brauchen wir ein Spulrad. Es kann am Tisch befestigt sein und mit der Hand (Abb. 119) oder elektrisch mit einem Fußpedal (Abb. 120) betrieben werden. Außerdem kann man ein Spinnrad verwenden. Dazu wird vom Hersteller zusätzlich ein Spuldorn geliefert. Diese Form des Aufspulens kommt der Romantik des Webens am meisten entgegen (Abb. 121).
Alle Spulräder haben einen Spuldorn, der aus Metall besteht. Für die Rollspulen brauchen wir einen gleichmäßig dicken und für die konischen Spulen einen sich zum Ende verjüngenden Dorn.
Um die Spulen zu füllen, lassen wir das Schußgarn von einem Spulengestell oder einem Schirm ablaufen. Dazu schieben wir den Faden einige Zentimeter in die Spulenröhre und klemmen ihn beim Aufschieben der Spule auf den Dorn fest. Mit der rechten Hand oder dem Fuß betäti-

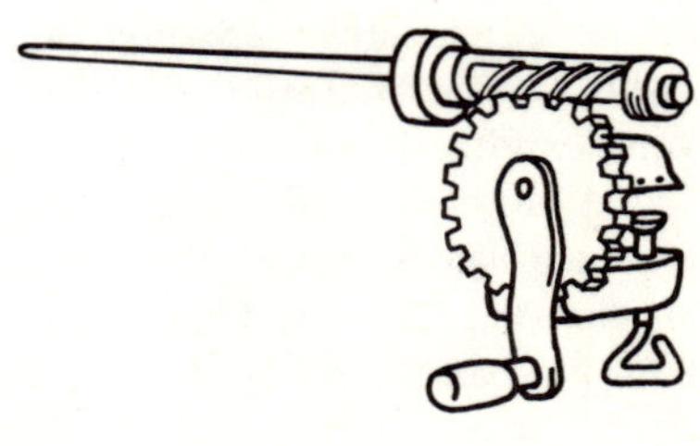

Abb. 119

gen wir den Antrieb des Spulrades. Mit der linken Hand führen wir den Faden zwischen Daumen und Zei-

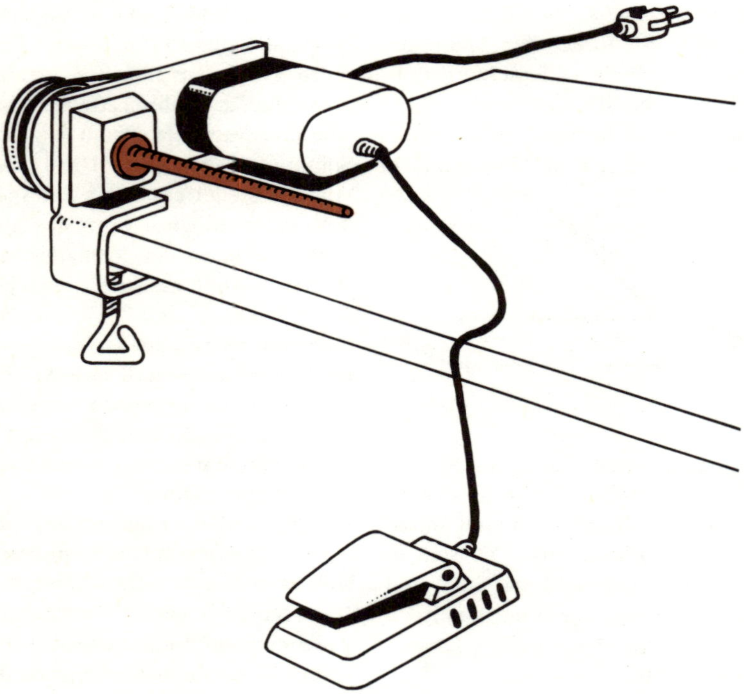

Abb. 120

gefinger über die sich drehende Spule gleichmäßig hin und her (Abb. 122). Damit aber das Garn vom Spulröhrchen nicht abrutscht – es hat ja keine Begrenzung –, wird erst auf jedes Ende der Spule gleichmäßig fest eine kleine Erhebung aufgerollt (Abb. 123) und dann erst die Mitte ausgefüllt. Der Faden sollte dabei nicht mehr über die Seiten laufen, da er sonst beim Weben nicht gleichmäßig abrollt, an die Kettfäden stößt und dadurch leicht hängen bleibt (Abb. 124).

Auch bei den Spulen mit Köpfen füllen wir erst beide Seiten an. Dabei geben die Köpfe dem Garn Halt, und es kann nicht abrutschen (Abb. 125). Dann füllen wir die Mitte aus. Auch hier müssen wir aus dem gleichen Grund wie eben darauf achten, daß die Seiten nicht mehr überspult werden.

Wollen wir eine konische Spule bewickeln, beginnen wir am dickeren Ende. Wir spulen zunächst einen 2 cm breiten kleinen Buckel, führen den Faden dann bis auf den höchsten Punkt dieses Buckels und wieder 2 cm hinunter, danach wieder hinauf. Dabei dürfen wir den höchsten Punkt des Buckels nicht mehr überspulen (Abb. 126). Wir führen den Faden wieder abwärts, etwas weiter zur Spitze hin, wieder hinauf und abwärts und wiederholen das in gleichem Rhythmus so lange, bis die ganze Spule gefüllt ist.

Zum Spulenende hin soll das Garn schräg auslaufen und einen »Hals«

Abb. 121

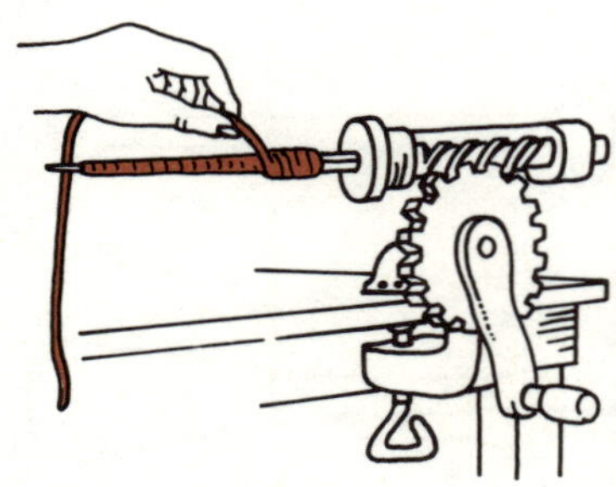

Abb. 122

Abb. 123

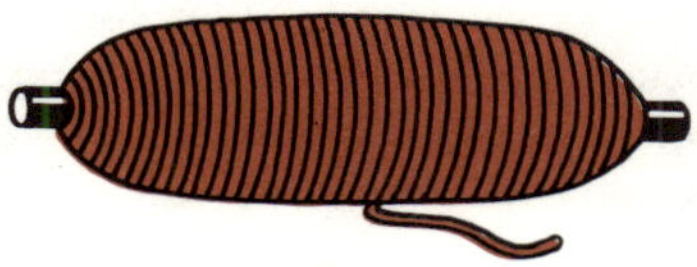

Abb. 124

Abb. 125

Abb. 126

Abb. 127

bilden. Falls Sie keinen Hals spulen oder ihn zu kurz ausbilden, kann das Garn abrutschen, im Schützen festhaken und Schlaufen bilden (Abb. 127).
Sie werden bald merken, daß schon einige Übung dazu gehört, um eine gleichmäßig dick und fest bewickelte Spule zu bekommen. Achten Sie darauf, daß Sie die Spule nicht mit zu viel Garn bewickeln, weil sie sich sonst nicht frei auf der Achse des Schiffchens bewegen kann. Eine zu dick geratene Spule würde an die Schiffchenwände stoßen (Abb. 128, 129).
Die konische Spule stecken Sie auf den aufrecht gestellten Dorn des Schnellschützen (Abb. 115, Seite 91). Sitzt sie nicht fest, müssen Sie die Feder auseinander drücken und ein Stück Papier zum besseren Halt dazwischen schieben. Sitzt die Spule fest, klappen Sie Dorn mit Spule in den Spulraum. Auch hier müssen Sie für die Spule so viel freien Raum lassen, daß sich der Faden zügig abwickeln kann. Der Faden wird durch die seitliche Öffnung des Schiffchens nach außen gezogen (Abb. 130).
Falls Sie für Ihr Gewebe verschiedene Schußgarne verwenden wollen, tun Sie besser daran, mit mehreren Schiffchen zu arbeiten, so daß ein wiederholtes Auswechseln der Spulen entfällt.

Teppichnadeln

Für dicke Schußgarne, wie sie z. B. für Teppiche verwendet werden, sind Weberschiffchen in der üblichen Form allerdings nicht geeignet, weil sie von dem dicken Garn, das wir gewöhnlich für einen Teppich benötigen, nicht genug aufnehmen können. Ebenso wäre das Abrollen des Schußfadens von der Spule für ein zügiges Weben erschwert oder gar nicht möglich. Daher hat man fürs Teppichweben die Spule durch andere Geräte ersetzt, die für den gewünschten Zweck besser geeignet sind. Bei dem einen handelt es sich um die sogenannten Teppichnadeln. Diese bestehen aus zwei schmalen Holzleisten, die durch kurze Metall- oder Holzstifte miteinander verbunden sind. Auf sie wird das Schußgarn mit der Hand gewickelt und beim Weben gleichfalls mit der Hand abgewickelt. Der Vorzug einer solchen Teppichnadel ist, wie

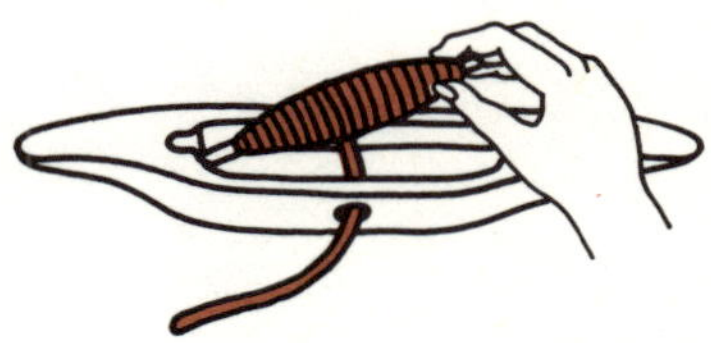

Abb. 128

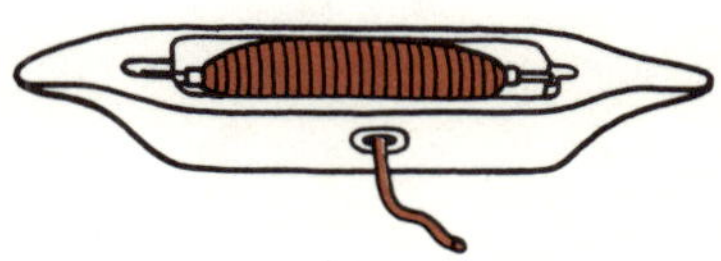

Abb. 129

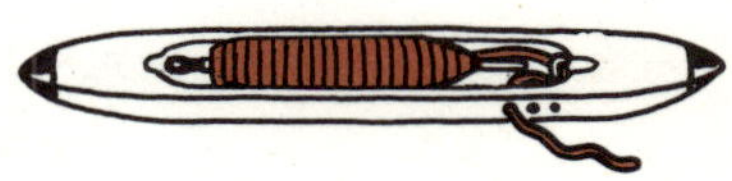

Abb. 130

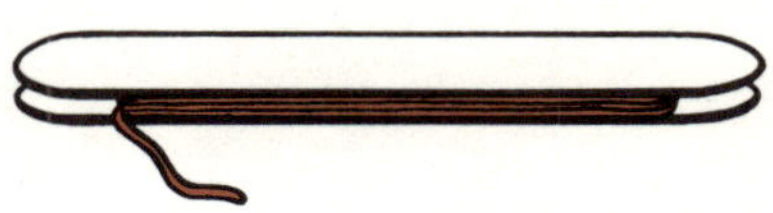

Abb. 131

wir ja schon wissen, daß sie viel Garn aufnehmen kann (Abb. 131). Für besonders schwere, dicke Teppichgarne oder Stoffstreifen für Fleckerlteppiche verwenden Sie den sogenannten Skischützen. Er besteht aus einer schmalen Leiste mit je einem hölzernen Haken an den beiden Enden. Garn oder Stoffstreifen werden um diese Haken gewikkelt. Auf seiner flachen Unterseite gleitet er wie ein Ski auf den unteren Kettfäden durchs Fach (Abb. 132). Sowohl Teppichnadeln als auch Skischützen erhalten Sie entweder in einem Fachgeschäft oder können sie von einer der im Anhang genannten Firmen beziehen.

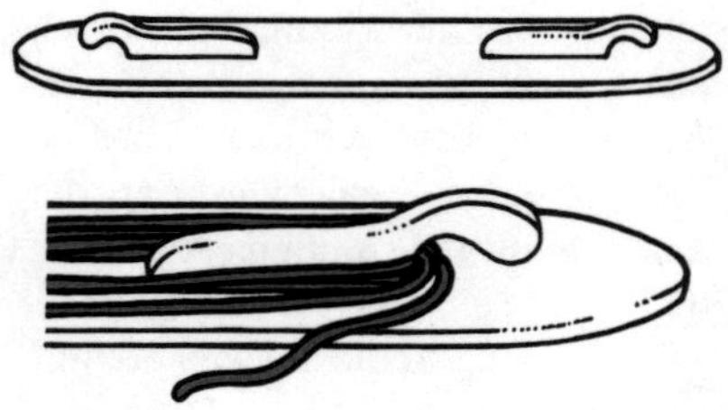
Abb. 132

5 Jetzt weben wir endlich

Wenn Ihr Webstuhl einen Schnellschuß hat
Das Anschlagen
Wichtiges über den Schuß
Achten Sie auf die Webkante
Wenn der Kettfaden reißt
Wie weit weben wir?

Jetzt weben wir endlich

Sicher sind Sie schon manchmal beim Lesen und der praktischen Ausführung der vorhergehenden Seiten ungeduldig geworden. So viele Handgriffe und Fertigkeiten mußten erlernt werden, ehe das Weben selbst beginnen konnte.
Aber es war nun einmal unvermeidlich, daß Sie Ihren Webstuhl, seine Funktionen und die fürs Weben unumgänglichen Vorarbeiten genau geschildert bekamen. Denn das ist die Voraussetzung dafür, daß Sie bei den folgenden praktischen Arbeiten nicht immer wieder unsicher sind. Auch wenn am Anfang manches noch umständlich erscheint und Ihnen vielleicht Mühe macht: Schon beim zweiten, dritten Mal wird Ihnen alles leichter von der Hand gehen.
Jetzt können Sie sich auf das erste zu webende Stück freuen. Setzen Sie sich an Ihren Webstuhl und lassen Sie uns gemeinsam anfangen!

Den Sitz einstellen Zu Ihrem Webstuhl gehört eine Sitzbank. Falls diese in der Höhe verstellbar ist, richten Sie sie so ein, daß Sie bequem mit den Füßen die Tritte bedienen können, daß Sie mit den Händen die Blattlade gut erreichen und ohne Schwierigkeiten an die Webkanten gelangen. Je nach Neigung können Sie die hölzerne Sitzfläche auch mit einer passenden weichen, aber nicht rutschenden Unterlage versehen.

Die ersten Schüsse Sie haben Ihren Webstuhl fertig eingerichtet. Ihre Schiffchen, jedes mit einer gefüllten Spule, liegen neben Ihnen in bequemer Reichweite.
Zuerst weben Sie einen kleinen Rand, der im Prinzip von dem eigentlichen Webstück noch unabhängig ist. Aber er ist trotzdem wichtig!
Sie haben ja die Kettfäden in schmalen Strängen an den Anknüpfstab gebunden. Dadurch sind kleine Zwischenräume entstanden. Um diese Lücken auszugleichen und um mögliche Fehler festzustellen, die sich doch noch beim Einzug der Kettfäden durch Litzen und Blatt eingeschlichen haben könnten, verwenden Sie am besten für die ersten Schüsse ein kräftigeres und andersfarbiges Garn als die Kette. Sie sehen dadurch auf den ersten Blick, wenn etwas nicht stimmt. Sie können dazu gut einen beliebigen Garnrest verwenden. Das wird Ihre erste Spule.
Nehmen Sie das Schiffchen mit der gefüllten Spule so in die rechte Hand, daß das Fadenloch auf Sie zeigt. Legen Sie den Zeigefinger an das Ende des Schiffchens, damit Sie ihm einen Stoß geben können. Den Daumen legen Sie leicht auf Spule und Schiffchenrand, damit der Faden nicht ungewollt abrollen kann. Die anderen Finger Ihrer Hand liegen unter dem Schiffchen und sorgen für die richtige Haltung

(Abb. 133). Nun treten Sie den ersten rechten Tritt nach unten und öffnen damit das Fach. Merken Sie sich schon jetzt die Regel, beim Treten mit dem rechten Fuß das Schiffchen mit der rechten Hand zu werfen, beim Treten mit dem linken Fuß das Schiffchen mit der linken Hand zu bewegen.

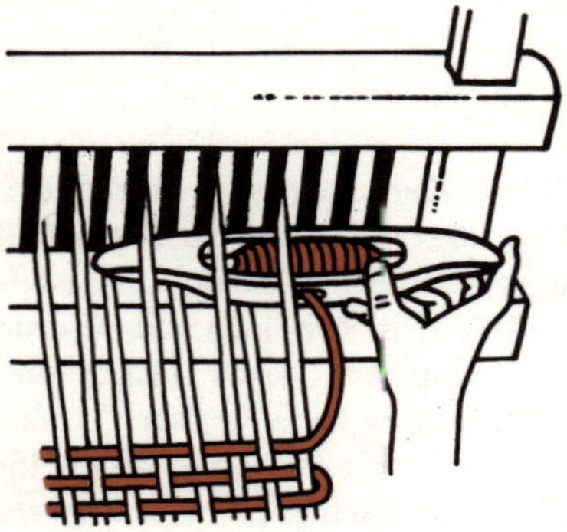

Abb. 133

Um die Tritte Ihres Webstuhls zu betätigen, verwenden Sie beide Füße. Betätigen Sie die rechten Tritte mit dem rechten, die linken Tritte mit dem linken Fuß. Dabei setzen Sie immer den ganzen Fuß auf den Tritt. Für den Anfang ist es zu empfehlen, ohne Schuhe nur mit Wollstrümpfen zu treten, dadurch bekommen Sie ein besseres Gefühl für diese Tätigkeit.
Nachdem also das Fach geöffnet ist, schießen Sie das Schiffchen mit einem kräftigen Ruck des Zeigefingers über die straffgespannten Kettfäden der Unterseite des Fachs. Dabei sollen weder Ihre Hände noch das Schiffchen mit dem Webrand in Berührung kommen.
Sie fangen das Schiffchen mit der linken Hand auf und drücken zugleich mit dem Daumen kurz auf die Spule, damit das Abrollen des Fadens gestoppt wird. Mit der rechten Hand fassen Sie die Blattlade oben in der Mitte und ziehen sie ruckartig nach vorn. Dadurch wird der Schußfaden angeschlagen, was bewirkt, daß er sich gleichmäßig zwischen die Kettfäden legt. Auch im weiteren Verlauf des Webens sorgt das Anschlagen dafür, daß sich ein Schußfaden dicht neben den anderen legt.
Lassen Sie die Blattlade nach dem Anschlagen in ihre Ausgangslage zurückschwingen, treten Sie nun den linken Tritt und schießen Sie das Schiffchen nunmehr mit der linken Hand durch das neu gebildete Fach. Sie fangen es mit der rechten Hand auf und schlagen die Blattlade mit der linken Hand erneut an.
Das wiederholen Sie so lange, bis alle Zwischenräume ausgefüllt sind und alle Kettfäden parallel liegen. Sie können den Anfangs- und den Endfaden lose heraushängen lassen. Mit dieser Grundtechnik der Bewegung des Schiffchens aus der einen in die andere Hand durch ein Fach ist Ihnen das sich ständig wiederholende Prinzip des Webens geläufig.

Wenn Ihr Webstuhl einen Schnellschuß hat

Hier führen Sie Ihr Schiffchen nicht selbst mit der Hand, sondern das Schiffchen liegt – mit dem Faden zu Ihnen – in einem Schützenschlag. Das sind zwei rechteckige Holzkästchen, die zu beiden Seiten der Blattlade angebracht sind. Eine sinnreiche Vorrichtung sorgt mit Hilfe eines Holzklötzchens und einer Schnur mit Griff dafür, daß das Schiffchen zügig hin und her transportiert werden kann. Durch ruckartiges Ziehen des Griffs nach links oder rechts saust das Schiffchen auf der Ladebahn durch das jeweils durch Tritte geöffnete Fach und

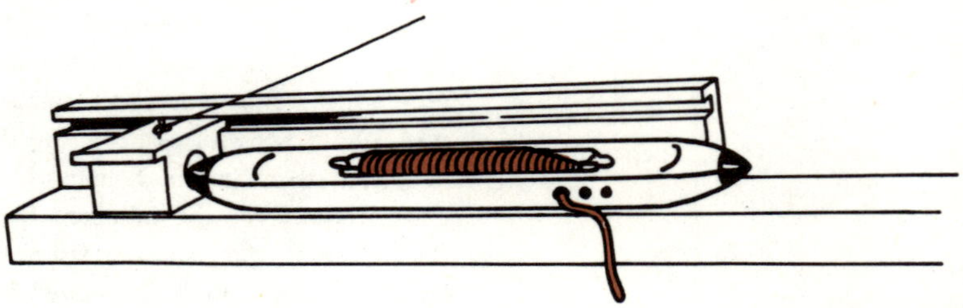

Abb. 134

landet mit einem lauten Knall im gegenüberliegenden Schützenschlag (Abb. 134). Dieses knallartige Geräusch, das nicht jeder Weber und nicht jeder Wohnungsnachbar schätzt, verrät Ihnen schon vom Gehör her, ob ein Weber mit dem Schnellschuß arbeitet. Der Schnellschuß – der Name sagt es – hat natürlich den Vorteil, daß er die Arbeit, also das Entstehen des Gewebes, erheblich beschleunigt.

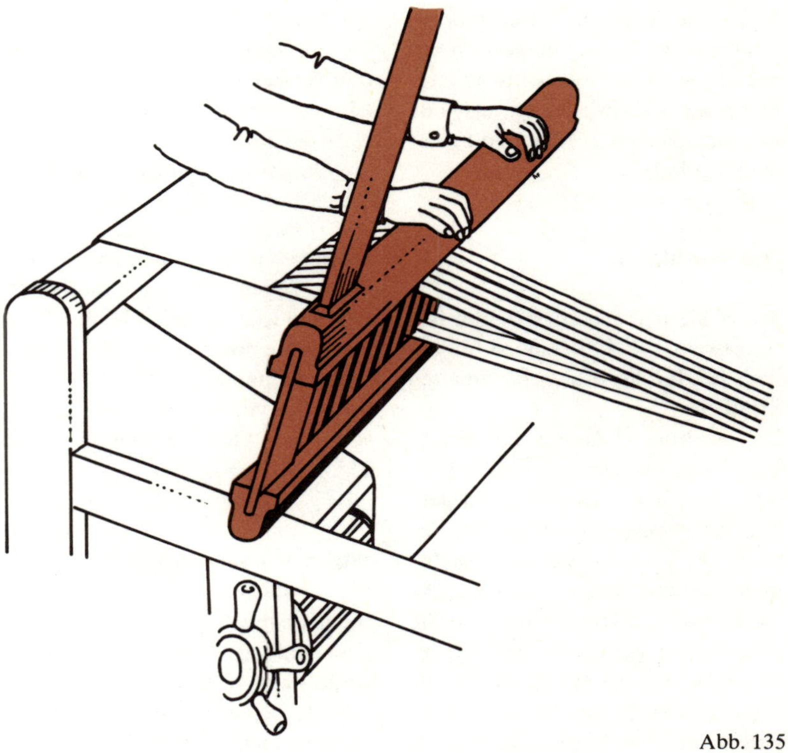

Abb. 135

Sie brauchen erst Übung Werden Sie nicht ungeduldig, wenn Ihnen die Technik des Werfens des Schiffchens oder die richtig dosierte Handhabung des Schnellschusses nicht gleich perfekt von der Hand geht. Manchmal fangen Sie das Schiffchen nicht richtig auf, so daß es herunterfällt. Der Schußfaden kann sich, ehe Sie es sich versehen, verheddern. Oder Sie geraten mit Ihren Füßen auf den Tritten durcheinander. Es gehört viel Übung dazu, um den richtigen Rhythmus der Bewegungen und ihres Ablaufs zu beherrschen. Glauben Sie also nicht, daß gerade Sie besonders ungeschickt wären. Jeder Webanfänger kommt um Augenblicke, in denen er mit sich selbst hadert, nicht herum.

Einzugsfehler beheben Hat sich beim Weben des Randes mit dem andersfarbigen Faden gezeigt, daß Ihnen beim Einziehen der Kettfäden durch das Webblatt (siehe Seite 77) ein Fehler unterlaufen ist, können Sie ihn vielleicht jetzt noch beheben.

In diesem Fall lösen Sie die Schlaufe am Anknüpfstab und den falsch eingezogenen Faden aus dem Strang. Ziehen Sie ihn aus dem Webblatt und fügen Sie ihn an der richtigen Stelle wieder ein.

Schwieriger wird es schon, falls ein Faden falsch in die Litzen gezogen wurde. Dann ziehen Sie den Faden aus Webblatt und Litze und bringen Sie an der richtigen Stelle im Schaft eine neue Litze aus Schnur an. Dazu müssen Sie die Litze auf- und am Schaft wieder zusammenknoten. Der Kettfaden wird wieder durch das Litzenauge und das Webblatt gefädelt und im Strang mit einer Schleife am Anknüpfstab befestigt. Beachten Sie, daß der Strang genauso gespannt ist wie die anderen Kettfäden. Eine ungleichmäßig gespannte Kette verursacht Wellen.

Falls sich ärgerlicherweise größere Fehler beim Einzug eingeschlichen haben, bleibt Ihnen nichts anderes übrig, als alles wieder heraus- und neu einzuziehen, bis Sie den Fehler beseitigt haben.

Das Anschlagen

Wenn Sie den Anfangsstreifen fertig gewebt haben, beginnen Sie mit dem für Ihr Webstück bestimmten Schußgarn.

Das erfordert folgende Arbeitsabläufe: Öffnen des Fachs, Schießen, Anschlagen, Fachwechsel und wieder Anschlagen. Je nach Art des Gewebes können Sie auch mehrmals hintereinander anschlagen. Dabei ist vor allem wichtig, daß Sie gleichmäßig verfahren, also für jeden Anschlag die gleiche Kraft aufwenden. Das ist am Anfang vor allem dann schwieriger einzuhalten, wenn sich Ihre Webtätigkeit über mehrere Tage erstreckt, so daß Sie je nach Stimmung einmal mit mehr, einmal mit weniger Elan anschlagen. Bei ungleichmäßigem Anschlag entstehen die gefürchteten Schatten. Wenn Sie nämlich Ihr fertiges Gewebe gegen das Licht halten, entdecken Sie, daß die Schußfäden einmal dichter, einmal weniger dicht aneinander liegen. Das vermeiden Sie durch Übung und Erfahrung. Eine Kontrollmöglichkeit haben Sie dadurch, daß Sie darauf achten, daß je Zentimeter Ihres Gewebes die gleiche Zahl Schußfäden verläuft.

Ein zu starkes Anschlagen strapaziert die Kettfäden unnötig, so daß die Gefahr des Reißens besteht. Zu schwaches Anschlagen läßt das Gewebe zu locker werden, weil die Schußfäden nicht eng genug aneinander liegen. So verzieht sich das Gewebe leicht und hat keinen Halt. Fassen Sie die Blattlade für das Anschlagen immer in der Mitte an – wenn Sie von der Seite her ziehen, wird das Gewebe schräg (Abb. 135).

Wichtiges über den Schuß

Beim ersten Schuß lassen Sie den Fadenanfang etwa 10 cm zur Seite heraushängen. Ist der zweite Schuß erfolgt, legen Sie den heraushängenden Faden über den äußeren Kettfaden in das Gewebe ein und schlagen ihn mit dem Einschuß an (Abb. 20, Seite 28).

Der Schußfaden muß immer locker eingelegt werden, also ohne Spannung. Falls Sie ihn gestreckt einlegen, zieht sich das Gewebe zusammen.

Soll in Ihrem Gewebe der Kettfaden dominieren, müssen Sie den Schuß verhältnismäßig glatt einlegen. Soll dagegen der Schuß überwiegend sichtbar sein, legen Sie ihn äußerst locker ein.

Sehr elastisches Garn müssen Sie lockerer einlegen als fest gedrehtes Garn.

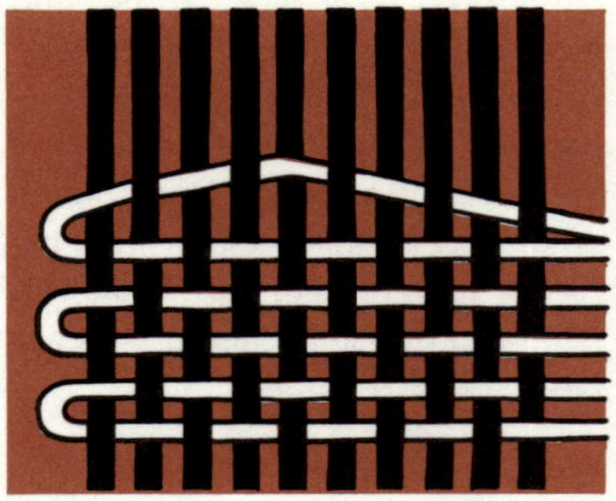

Abb. 136

Für das Einlegen des Schußfadens gibt es verschiedene Möglichkeiten:

- im Bogen. Dazu ziehen Sie den Schußfaden mit dem Finger in der Mitte etwas an das Webblatt heran (Abb. 136)
- in schräger Linie. Dazu schießen Sie das Schiffchen schräg ins Fach und fangen es in der Richtung zum Webblatt auf (Abb. 137)

Abb. 137

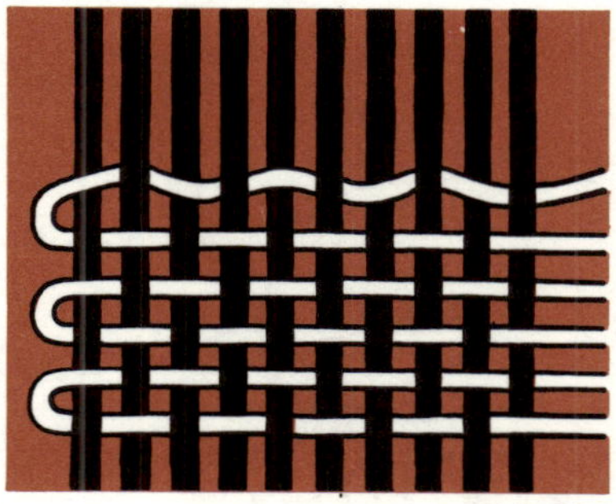

Abb. 138

- in Wellenlinien. Dazu legen Sie den Faden so locker wie möglich ein (Abb. 138).

Sobald eine Spule leergewebt ist, legen Sie eine neue ins Schiffchen und ziehen den Fadenanfang durch die Öse. Den Fadenanfang der neuen Spule legen Sie 3–5 cm über das Fadenende von der alten und weben weiter (Abb. 23, Seite 29). Auf keinen Fall jedoch dürfen Sie die Enden miteinander verknoten.
Damit das Fach nicht zu klein wird und Sie das Schiffchen weiter gut durchschießen können, müssen Sie den fertig gewebten Stoffteil auf den Warenbaum rollen. Dazu lokkern Sie die Kettspannung, lösen die Sperrklinke am Warenbaumsperrad, drehen etwa 5 cm weiter und stellen das Sperrad wieder fest. Die Kette muß ihre vorherige Spannung wieder erhalten. Falls sie zu straff wird, lassen sich die Tritte nur mühsam treten. Eine zu lockere Kette bildet kein gutes Fach.

Achten Sie auf die Webkante

Als Webkante bezeichnet man den Rand des Gewebes. Ein gutes Webstück erkennen Sie an der geraden, gleichmäßigen Webkante. Entscheidend dafür ist vor allem, daß der Webstuhl richtig bespannt ist und daß die Spulen gleichmäßig gewikkelt sind. Sollten sich an den Kanten Schlaufen bilden, ist das ein Zeichen dafür, daß der Faden im Schiffchen zu schnell abläuft, er muß gebremst werden. Das geschieht beim Handschützen, indem Sie einen zweiten Faden durch die Öse ziehen und die Enden miteinander verknoten. Der zweite Faden hemmt nun den allzu schnellen Lauf. Beim Schnellschützen fädeln Sie den Faden zusätzlich durch ein zweites Loch.
Zieht der Schußfaden die Webkante zur Mitte hin oder reißt er sogar, dann ist die Ursache dafür, daß er am Ablaufen gehindert ist. Sie müssen die Spule überprüfen und dafür sorgen, daß der Faden glatt ablaufen kann.
Falls Sie allerdings unterschiedlich dickes Garn für ein Gewebe verwenden, liegt es in der Natur der Sache, daß die Kante nicht ganz ebenmäßig wird.
Sollte sich Ihr Gewebe trotz aller Sorgfalt nach der Mitte hin zusammenziehen, müssen Sie einen **Breithalter** verwenden. Bei diesem handelt es sich um einen ausziehbaren Stab, der an seiner Unterseite an den Enden je eine Kralle mit feinen Nadeln hat. Der äußere und innere Teil des Stabes haben Löcher, so daß sie mit einem Stift in der erforderlichen Breite zusammengehalten werden können (Abb. 139). Im einzelnen können die Modelle unter-

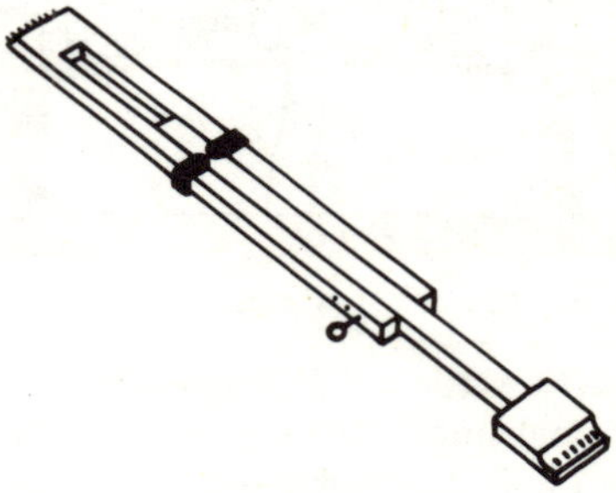

Abb. 139

schiedlich konstruiert sein, jedoch bleibt ihre Handhabung gleich. Die Nadeln der Krallen werden in die Webkante gesteckt, wodurch das Gewebe gespannt gehalten wird. Sie finden die richtige Breite des Gewebes, indem Sie den Breithalter mit den Nadeln nach oben vor das Blatt legen. Dabei müssen die Nadeln mit den äußeren Kettfäden abschließen (Abb. 140). Nachdem Sie den Breithalter mit Hilfe des Stifts auf die benötigte Breite eingestellt haben, drehen Sie ihn mit den Nadeln nach unten, und stecken die Nadeln ca. 0,5 cm entfernt von den Rändern in die Webkante. Der Breithalter muß dabei so ins Gewebe ge-

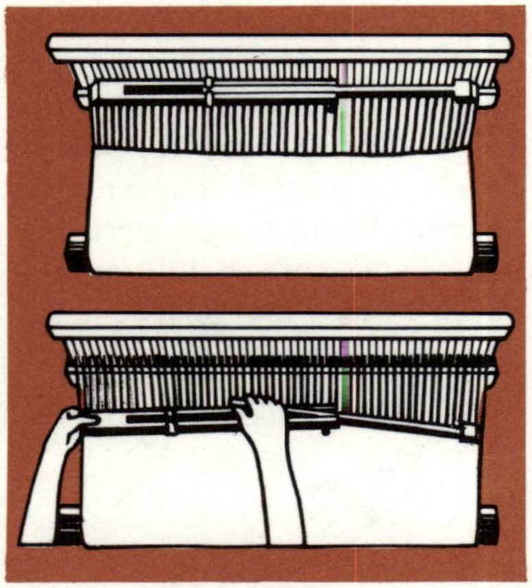

Abb. 140 oben, 141 unten

steckt werden, daß ihn von der Anschlagkante 2 cm trennen. Sie drükken den Breithalter gegen das Gewebe und stellen ihn fest, wobei der Kopf des Stiftes zum Weber hinzeigen soll (Abb. 141).

Achten Sie darauf, daß Sie bei jedem Aufwickeln des Gewebes auf den Warenbaum den Breithalter abnehmen und wieder in der richtigen Entfernung vom Anschlag anbringen.

Wenn der Kettfaden reißt

Sollte einer Ihrer Kettfäden einmal reißen, dann verfolgen Sie den Lauf des gerissenen Fadens in der Kette und knüpfen einen entsprechend langen neuen Faden an die Abrißstelle an (Abb. 142). Benützen Sie dazu einen Weber- (Abb. 143–146) oder Kreuzknoten (Abb. 147–150) und schneiden Sie die Knotenenden ab.

Sie ziehen den neuen Faden durch Litze und Webblatt und schlingen ihn kurz vor dem Gewebe an einem Nebenfaden an. Sie können aber auch eine Stecknadel aufs Gewebe stecken und den Kettfaden darum wickeln (Abb. 40, Seite 38). Nach einigen Schüssen sitzt der neue Faden fest, so daß Sie die Stecknadel herausziehen können. Sollte Ihr Knoten so dick sein, daß er weder durch Litzenauge noch Webblatt läuft, dann müssen Sie erneut auf- und am Kettbaum wieder zusammenknüpfen. Den abgerissenen Faden lassen Sie herunterhängen und

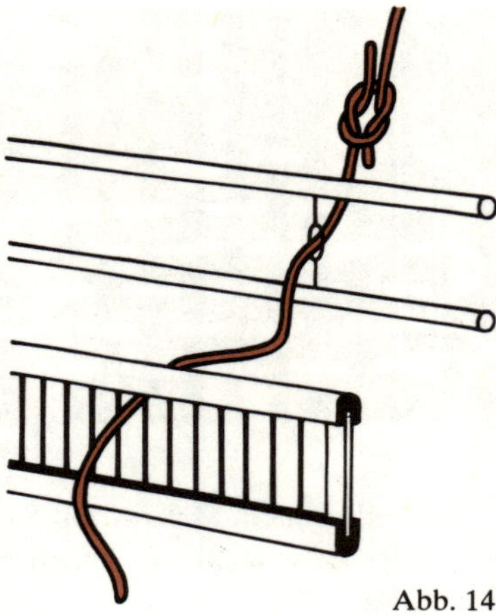

Abb. 142

vernähen ihn im fertigen Gewebe unsichtbar in der Bindung.

Das Reißen des Kettfadens kann viele Ursachen haben. Daher müssen Sie viel Spürsinn und Einfühlungsvermögen haben, um den Fehler zu finden. Wenn Sie zu hart anschlagen oder ein zu langes Stück weben, bevor Sie das Gewebe auf den Warenbaum rollen, werden die Kettfäden so stark strapaziert, daß sie leicht durchscheuern. Sie kön-

Abb. 143

Abb. 144

Abb. 145

Abb. 146

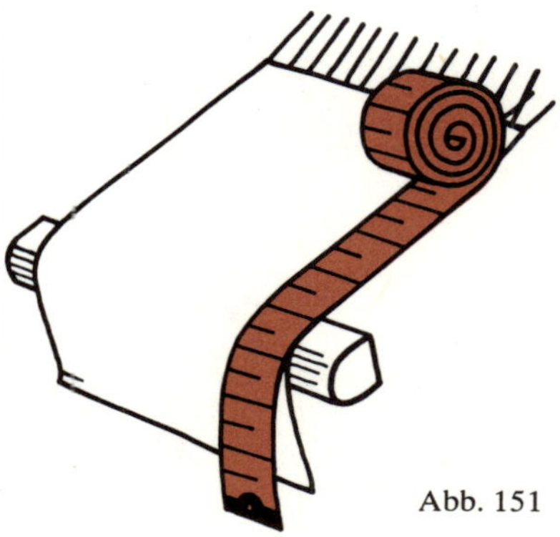

Abb. 151

nen aber auch Ihre Kette in ein zu dicht gewähltes Webblatt eingezogen haben, so daß dadurch beim Anschlagen die Kettfäden reißen. Dann hilft es nur, die Kette in ein weniger dichtes Blatt umzustecken. Um dabei die gleiche Blattdichte zu behalten, ziehen Sie mehrere Fäden je Riet ein. Reißen die Kettfäden vor dem Blatt, kann ein unebenes Fach die Ursache sein, weil das Schiffchen immer wieder gegen die Kettfäden stößt. Sollten Ihre Kettfäden reißen, weil die Kette ungleichmäßig gespannt ist, müssen Sie den bereits gewebten Stoff abschneiden und die Kettfäden neu an den Anknüpfstab befestigen.

Wie weit weben wir?

Damit Sie eine Übersicht haben, wieviel fertiges Gewebe Sie bereits auf den Warenbaum gerollt haben, stecken Sie an der Webkante ein Zentimetermaß fest und wickeln es mit dem Gewebe auf (Abb. 151).
Sie weben sonst so lange, bis das Ende der Kette über dem Streichbaum sichtbar wird, der Kettstab in die Nähe der Litzen kommt und die Fachbildung unmöglich wird.

Den fertigen Stoff schneiden Sie ab, indem Sie die Kettfäden, die zum Blatt hinlaufen, durchtrennen.
Verknoten Sie die im Geschirr (Blatt und Schäfte) verbleibenden Kettfäden bündelweise unmittelbar vor dem Blatt, damit sie nicht herausrutschen.
Um ein Ausfransen des Stoffs zu vermeiden, umstechen Sie die Gewebekante noch vor dem Abschneiden. Sie lösen die Sperrklinke am Sperrad des Warenbaums und rollen das Gewebe ab. Binden Sie die Kettfäden von der vorderen Schürze los und trennen Sie den Anfangsstreifen, den Sie mit andersfarbigem Garn gewebt haben, auf. Die Kettfadenenden müssen lang genug sein für den vorgesehenen Abschluß, z. B. Fransen. Die Schürze wickeln Sie wieder auf den Warenbaum.

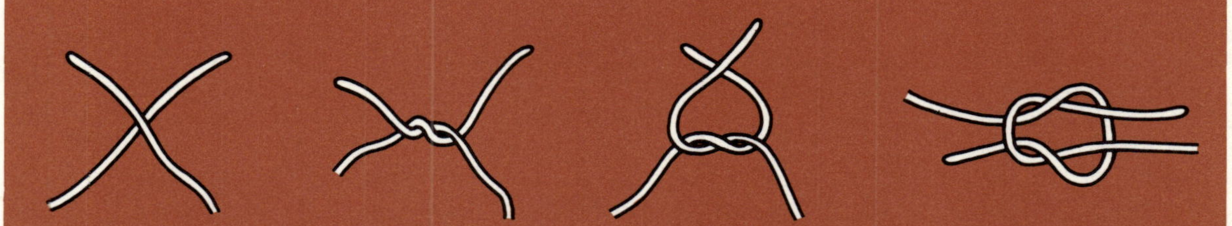

Abb. 147 Abb. 148 Abb. 149 Abb. 150

6 Wer künstlerisch weben will

Eine alte Tradition
Welcher Webstuhl ist geeignet?
Noch einmal – der Webrahmen
Webstuhl mit Rahmen
Drehstab und Schnurlitzen
Nützlich – die Einteilungsschnur
Das Öffnen der Fächer
Wie Sie hier weben

Wer künstlerisch weben will

Eine alte Tradition

Weben hat zwei Gesichter. Das eine zeigt sich- in der möglichen Herstellung vieler praktischer Dinge; Weben ist Handarbeit wie Häkeln oder Stricken. Auch wenn der selbstgewebte Stoff und der aus ihm gefertigte Gegenstand vom Tischtuch bis zum Kleid den Reiz individueller Prägung besitzt, steht doch der Nutzwert im Vordergrund. Was so durch Weben entsteht, ist ein von der Massenfabrikation deutlich abstechender Gebrauchsgegenstand. Kein Zweifel, daß Weben mit einer solchen Zielsetzung erhebliche praktische und kunsthandwerkliche Bedeutung hat.

Aber seit Jahrtausenden schon – bereits im alten Ägypten, Griechenland, Byzanz – hat man die Technik des Webens zugleich dazu benutzt, um Bildwerke herzustellen. Bildwerke, die als Wandteppich, Wandbehang oder – wie man seit dem 17. Jahrhundert sagt – Gobelin, Ausdruck künstlerischer Gestaltung sind. Hier zeigt sich das andere Gesicht des Webens. Der Weber als Handwerker wird zum Weber als Künstler!

Was der Maler mit Farben auf einer Leinwand, einem Karton, einem Holz- oder Steinuntergrund verlebendigt, das entsteht beim Weber aus der Verbindung, Anordnung, Gestaltung farbiger Garne zu einem Bildwerk. Dabei sind die beiden Stufen der Bildgestaltung, die auch der Maler kennt – Entwurf und Ausführung – beim Weber besonders deutlich voneinander abgehoben.

Sie haben aus dem vorhergehenden Kapitel bereits erfahren, wie zielbewußt ein Webstuhl für die verschiedenen Möglichkeiten der Stoffherstellung vorbereitet werden muß. Wer nun nicht nur Muster, sondern ausdrucksstarke Bilder weben will, muß bereits vor dem Weg an den Webrahmen oder Webstuhl genau wissen, wie sein gewebtes oder gewirktes Bild aussehen soll. Er muß einen auf die speziellen Möglichkeiten des Webens hin angelegten Entwurf herstellen, den er dann mit dem Garn und eventuell anderen Zutaten, zu dem gewünschten Webbild gestaltet. Dabei müssen sich beide Arbeitsvorgänge – Entwurf und Ausführung – gleichrangig und gleichwertig ergänzen.

Aus einem kümmerlichen Entwurf, aus einer vielleicht kitschigen Vorlage, aus unzureichender Flächengestaltung kann auch der geschickteste Weber beim besten Willen kein Webkunstwerk schaffen. Aber der genialste Entwurf für einen Gobelin – diese Bezeichnung geht übrigens auf einen französischen Färber dieses Namens aus dem frühen 17. Jahrhundert zurück, der in Paris eine königliche Webmanufaktur begründete – wird hinfällig, wenn der Weber die Feinheiten des Entwurfs nicht zum Ausdruck bringen kann, wenn er an Einzelheiten scheitert, wenn er gar patzt und Fehler macht. Künstlerische Intuition und Phantasie müssen bei der Bildweberei mit handwerklicher Disziplin und Genauigkeit zusammentreffen.

Welche großartigen Leistungen der Bildweberei (Bildwirkerei) es gibt, läßt sich – aus der Vergangenheit – in zahlreichen Museen ablesen. Weltberühmte Gobelins sind im 14. Jahrhundert im französischen Angers, im 15. und 16. Jahrhundert in Arras oder Tournai, ebenfalls in Frankreich, entstanden. Später lag der Schwerpunkt der Bildwebkunst vor allem in Brüssel. Wie die Malerei weist auch die Bildwebkunst ihre Stilrichtungen, ihre Traditionen und ihre Pionierleistungen auf. Wer die Gelegenheit hat, in Lyon das berühmte Weberei-Museum oder in Paris Werkstätten und Museum der traditionsreichen Gobelinmanufaktur – mit wechselnden Ausstellungen vor allem französischer, flämischer und italienischer Bildteppiche – zu besichtigen, wer vielleicht in Aubusson oder einer der französischen Kathedralen historische Meisterwerke der Bildweberei betrachten konnte, der weiß wahrhaftig nicht, was er mehr bewundern soll: die Originalität und den Farben-Formen-Reichtum des Entwurfs oder die minuziöse Kunstfertigkeit der Ausführung, die sich über viele Monate und Jahre erstreckte.

Dabei ist Bildweberei durchaus keine »tote« Kunst. Sie ist nie ganz ausgestorben, hat sich aber in unserem Jahrhundert – nicht zuletzt dank den Anstößen und Einflüssen moderner Stilelemente in der bildenden Kunst allgemein – in vielen Ländern zu neuer Blüte entwickelt. Ausstellungen von Bildwebereien sind heute vielerorts an der Tagesordnung, wobei sowohl einzelne Webkünstler ihr Werk vorstellen als auch Gruppen gemeinsam auftreten.

Nun ist Bildweberei als Kunst auch für den gleichermaßen an künstlerischer Gestaltung wie am Weben interessierten Laien kein Tabu mehr. Wie wir es heute als selbstverständlich ansehen, daß jeder, der Freude am Malen hat, zum Pinsel greift und wie »naive Malerei« sich steigender Wertschätzung erfreut, so steht auch dem Bildweber ein weites Betätigungsfeld offen.

Bildweben kann ebenso als echte Kunst von künstlerisch wie webtechnisch gleichermaßen »Berufenen« betrieben werden. Sie kann aber auch Ziel der Bemühung von künstlerisch interessierten, um Ausdruck bemühten Hobby-Webern sein, denen Weben mehr sein soll als praktisches Kunsthandwerk. Mit Hilfe der Bildweberei lassen sich ebenso realistische Szenen des Alltags wiedergeben wie abstrakte, farbintensive, phantasievolle Kompositionen herstellen.

Vom naturalistischen »röhrenden Hirsch« bis zur kühnsten Farbe-Form-Spielerei oder expressivsten Symbolik erlaubt das Weben jeden Bildinhalt, der sich mit seiner Technik vermitteln läßt.

So reizvoll es sicher ist, Ihren Haushalt mit den Erzeugnissen Ihres Webstuhls zu bereichern, so sollten Sie daneben und darüber hinaus nachdenken, ob nicht auch Sie das Bildweben mit künstlerischer Absicht und Note reizt. Unser Mehr an Freizeit, unsere Freude an einem Hobby legen es nahe, gerade das Bildweben für sich zu entdecken. Sie werden bald merken, daß es an Vorbildern und Anregungen in Ihrer weiteren Umgebung nicht mangelt. Auch Kunstbände können inspirieren. Vielleicht kann gerade dieser Teil des Webens für Sie der wichtigere oder gar allein wichtige werden.

Welcher Webstuhl ist geeignet?

Vielfach ist die Meinung verbreitet, daß für jede Art des Webens ein eigener Webstuhl notwendig wäre. Sie lesen auch in Anzeigen von sogenannten Gobelin-Webstühlen und werden vermuten, daß man Gobelins und Teppiche wohl nur auf solchen Webstühlen herstellen kann. Das ist in dieser Beschränkung nicht richtig. Prinzipiell können Sie vom einfachen Webrahmen

bis zum Webstuhl mit Schäften jedes Modell auch zur Herstellung von Bildwebereien benützen.
Allerdings macht es sich gerade der Anfänger leichter, wenn er – sofern sich sein Web-Hobby vorzugsweise auf Teppiche und Bildteppiche erstrecken soll – mit Webgeräten arbeitet, die für diesen Bereich der Weberei besonders geeignet sind. Das hat eine ganz einfache Ursache. Beim Gobelin-Webstuhl, der ein sogenannter Hochwebstuhl ist und bei dem die Kette senkrecht vor dem Weber steht, lassen sich Entwurf bzw. Vorbild und die in Entstehung begriffene Weberei in ihren einzelnen Phasen besonders gut miteinander vergleichen. Beide befinden sich senkrecht während der Arbeit im Blickfeld des Webers. Dabei ist es üblich, die Vorlage hinter der Kette anzubringen. Wer sich also auf das Weben von »Bildern«, Gobelins und dergleichen spezialisieren möchte, tut gut daran, sich einen Hochwebstuhl anzuschaffen. Dieser hat überdies den Vorzug, daß er weniger Raum im Zimmer beansprucht als ein Flachwebstuhl.

Noch einmal – der Webrahmen

Bereits mit dem Webrahmen, (siehe Seite 27) ist Bildweberei möglich. Es gibt sogar hervorragende Webkünstler, die ausschließlich mit dem Webrahmen arbeiten.
Wer sich dafür entscheidet, kann mit diesem Rahmen entweder so arbeiten, daß er ihn vor sich auf dem Schoß schräg und gegen den Tisch gelehnt benützt. Oder aber, daß er ihn senkrecht vor sich auf dem Tisch

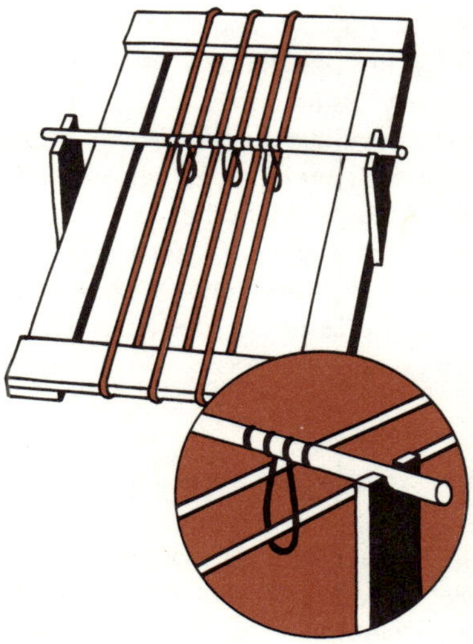

Abb. 152

oder auf dem Boden stehen hat. Falls Sie nach einer Vorlage weben, befestigen Sie diese so, daß sie nicht verrutschen kann, unmittelbar hinter der Kette.
Der Rahmen erlaubt Ihnen aber auch, ohne Vorlage, dem Spiel Ihrer Fantasie folgend, frei zu weben. Sie lassen sich dabei von den verschiedenen Garnarten und ihren Farben inspirieren, wenden verschiedene Techniken an und lassen so, halb spielerisch, halb künstlerisch, ein durch und durch originelles Gewebe entstehen. Diese Art zu weben, läßt sich vielleicht am ehesten mit dem freien Fantasieren auf dem Klavier vergleichen. In beiden Fällen ist der Künstler nicht in der Lage, sein Werk bis in alle Einzelheiten zu wiederholen. Wer viel schöpferische Fantasie hat, wird sich mit dieser Art des Webens, die außerhalb eines Schemas liegt, besonders anfreunden.

Webstuhl mit Rahmen

Hochwebstühle gibt es in verschiedenen Ausführungen. Wir beschreiben Ihnen hier die Handhabung eines Hochwebstuhls, der weder Blattlade noch Schäfte hat. Er unterscheidet sich damit von denjenigen Hochwebstühlen, die im Prinzip – wenn auch senkrecht – nicht anders arbeiten als der im vorigen Kapitel ausführlich geschilderte Standwebstuhl.
Dieser Hochwebstuhl benützt für die Fachbildung Schnurlitzen, die an einer Latte befestigt sind, die als Litzenbaum bezeichnet wird. Er verfügt außerdem über einen senkrecht stehenden Rahmen, dessen Handhabung sich prinzipiell nicht von einem üblichen Webrahmen unterscheidet.
Den Webrahmen mit Kerben (siehe Seite 27) kennen Sie bereits. Statt solcher Kerben kann der Rahmen

auch Nägel haben, die in gleichmäßigen Abständen am oberen und unteren Rahmenteil angebracht sind. Auch hier bespannen Sie lediglich den vorderen Rahmenteil, indem Sie einen Faden fortlaufend von oben nach unten und wieder nach oben über die Nägel führen. Die Größe des Gewebes entspricht, je nach dem vorgesehenen Saum, der Innenfläche des Rahmens. Damit haben Sie eine gut geeignete Voraussetzung, Bilder zu weben.

Indem Sie den Rahmen außen herum mit dem Kettfaden umwickeln, erhalten Sie die Möglichkeit, ein längeres Webstück herzustellen oder die ganze Kette zu beweben. Sie schieben die Kette im Verlauf des Webens allmählich nach unten um den Rahmen herum und erhalten so ein zylindrisches, schlauchartiges Webstück, aus dem Sie u. a. Kissen, Taschen, Lampenschirme oder dergleichen herstellen können. Für diesen Zweck befestigen Sie den Anfang Ihres Kettfadens am vorderen oberen linken Rahmenteil und wickeln die Kette nach unten um den unteren Rahmenteil und hinten wieder nach oben, was Sie fortlaufend wiederholen. Das Ende des Kettfadens wird an der rechten Seite des Rahmens befestigt. Sie können selbst bestimmen, welchen Abstand die Kettfäden voneinander haben sollen. Das hängt vom geplanten Gewebe und der Dicke des Kettfadens ab. An den Rändern müssen Sie doppelte Kettfäden (siehe Seite 27) ziehen (Abb. 152). Die Kette darf nicht zu fest gespannt werden, da sie sich beim Weben verkürzt. Daher stecken Sie einige flache Stäbe (Holz, Pappe) in der vollen Breite des Rahmens abwechselnd über und unter die Kettfäden und schieben sie dicht an den oberen Rahmenrand. Sobald die Kette während des Webens an Spannung zunimmt, ziehen Sie nach und nach die Stäbe heraus.

Falls Ihr Gobelin-Webstuhl einen drehbaren Kett- und Warenbaum besitzt, müssen Sie die Kette scheren (siehe Seite 58).

Drehstab und Schnurlitzen

Sie können sich gut vorstellen, daß die Arbeit mit dem Gobelinwebstuhl durch die Möglichkeit zur Bildung von Fächern erheblich erleichtert wird. Zur Fachbildung brauchen Sie einen Drehstab, eine flache Holzleiste, 4 cm breit, $^{1}/_{2}$ cm dick und 10 cm länger als die Breite des Webrahmens, ferner einen runden Litzenstab, Durchmesser ca. $1^{1}/_{2}$ cm, mit Schnurlitzen in der Breite des Webrahmens. Der Litzenstab wird auf zwei Trägern an jeder Seite des Rahmens angebracht. Das kann je nach Rahmentyp unterschiedlich sein (Abb. 10, Seite 22).

Das erste Fach bilden Sie mit Hilfe des Drehstabs. Schieben Sie ihn mit der flachen Seite so zwischen die Kettfäden, daß er unterhalb der Fäden mit ungeraden Zahlen verläuft. Dann schieben Sie ihn zur oberen Rahmenleiste. Um ein zweites Fach zu erhalten, setzen Sie den Litzenstab auf die Träger und befestigen ihn. Als Litzenschnur brauchen Sie festes Baumwoll- oder Leinengarn. Befestigen Sie die Litzenschnur an der linken Seite des Litzenstabes und schlingen Sie zuerst einen Seemannsknoten um den Stab. Ziehen Sie die Schnur um den ersten Kettfaden mit gerader Zahl hinten herum und schlingen Sie nun so viele Halbknoten um den Litzenstab, daß sie eng zusammenstehen. Die Kette muß gleichmäßig gespreizt bleiben. Vor jeder Litze schlingen Sie zum besseren Halt einen Seemannsknoten.

Nunmehr ziehen Sie den Litzenfaden um den zweiten geradzahligen Kettfaden und verfahren in gleicher Weise, bis das Ende der Kette erreicht ist (Abb. 153).

Das Fadenende befestigen Sie an der rechten Seite des Litzenstabes.

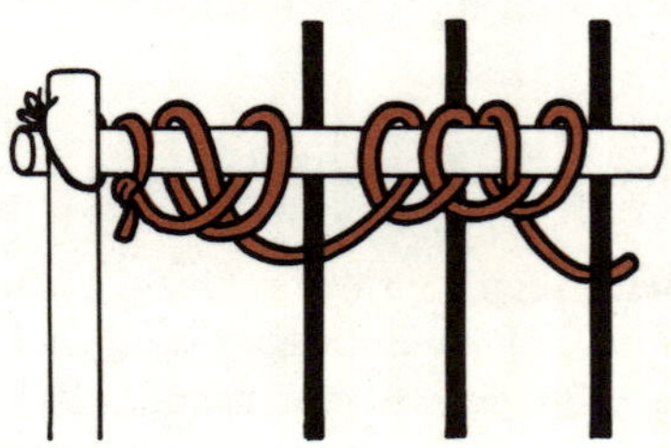

Abb. 153

Nützlich – die Einteilungsschnur

Bevor Sie anfangen zu weben, müssen Sie unten am Webrahmen eine Einteilungsschnur anbringen. Ihr Sinn ist es, die Kettfäden in gleichmäßigen Abständen zu halten und für den ersten Schuß einen festen Halt zu geben. Ihre Länge soll etwa das Fünffache der Breite des Webrahmens betragen. Sie können dafür das gleiche Garn wie für die Litzenschnur verwenden.

Die Schnur soll so angebracht werden, daß zwischen ihr und dem Rahmen so viel unverwebte Kette bleibt, daß daraus der gewünschte Abschluß gearbeitet werden kann. Befestigen Sie diese Einteilungsschnur an der linken Rahmenseite und häkeln Sie mit Häkelnadel oder auch nur mit Daumen und Zeigefinger die Schnur so auf, daß dabei jede Schlaufe einen Kettfaden umschlingt. Die einzelnen Schlingen müssen Sie so festziehen, daß sie die Kettfäden in gleichem Abstand halten. Ziehen Sie die Schnur durch die letzte Schlinge und befestigen Sie sie an der rechten Rahmenseite (Abb. 154).

Sie können auch mit zwei Schnüren arbeiten, indem Sie eine Kordelkante herstellen. Zwei Schnüre werden an einer Seite des Rahmens befestigt und in Form einer Kordel um die Kettfäden geschlungen. Die Schnurenden werden an der anderen Rahmenseite befestigt (Abb. 155).

Abb. 154 unten, Abb. 155 oben

Das Öffnen der Fächer

Das erste Fach öffnen Sie, indem Sie den Drehstab, der zwischen den Kettfäden verläuft, aufrecht stellen (Abb. 156), den Schuß hindurchgeben und zum Schließen den Drehstab wieder flach legen.

Das zweite Fach öffnen Sie, indem Sie die Schnurlitzen mit den durchlaufenden Kettfäden zu sich hin anheben. Sie haben dazu zwei Möglichkeiten. Entweder heben Sie die Litzen einzeln oder in Bündeln mit einer Hand an und geben mit der anderen Hand nach und nach den Schuß hindurch. Das ist besonders praktisch, wenn Sie ein Muster haben, das nicht über die ganze Breite der Kette läuft, sondern in Abschnitten gewebt wird. Oder wenn Sie den Schuß mit einem Mal durch die Kette führen wollen, lösen Sie den Litzenstab von den Trägern und ziehen ihn zu sich heran. Das Fach ist damit geöffnet (Abb. 157). Sie benötigen jetzt einen zweiten Drehstab, den Sie flach durch das Fach schieben, aufrecht stellen und dann den Litzenstab loslassen. Damit können Sie den Schuß durchführen.

Abb. 156

Abb. 157

Wie Sie hier weben

Um den Schußfaden hindurchzuführen, einzutragen, wie der Fachausdruck lautet, benützen Sie eine Webnadel, Holzspulen oder einen Puschel. Als Puschel wird ein Garnwickel bezeichnet, der so entsteht: Sie wickeln den Faden in Form einer Acht um Daumen und kleinen Finger. Sobald die gewünschte

Größe erreicht ist, fassen Sie ihn in der Mitte am Fadenkreuz und heben ihn von den Fingern. Umwickeln Sie mit dem Fadenende einige Male das Fadenkreuz in der Mitte und befestigen Sie das mit einem Halbknoten. Das Weben beginnen Sie nun mit dem Fadenende, mit dem Sie begonnen haben, den Puschel aufzuwickeln. Dabei soll er leicht, durch das Fadenkreuz geordnet, herauslaufen (Abb. 158).
Ob Nadel, Spule oder Puschel, wichtig ist, daß sie so leicht sind,

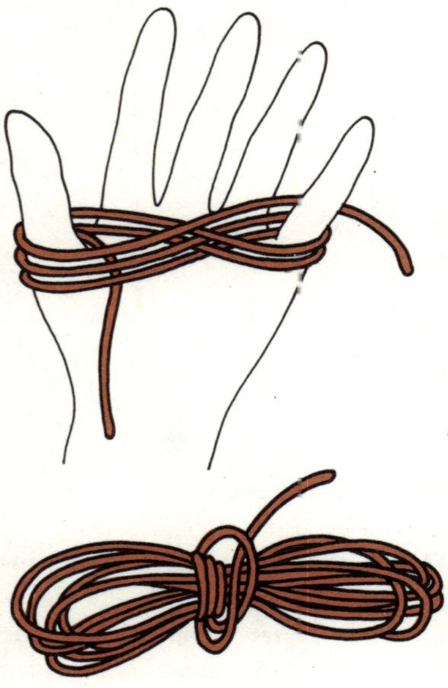

Abb. 158

daß sie beim Herabhängen den Schuß nicht einziehen. Speziell für die Gobelin-Weberei gibt es Spulen in besonderen Formen (Abb. 159, 160). Die Spitze dient gleichzeitig

Abb. 159

Abb. 160

zum Anschlagen. Die Spulen werden mit der Hand bewickelt, wobei Sie den nicht gebrauchten Faden durch einen Halbknoten sichern (Abb. 161). Die sogenannte Aubusson-Flöte (Abb. 162), die vorwiegend für waagerechte Gobelin-Weberei benützt wird, kann mit Hilfe eines Spulrades gefüllt werden. Den Schuß tragen Sie locker im Bogen in das geöffnete Fach, das Sie danach schließen. Darauf schlagen Sie kurz und kräftig an.
Sie beginnen an der Seite, an der Sie den Faden »eingetragen« haben. Dazu können Sie je nach Gewebeart und Muster die Gobelinspule, einen Gobelinklopfer oder Teppichkamm verwenden (Abb. 163). Für dünnes Garn werden die Gobelinklopfer mit Metallzinken hergestellt. Bei Teppichen verwenden Sie schwere Holzkämme.
Sobald Ihr Webstück so groß geworden ist, daß sich Ihr Fach nicht mehr gut öffnen läßt, lösen Sie den Anfangs- und Endfaden der Kette vom Rahmen und befestigen Sie diese beiden Fäden in gleicher Spannung jeweils am nächstliegenden Kettfaden. Zugleich lösen Sie die Einteilungsschnur vom Rahmen und schieben das fertige Gewebe unterhalb des Rahmens so weit nach hinten, daß Ihr Fach wieder frei beweglich und gut zu öffnen ist. Nun wird die Einteilungsschnur, die sich ja jetzt ebenfalls auf der Rückseite befindet, wieder gleichmäßig gespannt seitlich an den Rahmen gebunden. Sobald die Spannung der Kettfäden sich verstärkt, ziehen Sie die Spannleisten heraus.

Abb. 161

Abb. 162

Falls Ihr Webstück während der Arbeit schmäler zu werden beginnt oder die Webkante ungleichmäßig wird, verschnüren Sie das Gewebe in regelmäßigen Abständen mit dem Rahmen. Dazu fädeln Sie Kettgarn in eine große Stopfnadel,

Abb. 163

durchstechen die Webkante und knoten die Fäden straff an den Webrahmen. Beim Weiterdrehen der Kette müssen Sie die Schnüre weiterschieben oder die Knoten öffnen und an anderer Stelle neu befestigen.
Wenn das Gewebe fertig ist, knüpfen Sie alle Schnüre vom Webrahmen und lösen oder schneiden die Kettfäden mit dem nötigen Abstand zum Gewebe durch. Entfernen Sie die Einteilungsschnur und versehen Sie das Gewebe mit einem beliebigen Abschluß in Form von Saum oder Fransen.
Wenn Sie ein zylindrisches Gewebe hergestellt haben, müssen Sie vorher den Litzenstab mit den Litzen entfernen und das Gewebe danach vom Rahmen ziehen.
Nachdem Sie die hier beschriebene Technik, die ja nicht allzu schwierig ist, in allen Einzelheiten beherrschen, können Sie sich ganz auf Ihre künstlerischen Absichten konzentrieren.

7 Bindungen, was sie bedeuten, wie sie dargestellt werden

Bindungen, was sie bedeuten, wie sie dargestellt werden

Das sind die Grundbindungen

Als Bindung bezeichnet man das Fadenmuster eines Gewebes. Wie Sie ja wissen, entsteht jedes Gewebe durch die Verflechtung von Kette, den Längsfäden, und Schuß, den Querfäden.
Verständlicherweise möchten Sie so früh wie möglich recht viele Muster mit den verschiedenartigsten Garnen weben. Aber es kommt dabei darauf an, daß sowohl das Muster die gewünschte Wirkung erzielt, als auch die Möglichkeiten des Materials voll zur Geltung gebracht werden. Das ist überhaupt das Geheimnis einer gelungenen Weberei. Muster und Garn sollen sich gegenseitig steigern, aber nicht etwa die Wirkung aufheben. Um mit Erfolg weben zu können, müssen Sie die Grundbindungen kennen und ausführen.
Dabei sind für uns vor allen Dingen von Bedeutung: die Leinenbindung und die Köperbindung. Es gibt allerdings noch eine dritte Grundbindung, die Atlas- oder Satinbindung. Sie setzt jedoch einen Webstuhl mit mindestens 5 Schäften voraus.
Merken Sie sich den Grundsatz: die Art der Bindung zu wählen, die dem Zweck und dem Aussehen des geplanten Gewebes am besten entspricht.
Es gibt in der Praxis eine Vielzahl von Bindungen. Sie lassen sich jedoch alle von diesen Grundbindungen ableiten. Durch die Kombination von zwei oder mehreren Bindungen lassen sich allerlei reizvolle Muster herstellen.

Die »Schrift« des Webers

Sie wollen in Ihrem Gewebe ein bestimmtes Muster wiedergeben, wie Sie es in einer Abbildung bzw. einem Musterbuch gesehen haben. Wie gehen Sie vor?
Jedes Webmuster läßt sich, ähnlich einem Strickmuster, mittels der sogenannten »Weberschrift« schematisch darstellen. Bei allen zum Nacharbeiten bestimmten Bildwiedergaben, insbesondere in Musterbüchern, finden Sie zusätzlich ein Schema, das Ihnen verrät, wie Sie die Bindung auf den Webstuhl übertragen müssen. Nur: Sie können es noch nicht lesen! Daher müssen Sie wissen, was es mit dieser »Weberschrift« auf sich hat.
Sie stellt sich als eine Anordnung kleiner Quadrate dar, die entweder schwarz oder weiß sind. Auf der Grundlage einer Art Millimeterpapier lassen sich sehr verschiedenartige Gruppierungen solcher Quadrate unterscheiden. Leider ist die Handhabung dieser Weberschrift nicht überall ganz einheitlich, so daß es verschiedene Darstellungsmethoden gibt. Wenn Sie jedoch das Grundprinzip erkannt haben, können Sie sich in jede einlesen.

Die bildliche Darstellung einer Bindung wird als **»Patrone«** bezeichnet. Unter diesen Begriff fallen der **Bindungsplan**, der das Muster im Gewebe wiedergibt, der **Einzugsplan**, der zeigt, in welcher Folge die Kettfäden in die Litzen gezogen werden, der **Verschnürungsplan**, der die Verbindung der Schäfte mit den Tritten darstellt, und der **Tretfolgeplan**, der die Reihenfolge angibt, in der die Tritte betätigt werden.
Das dem Millimeterpapier ähnelnde Spezialpapier zur Aufzeichnung der »Patrone« wird folglich »Patronenpapier« genannt. Die Quadrate können dabei auch durch Kreise, x-Zeichen, Schrägstriche und Zahlen gefüllt werden.

Die Leinenbindung und ihre Patrone

Die Leinenbindung, die auch Nesseltuch- oder Taftbindung genannt wird, ist die einfachste und zugleich älteste Bindung, die es gibt. Bei ihr liegt der Schußfaden immer abwechselnd auf und unter dem Kettfaden. Dadurch wird die engste und haltbarste Fadenverbindung erreicht. Allerdings haben Gewebe mit Leinenbindungen einen härteren Griff. Ihre Festigkeit ist größer und ihre Abnützung ist geringer, als es bei Geweben gleichen Materials, gleicher Dichte, aber anderer Bindung der Fall ist. Daher sind Gewebe in Leinenbindung vielfältig verwendbar. So nimmt man sie für Kleidungsstoffe, Tisch- und Bettwäsche, Geschirr- und Taschentücher (Abb. 164).

Abb. 164

Die Leinenbindung wird normalerweise mit zwei Schäften gewebt. Wenn jedoch die Kette sehr dicht eingestellt ist, ist es günstiger, mit vier Schäften zu arbeiten, damit sich die Kettfäden nicht zu stark aneinander reiben.

Bindungsplan Beim Schema des Bindungsplans (Abb. A) für die Leinenbindung zeigt sich, daß er ein genaues Abbild des Musters der Leinenbindung im Gewebe vermittelt. Im System der Karos bedeutet jede senkrechte Kästchenreihe einen Kettfaden, jede waagerechte einen Schußfaden. Jedes kleine Quadrat ist eine Kreuzungsstelle zwischen Kette und Schuß, der sogenannte Bindepunkt. Überdeckt der Kettfaden den Schuß, bleibt das Quadrat weiß stehen. Liegt jedoch der Schußfaden über dem Kettfaden, ist das Quadrat ausgefüllt. Dabei wiederholt sich bei der Leinenbindung nach zwei Kett- und zwei Schußfäden das Gewebebild. Den Teil der Patrone, in dem keine Wiederholung vorkommt, der sich jedoch als Ganzes im Gewebe wiederholt, nennt man Rapport. Der gleiche Ausdruck »Rapport« wird auch beim Aneinandersetzen von gemusterten Stoffen oder Tapeten verwendet.

Einzugsplan Der Einzugsplan gibt an, in welcher Reihenfolge die Kettfäden durch die Litzenösen gezogen werden müssen. In unserem Beispiel finden Sie ihn oberhalb des Bindungsplans. Jede senkrechte Kästchenreihe bedeutet einen Kettfaden, jede waagerechte in diesem Fall einen Schaft. Die obere erste waagerechte Kästchenreihe entspricht dem ersten Schaft im Webstuhl, dem, der dem Kettbaum am nächsten liegt. Die darunterliegende zweite Reihe entspricht dem zweiten Schaft. Das setzt sich gleichermaßen fort.
Das erste Quadrat oben rechts ist ausgefüllt, also schwarz. Das bedeutet, daß der Kettfaden durch eine Litze von Schaft 1 gezogen wird. In Richtung nach links findet sich das nächste schwarze Quadrat in der darunterliegenden Reihe für Schaft

2. Das bedeutet, daß der nächste Kettfaden durch eine Litze auf Schaft 2 links neben der Litze des ersten Schaftes laufen muß. Demgemäß werden auch der dritte und vierte Kettfaden durch die Litzen von Schaft 3 und 4 gezogen. Danach wiederholen sich die gleichen Vorgänge, so daß der fünfte Kettfaden dem ersten entspricht. Der Einzugsplan kann von links nach rechts oder von rechts nach links gelesen werden.

Verschnürungsplan Der Verschnürungsplan informiert mit seinen ausgefüllten Quadraten darüber, welche Querhölzer bzw. Schäfte jeweils an die entsprechenden Tritte geschnürt werden. Dabei bedeutet jede senkrechte Reihe einen Tritt, wobei sich der erste rechts befindet.
Am zweischäftigen Webstuhl wird Tritt 1 mit Schaft 1 verbunden und Tritt 2 mit Schaft 2. Am vierschäftigen Webstuhl wird Tritt 1 mit den Schäften 1 und 3 und Tritt 2 mit den Schäften 2 und 4 verbunden. Auf der Zeichnung (Abb. A) liegt der Verschnürungsplan rechts neben dem Einzugsplan.

Tretfolgeplan Aus dem Tretfolgeplan geht hervor, in welcher Reihenfolge die Tritte gesenkt werden müssen, damit sich ein Fach bildet. Jede senkrechte Reihe bedeutet wiederum einen Tritt. Ein ausgefülltes Quadrat entspricht einem Tritt im Verschnürungsplan. Treten Sie Tritt 1, werden alle Kettfäden auf Schaft 1 und 3 gesenkt, worauf der Einschuß erfolgen kann. Treten Sie Tritt 2, werden alle Kettfäden auf Schaft 2 und 4 gesenkt, worauf abermals ein Einschuß erfolgt. Sie lesen in unserem Beispiel die Tretfolge von oben nach unten und von rechts nach links. Sie ist rechts neben dem Bindungsplan unter dem Verschnürungsplan gezeichnet.
Waagerecht, auf gleicher Höhe wie Tritt 1 und 2, können Sie links im Bindungsplan sehen, wie die Einschüsse laufen und sich das Muster abzeichnet.
Über oder unter dem Einzugsplan können Sie aus manchen Patronen noch ablesen, wie das Webblatt gestochen wird. Und zwar entweder einfach oder doppelt oder ob eine farbige Kette eingezogen werden soll. Einzugs- und Verschnürungsplan können auch unter dem Bindungs- und Tretfolgeplan gezeichnet sein. Aus der Patrone müssen Sie ersehen können, welche Art Webstuhl verschnürt werden soll. Unsere Patrone bezieht sich auf einen Unterfach-Webstuhl. Wenn Sie einen Oberfach-Webstuhl haben, verschnüren Sie entsprechend den weißen Kästchen, um das gleiche Webbild wie in der Patrone zu erhalten. Falls Sie aber bei der angezeigten Trittfolge bleiben, würde

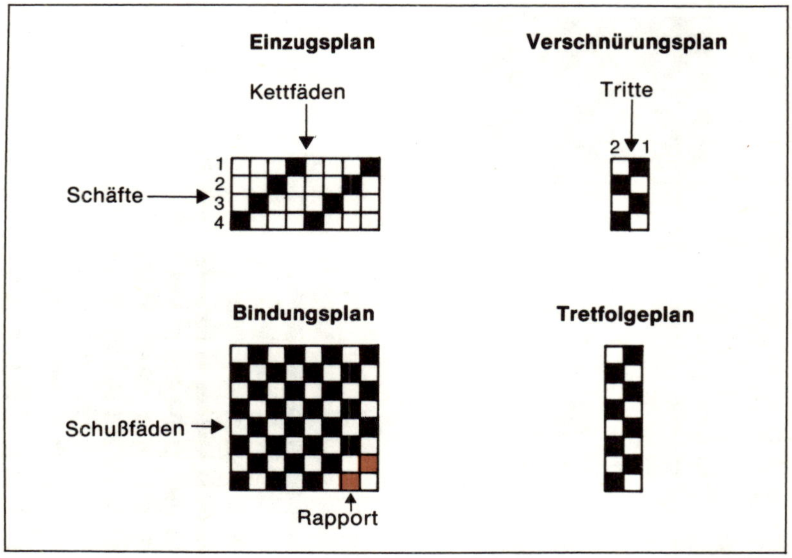

Abb. A

Farbtafel 9

»Gobelin in Gelbtönen« von Erika Sellmann-Büsching, Format 90 × 90 cm.

die rechte, also schönere, Seite Ihres Stoffes auf der Unterseite entstehen. Sie müssen ihn dann also umdrehen.

Um klarzustellen: beim Unterfach-Webstuhl wird durch Heruntertreten eines Trittes der Schaft heruntergezogen, der mit diesem Tritt verschnürt ist. Gleichzeitig werden alle Kettfäden gesenkt, die durch die Litzen des heruntergezogenen Schaftes laufen. Der andere Teil der Kette bleibt oben.
Beim Oberfach-Webstuhl werden durch Bedienen der Tritte die Schäfte hochgezogen, die mit den Tritten verschnürt sind. Der andere Teil der Kette bleibt unten.
Wundern Sie sich nicht, wenn in der Webpraxis die Patrone anders als in unserer früheren Zeichnung ohne alle wörtliche Erklärung erscheint: man setzt voraus, daß Sie das wissen! Außerdem begnügt man sich

Einzugsplan und Verschnürungsplan für Leinenbindung auf einem zweischäftigen Webstuhl

Einzugsplan und Verschnürungsplan für Leinenbindung auf einem vierschäftigen Webstuhl

Abb. B

manchmal damit, lediglich Einzugs- und Verschnürungsplan anzugeben (Abb. B).
Diesen Plan – also das Schema für Einzug, Verschnürung, Tretfolge – befestigen Sie gut sichtbar an Ihrem Webstuhl, damit Sie jederzeit einen Vergleich mit Ihrer Arbeit haben.
Eine lebendige Vorstellung, wie die Patrone der Leinenbindung die Webart von Stoffen verdeutlicht, erhalten Sie, wenn Sie die unten stehende Patrone (Abb. C) und die damit verbundene Beschreibung zweier Stoffe mit diesen selbst (siehe Farbtafel Seite 156, Abb. 1 und 2) vergleichen.

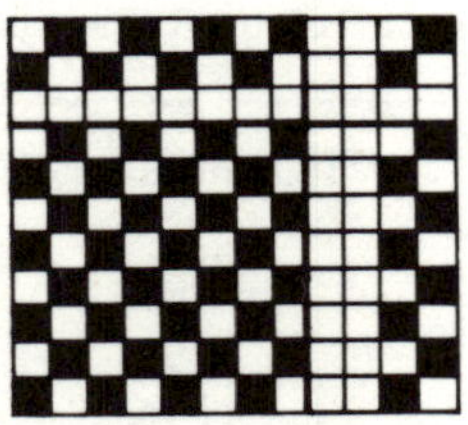

Abb. C

Beschreibung zu Abb. C

Stoffart: Rockstoff
Bindung: Leinenbindung
Material: Kette = Streichgarn Nm 8/2 braun
Schuß = Streichgarn Nm 1 weiß
Ketteinstellung: 5 Fäden auf 1 cm
Blatt: 25/10 (2 Fäden je Riet)
Schußdichte: 5 Fäden je cm

Der Wollstoff wird auf einem Webstuhl mit 2 Schäften gewebt.

Stoffart: Kostümstoff
Bindung: Leinenbindung mit Farbverflechtung
Material: Kette = Streichgarn Nm 8/2 weiß und braunmeliert
Schuß = Streichgarn Nm 8/2 gelb, braun und grün
Kettfolge: 2 Fäden weiß, 2 Fäden braunmeliert
Schußfolge: 1 Faden gelb, 1 Faden braun, 1 Faden grün, 1 Faden braun
Ketteinstellung: 6,5 Fäden je cm
Blatt: 65/10 (1 Faden je Riet)
Schußdichte: 6 Fäden je cm

Der Wollstoff wird auf einem Webstuhl mit 2 Schäften gewebt.

Die Köperbindung

Charakteristisch für die Köperbindung sind schräg verlaufende Linien im Gewebe. Daher auch Diagonalbindung genannt (Abb. 165).
Um Köper zu weben, benötigen Sie mindestens 3 Schäfte, da der Schuß-

Abb. 165

Farbtafel 10

Fleckerlteppich, gewebt von Marianne Müller (Arbeitsgang siehe S. 137).

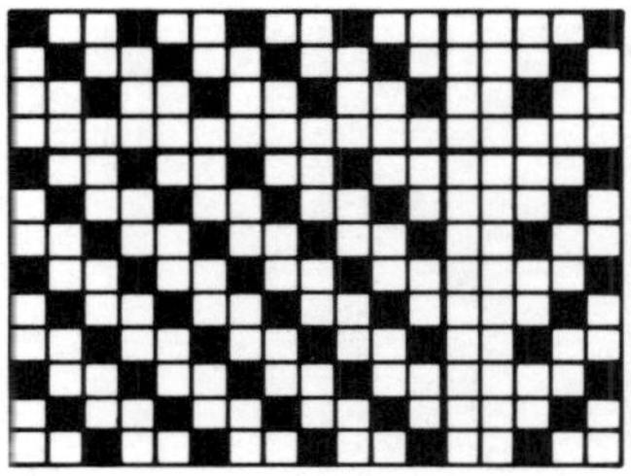

Abb. D

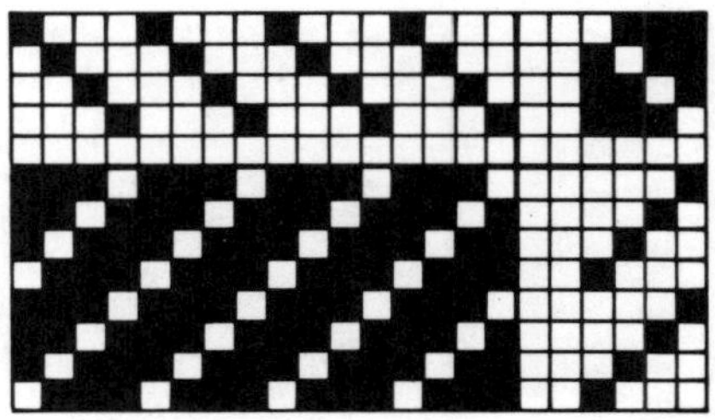

Abb. E

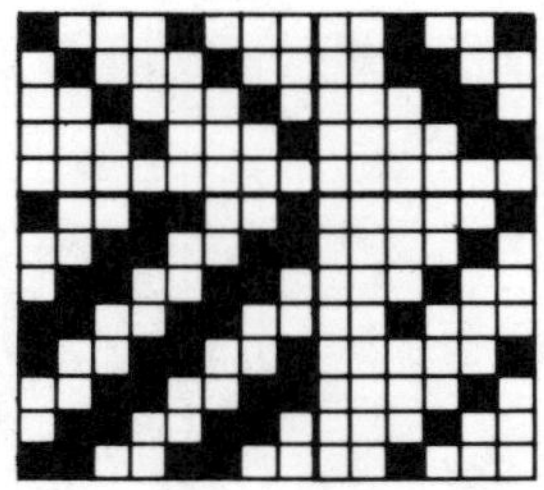

Abb. F

faden 2 oder mehr Kettfäden überdeckt und unter einem oder mehr Kettfäden hindurchläuft. Bei jedem folgenden Schuß rücken die Bindepunkte um einen Kettfaden nach rechts oder links. Dadurch entstehen die diagonalen Streifen, die Köpergrade. Der Grad kann von links nach rechts, umgekehrt, in einer gebrochenen Linie oder im Zickzack verlaufen. Am ausgeglichensten ist die Köperbindung bei gleicher Dichte in Kette und Schuß. Die Gradrichtung kommt bei 45° am besten zur Wirkung. Ist die Ketteinstellung dichter, wird die Gradrichtung steiler. Ist die Schußdichte größer, wird der Grad flacher.
Wenn auf der rechten Seite die Kettfäden mehr zur Geltung kommen, spricht man von Kettköper (Abb. D). Treten die Schußfäden deutlicher hervor, von Schußköper (Abb. E).
Beginnend mit 3 Fäden im Rapport, kann die Köperbindung in jeder höheren Zahl gewebt werden. Die Verkreuzung der beiden Fadensysteme ist hier loser als bei der Leinenbindung. Die Stoffe haben einen weicheren Griff, sind geschmeidiger und fallen besser. Daher werden sie gern für Kleidungsstücke und Hauswäsche verwendet.
Bei der Köperbindung können durch Neuordnungen einzelner Fäden oder Fadengruppen unendlich viele neue Bindungsbilder entstehen. Sie werden besonders vielfältig, wenn Sie mit verschiedenen Farben weben. Sobald Sie erst einmal damit begonnen haben, werden Sie rasch die zahlreichen interessanten Variationsmöglichkeiten entdecken. Die 3 folgenden Patronen F, G und H für Köperbindungen einschließlich ihrer Beschreibung werden durch die Stoffe 3, 7 und 8 auf der Farbtafel Seite 156 illustriert.

Beschreibung zu Abb. F

Stoffart: Kostümstoff
Bindung: gleichseitiger Rechtsgradköper
Material: Kette = Streichgarn Nm 10/2 weiß
Schuß = Streichgarn Nm 8/2 blau-grün
Ketteinstellung: 7 Fäden je cm
Blatt: 35/10 (2 Fäden je Riet)
Schußdichte: 10 Fäden je cm

Der Wollstoff wird auf einem Webstuhl mit 4 Schäften gewebt.

Abgeleitete Bindungen

Um abgeleitete Bindungen herzustellen, gehen Sie von den Grundbindungen aus. Dabei müssen Sie Bindungspunkte ansetzen oder weglassen, Fäden oder Fadengruppen neu ordnen oder mehrere Bindungen ineinander schieben. Auf diese Weise lassen sich interessante Gewebemuster und Farbmuster

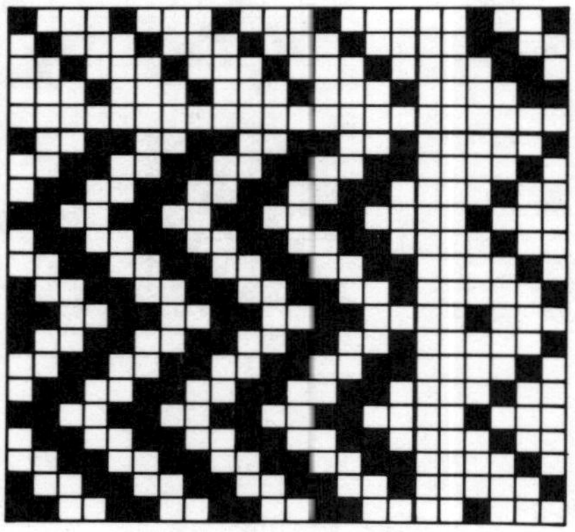

Abb. G

Abb. H

Beschreibung zu Abb. G

Stoffart: Bezugsstoff
Bindung: gleichzeitiger Zick-Zack-Köper
Material: Kette = Nm 8/1 rohweiß
Schuß = Nm 8/1 braun
Ketteinstellung: 9 Fäden je cm
Blatt: 45/10 (2 Fäden je Riet)
Schußdichte: 11 Fäden je cm

Der Wollstoff wird auf einem Webstuhl mit 4 Schäften gewebt.

Beschreibung zu Abb. H

Stoffart: Kleiderstoff
Bindung: Vogelaugen-Köper
(2 versetzte Spitzköper sind miteinander kombiniert)
Material: Kette = Baumwolle Nm 34/2 indigo
Schuß = Streichgarn Nm 8/1 blau
Ketteinstellung: 15 Fäden je cm
Blatt: 75/10 (2 Fäden je Riet)
Schußdichte: 16 Fäden je cm

Der Stoff wird auf einem Webstuhl mit 4 Schäften gewebt.

durch mehrfarbige Ketten und Schüsse entwickeln.
Solche Bindungen werden entweder auf dem Webstuhl mechanisch hergestellt, wobei das Muster durch den Einzug der Kette, durch die Litzen in den Schäften und durch die Reihenfolge beim Öffnen eines Faches bestimmt wird. Oder aber Sie bilden die Muster mit Ihren Händen.
Alle Gewebemuster setzen bestimmte Techniken voraus. Einige von ihnen beschreiben wir Ihnen. Durch Phantasie können Sie viele Variationen erreichen.

Ripsbindung Obwohl sie im Muster ganz anders erscheint, stellt die Ripsbindung eine Ableitung der Leinenbindung dar. Der Abstand zwischen den einzelnen Kettfäden unterscheidet sich von dem zwischen den Schußfäden. Dadurch entstehen sog. Rippen im Gewebe. Je nachdem, ob sie in Kett- oder Schußrichtung verlaufen, spricht man von Kett- oder Querrips und Schuß- oder Längsrips.
Beim Kettrips verdeckt eine sehr feine, dicht eingezogene Kette den Schuß auf beiden Seiten völlig. Nur noch die Kettfäden sind sichtbar (Abb. 166). Es entstehen außerdem auffällige Querrippen, wenn ein dicker Schußfaden oder mehrere Schüsse hintereinander in die Kette eingetragen werden. Beim Eintragen mehrerer Schußfäden ist es not-

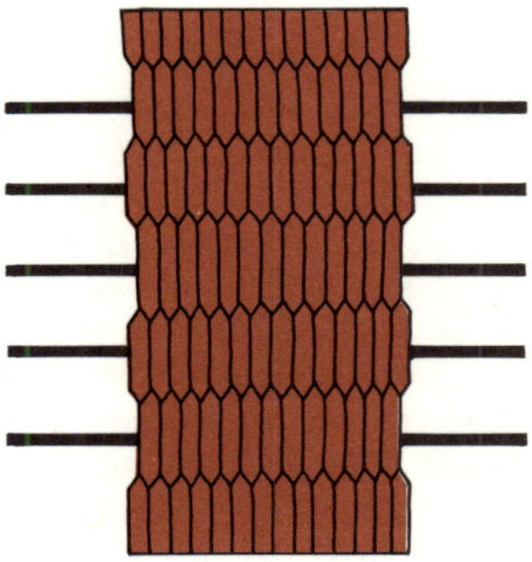

Abb. 166

wendig, zusätzlich an den Webkanten Fangfäden in die Schäfte einzuziehen, um die Schüsse festzuhalten. Mit dieser Technik lassen sich hübsche bunte Bänder und Borten weben (siehe Seite 39).

Den Schußrips (Abb. 167) weben Sie auf einer weiten Ketteinstellung. Verwenden Sie zur Kette kräftiges, glattes Garn oder heben bzw. senken sie gleichzeitig mehrere nebeneinanderliegende Kettfäden. Am besten ziehen Sie jeden Faden in eine Litze, um das Verdrehen der zugleich bindenden Kettfäden zu vermeiden. Das Schußgarn soll feiner und weich sein, damit es sich gut um die Kettfäden legt und fest gegeneinander gedrückt werden kann. Dazu muß der Schuß sehr locker eingetragen werden (Abb. 138, Seite 101). Der Schuß überdeckt die Kette, und es entstehen beim Weben Längsrippen im Gewebe (Abb. I). Diese Technik wird beim Gobelin-Weben angewandt.

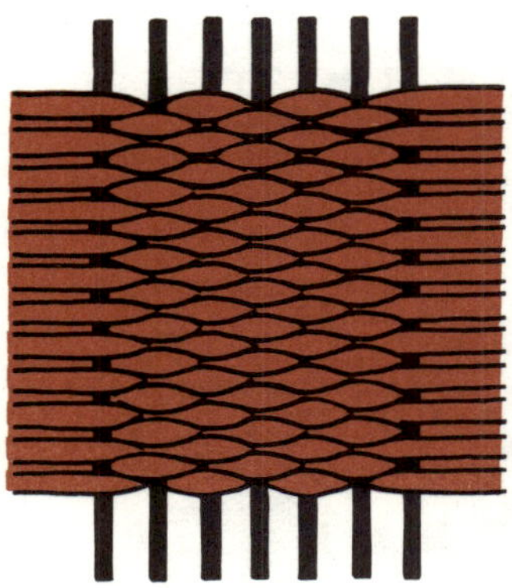

Abb. 167

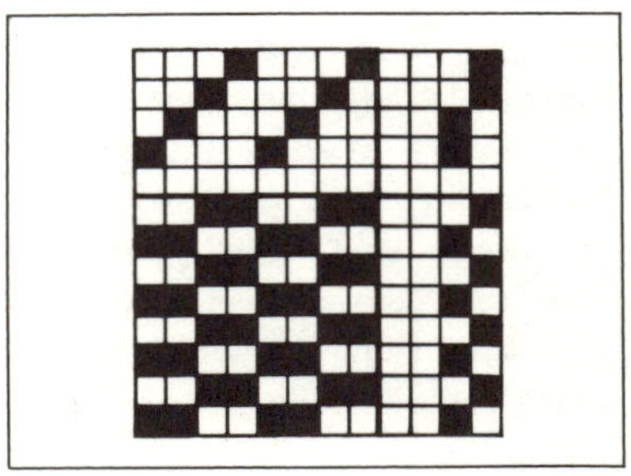

Abb. I

Einfache Muster können Sie mit zwei verschiedenen Farben herstellen. Längsstreifen bekommen Sie, wenn Sie die Farbe nach jedem Schuß wechseln. Querstreifen entstehen, indem Sie jeweils mehrere Schüsse mit einer Farbe eintragen und dann ebenso mehrere Schüsse einer anderen Farbe folgen lassen. Die Patrone (Abb. K) beschreibt den Schußrips (siehe Farbtafel 12, Seite 156, Stoff 4).

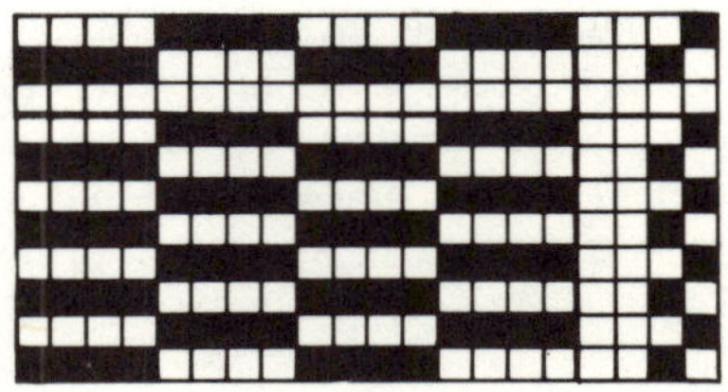

Abb. K

Beschreibung zu Abb. K

Stoffart: Vorhangstoff
Bindung: Rips (Schußrips)
Material: Kette = Kammgarn Nm 28/2 weiß
Schuß = Kammgarn Nm 28/2 weiß
Ketteinstellung: 14 Fäden je cm
Blatt: 70/10 (2 Fäden je Riet)
Schußdichte: 21 Fäden je cm

Der Stoff wird auf einen Webstuhl mit 2 Schäften gewebt.

Panamabindung Diese Ableitung der Leinenbindung wird auch Würfelbindung genannt. Dabei überkreuzen sich je zwei oder mehr Kett- und Schußfäden (Abb. 168).

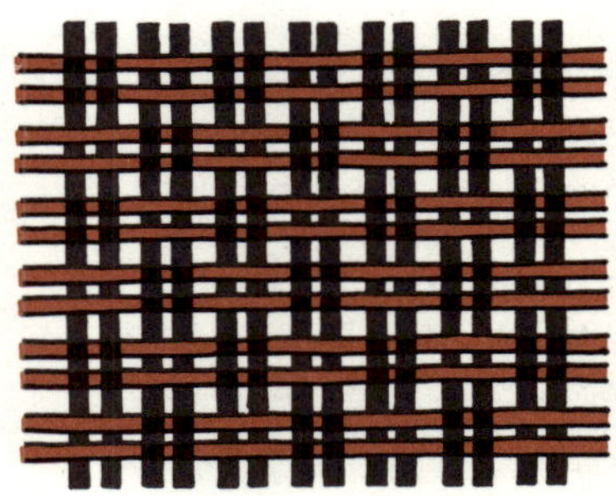

Abb. 168

Damit sich die nebeneinanderliegenden Kettfäden nicht verdrehen, muß jeder von ihnen durch eine eigene Litze gezogen werden. Für den Schuß verwenden Sie das Doppelschiffchen (siehe Seite 89). Das Gewebe wirkt grober als bei der Leinenbindung, ist aber besonders lokker und luftdurchlässig. Der folgenden Patrone (Abb. L) mit Beschreibung entspricht auf der Farbtafel Seite 156 der Stoff 5.

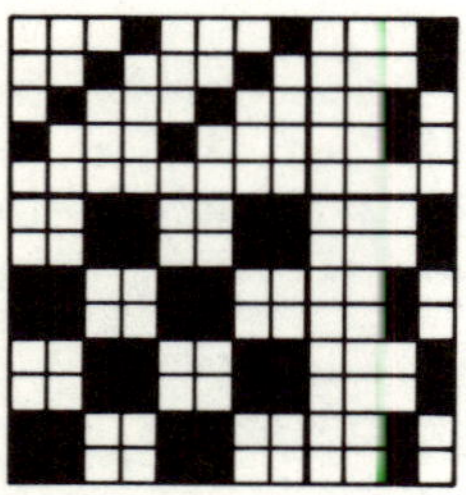

Abb. L

Beschreibung zu Abb. L

Stoffart: Mantelstoff
Bindung: Panama
Material: Kette = Streichgarn Nm 8/2 graumeliert
Schuß = Streichgarn Nm 8/2 hellgrau und dunkelgraumeliert
Schußfolge: 2 Schuß hellgrau, 2 Schuß dunkelgraumeliert
Ketteinstellung: 8 Fäden je cm
Blatt: 40/10 (2 Fäden je Riet)
Schußdichte: 8 Fäden je cm

Der Wollstoff wird auf einem Webstuhl mit 4 Schäften gewebt.

Gerstenkornbindung Als Ableitung von der Leinenbindung ergibt sie ein Stoffbild, bei dem Gruppen von losen Kett- oder Schußfäden und kleine offene Stellen sich aus dem Gewebe herausheben. Diese losen Fäden, die zwar andere Fäden kreuzen, aber nicht mit ihnen verwebt sind, nennt man »Flottierungen«. Der flottierende Faden muß dabei über drei, fünf oder sieben Kett- oder Schußfäden hinweggeführt werden, wird dann aber immer wieder durch eine Leinenbindung »eingebunden«. Dadurch werden die flottierenden Fadengruppen leicht aus dem Gewebe herausgedrückt, so daß das Gewebe körnig wirkt und eine rauhe Oberfläche erhält. Daher ist diese Bindung besonders für Handtücher beliebt.
Für Kette und Schuß verwendet man entweder das gleiche Garn oder man zieht für den Schuß ein weicheres, saugfähigeres vor. Kett- und Schußdichte sollte möglichst gleichmäßig sein. Entweder verteilt man die »Gerstenkörner« versetzt über die ganze Gewebefläche oder unterbricht sie durch Streifen in Leinenbindung. Das können Sie mit einem dreischäftigen Webstuhl ausführen (Abb. M). Wollen Sie aber die Gerstenkornbindung für Tischdecken verwenden, können Sie mit noch mehr Schäften großzügige Flächenmuster weben. Zur folgenden Patrone (Abb. N) mit ihrer Beschreibung gehört auf der Farbtafel Seite 156 der Stoff 6.

Schwedenborte Wie der Name sagt, handelt es sich dabei um eine Bortenbindung; bei ihr ist die Leinenbindung abgewandelt. Charakteristisch ist für sie, daß ein zweiter Schußfaden, der »flottiert« (siehe zuvor, Gerstenkornbindung), das Muster auf dem Leinengrundgewebe bestimmt. Dieser Faden kann

Abb. M

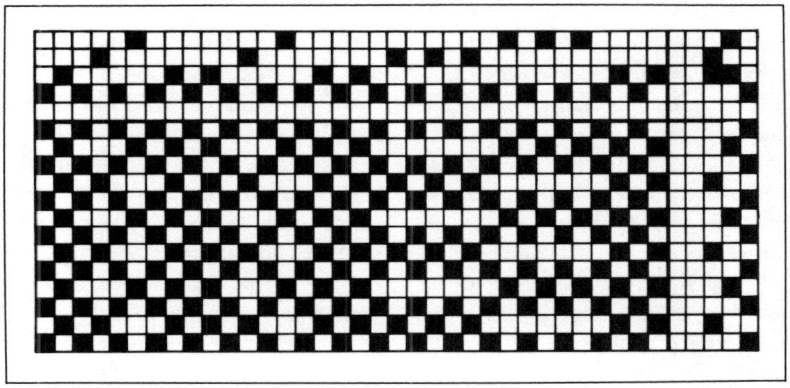

Abb. N

Beschreibung zu Abb. N

Stoffart: Handtuchstoff
Bindung: Gerstenkorn mit versetzten überlappenden Musterteilen. Jeder zweite Einschuß ist in Leinenbindung.
Material: Kette = Baumwollgarn Nm 34/2 rohweiß
Schuß = Leinengarn Nm 5 rohweiß
Ketteinstellung: 12 Fäden je cm
Blatt: 60/10 (2 Fäden je Riet)
Schußdichte: 12 Fäden je cm

Der Stoff wird auf einem Webstuhl mit 4 Schäften gewebt.

mit dem gleichen Garn, aber auch in einer abweichenden Farbe eingetragen werden. Dadurch lassen sich interessante Mustereffekte erzielen. Schwedenborte wird ähnlich vorbereitet wie Längsrips. Das heißt, daß die Kettfäden gruppenweise eingezogen werden. Sie können die Größe der Gruppen selbst bestimmen. Danach richtet sich die Länge der losen Schußfäden, die über sie hinweggeführt werden. Die Flottierungen dürfen nicht zu groß sein. Bei Gebrauchsgeweben, die strapaziert werden, besteht die Gefahr, daß die losen Fäden sich verfangen und dabei abgerissen werden. Wenn die Flottierung nur kurz ist, lassen sich die Gewebe mit Schwedenborte durchaus vielseitig verwenden.
Das Schema der Schwedenborte zeigt ein Bortenmuster mit kurzer Flottierung. Der flottierende Schußfaden läuft mehrere Male hintereinander über zwei Kettfäden. Dadurch entstehen kleine Stäbchen im Muster. Das Muster ähnelt dem Vogelaugen-Köper (siehe Seite 124). Es ist eine Kombination von Leinenbindung und Gleichgratköper (Abb. O).

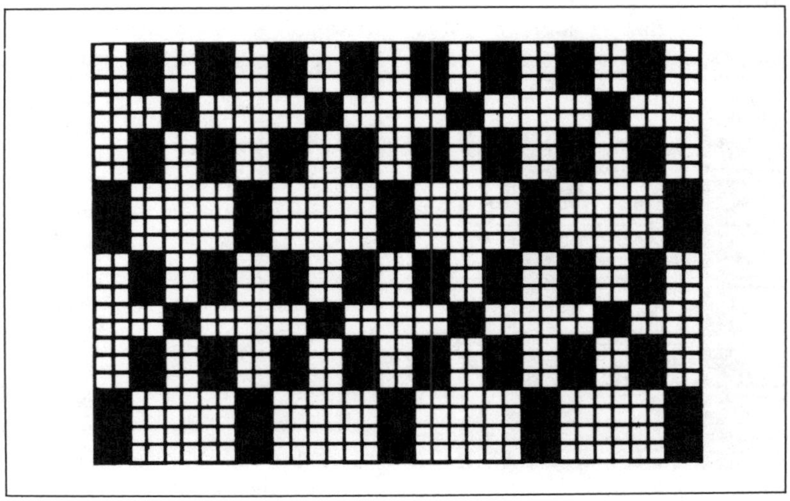

Abb. O

Unregelmäßiger Ketteinzug Reizvolle zarte Streifenmuster lassen sich herstellen, wenn Sie die Kettfäden in Gruppen und zwar in regelmäßigen oder unregelmäßigen Abständen in das Webblatt ziehen. Die geschorene Kette wird entsprechend dem Einzugsplan der Leinenbindung durch die Litzen gezogen. Im Webblatt lassen Sie Riete frei. Die Anzahl ist Ihnen überlassen. Jeder zweite Schußfaden läuft über die ganze Breite der Kette, während jeder erste, dritte usw. mit einem Puschel (siehe Seite 111) in Leinenbindung um den durchlaufenden Schußfaden herumgewebt wird. Ziehen Sie aber den vom Puschel ausgehenden Faden nicht zu straff an, damit der Streifen gleichmäßig breit wird. Sie brauchen für jeden Streifen einen Puschel (Abb. 169). Besonders hübsch werden dabei zarte Gewebe (Gardinen, Decken).

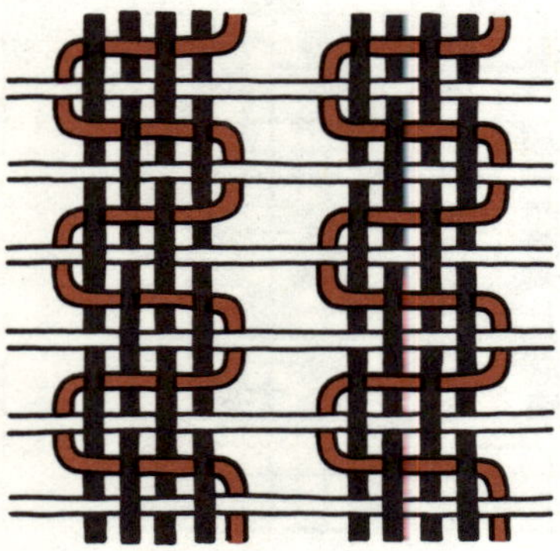

Abb. 169

Variation der Leinenbindung durch Farbe Sie können die Leinenbindung mit wechselnden Farben und unterschiedlichen Garnen erheblich variieren. Etwa, indem Sie anderes Garn für den Schuß als für die Kette verwenden. Oder: stark strukturiertes Garn wirkt anders als glattes Garn. Sehr ausdrucksvolles Garn verwenden Sie zweckmäßigerweise nur in einer Farbe oder in zart abgestuften Farbtönen.

Wenn Sie auf einer einfarbigen Kette mit verschiedenfarbigem Schußgarn weben, entstehen Querstreifen. Dabei kommt es darauf an, das richtige Verhältnis von Länge und Breite der Streifen zu finden.

Ziehen Sie die Kette in verschiedenen Farben ein (siehe Seite 63) und weben Sie mit einem einfarbigen Schuß, dann erhalten Sie Längsstreifen. Verwenden Sie die gleiche Farbzusammenstellung für den Schuß, dann entstehen Karos. Berücksichtigen Sie dabei, daß sich Ihre Kette, da sie straff gespannt ist, nach dem Abnehmen vom Webstuhl zusammenzieht. Daher müssen Sie darauf achten, daß die Karos auf dem Webstuhl rechteckig aussehen, um im fertigen Stück quadratisch zu sein.

Variation der Leinenbindung durch Raffschlingentechnik Dies ist nun die erste der Abwandlungen der Leinenbindung, die mit der Hand gearbeitet werden. Das folgende Beispiel läßt sich am leichtesten ausführen. Dabei entsteht ein durchbrochenes Gewebe.

Um Fadengruppen wird ein Faden geschlungen, der sie zu einem Bündel zusammenrafft. Die gebündelten Fäden können aus Kett- oder Schußfäden bestehen, oder beide können miteinander kombiniert werden. Diese Technik läßt sich im geöffneten oder im geschlossenen Fach arbeiten.

Wollen Sie Raffschlingen um Kettfäden legen, benötigen Sie dazu zwei Schiffchen. Für den Rand tragen Sie zunächst einige Leinenbindungsschüsse in die Kette ein. Für den nächsten Schuß, um die Kettfäden zu bündeln, führen Sie das zweite Schiffchen mit dem Faden im geschlossenen Fach nun um eine Gruppe von Kettfäden und machen einen einfachen Knoten. Ziehen Sie den Knoten fest an. Sie wiederholen den Vorgang mit der nächsten Kettfadengruppe und führen das fort (Abb. 170). Sie können den Schußfaden aber auch in das geöffnete Fach eintragen. Führen Sie dafür den Faden hinter der Kettfadengruppe hinaus, schließen Sie das Fach und umschlingen Sie die Kettfäden zu einem Bündel, das zusammengeknotet wird. Eine reizvolle Variante besteht darin, zum Umschlingen andersfarbiges oder dikkeres Garn zu verwenden.

Um Raffschlingen um Schußfäden zu legen, benötigen Sie ein Schiff-

Abb. 170

chen und eine Teppichnadel. Nachdem Sie den Rand vorgewebt haben, weben Sie anschließend noch einmal so viele Schüsse in Leinenbindung, wie Sie Fäden zusammenbündeln wollen. Für den Schuß fädeln Sie sich einen Faden in die Teppichnadel, der länger als die Breite der Kette sein muß. Sie führen den Faden erst in Leinenbindung durch einige Kettfäden und umstechen dann von vorn nach hinten die vorgesehenen Schußfäden. Ziehen Sie den Faden so fest zu einer Schlinge zusammen, wie es Ihnen gefällt. Sie führen den Faden nun in Leinenbindung wieder ein Stück durch die Kette bis zur nächsten Raffung und wiederholen die Umschlingung (Abb. 171).

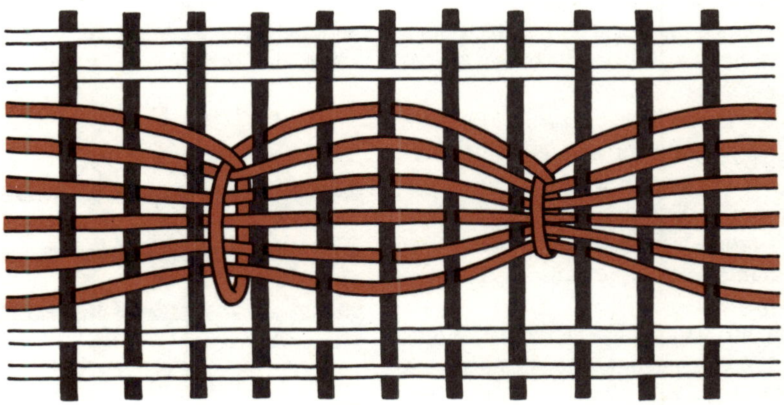

Abb. 171

Variation der Leinenbindung als Spanische Spitze Diese Technik als Abwandlung der Leinenbindung ergibt ein durchbrochenes Muster, das nicht über die volle Breite der Kette gewebt wird, sondern immer nur in bestimmten Abschnitten. Falls Sie einige Riete im Blatt freilassen und die Kettfäden in Gruppen einziehen, erhöhen Sie noch die zarte Wirkung des Musters.

Sie weben zuerst den Rand in Leinenbindung. Nunmehr tragen Sie von rechts den Schußfaden in einen Kettabschnitt ein und weben ihn jeweils mehrmals, aber immer in ungerader Zahl, hin und her. Ihnen ist es überlassen, wie locker Sie den Schußfaden eintragen und wie fest Sie ihn anschlagen – die Wirkung wird immer anders sein.

Haben Sie die Kette ohne Unterbrechung eingezogen, empfiehlt es sich, den Schußfaden straff einzutragen, um im Gewebe durchbrochene Stellen zu erhalten. Danach führen Sie den Schußfaden in einer schrägen Linie nach links zum nächsten Kettabschnitt und wiederholen diesen Vorgang so lange, bis Sie den Kettrand erreicht haben.

Weben Sie im Randstreifen die doppelte Zahl von Schußfäden und führen Sie dann den Schußfaden nach rechts zum nächsten Kettstreifen. Die Schußfäden laufen dabei

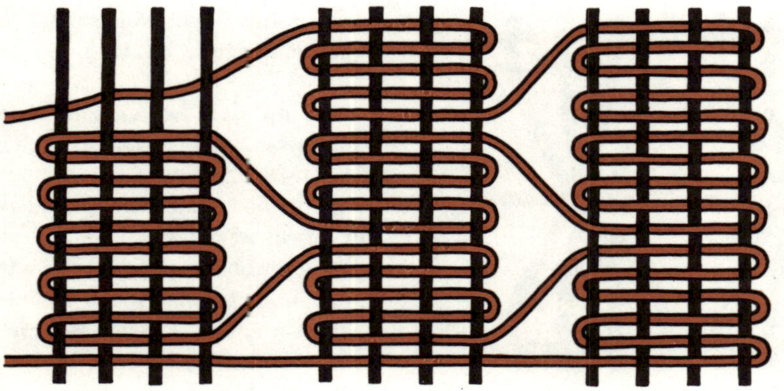

Abb. 172

schräg zusammen und bestimmen das Muster (Abb. 172).
Sie können die Spanische Spitze immer wieder variieren, indem Sie Schüsse in Leinenbindung zwischen die Abschnitte mit den Mustern eintragen. Außerdem können Sie die Kettstreifen und das Muster versetzt weben. Oder auch mehr oder weniger ungerade Schüsse eintragen und die Kettstreifen in verschieden großen Abständen durch das Blatt ziehen.

Dreher

Als Dreher bezeichnet man – worauf der Name hinweist – Bindungen, in denen zwei oder mehr Kettfäden umeinander gedreht werden. Dadurch entsteht ein kunstvoll aussehendes, durchbrochenes Gewebe. Dreher-Bindungen, mit der Hand gefertigt, können vielfältig hergestellt werden und von überraschender Wirkung sein.
Sie können Dreher-Bindungen sowohl im geschlossenen als auch im offenen Fach arbeiten. Sie können die Kettfäden von rechts nach links und von links nach rechts drehen. Es ist möglich, beliebig viele Fäden umeinander zu drehen, die Dreher untereinander und in den Reihen zu variieren. Zwischen den Drehungen können Sie ungedrehte Kettfäden stehen lassen oder die Fäden gegeneinander drehen.
Es lassen sich netzartige Gewebe herstellen oder eine einzelne Dreher-Gruppe als Blickfang einsetzen, ebenso Bordüren gestalten. Dabei werden zwischen den Musterteilen immer wieder Leinenschüsse eingetragen.
Zur Herstellung der Dreher-Bindungen benötigen Sie einen Einlesestab – also einen schmalen, vorn zugespitzten Holzstab.

Um eine Dreher-Bindung bei geschlossenem Fach zu arbeiten, tragen Sie zuerst einige Reihen Leinenbindungs-Schüsse in die Kette ein (Abb. 173). Beginnen Sie dann an der rechten Seite: greifen Sie den ersten Kettfaden mit der linken Hand, ziehen Sie ihn unter dem zweiten Kettfaden durch und stekken Sie hinter dem Kreuzungspunkt den Einlesestab mit der flachen Seite von oben nach unten zwischen die beiden Kettfäden. Das wiederholen Sie, bis Sie die Reihe fertig haben und jeder ungerade (erste, dritte, fünfte . . .) Kettfaden auf dem Einlesestab liegt. Danach stellen Sie den Einlesestab aufrecht und tragen mit einem Schiffchen oder einer Webnadel den Schuß ein. Sie drehen den Einlesestab wieder auf die flache Seite und drücken den Schuß damit an, soweit es geht. Dann ziehen Sie den Stab heraus.
Mit dem nächsten Schuß in Leinenbindung bringen Sie die Kette wieder in die normale Lage zurück, so

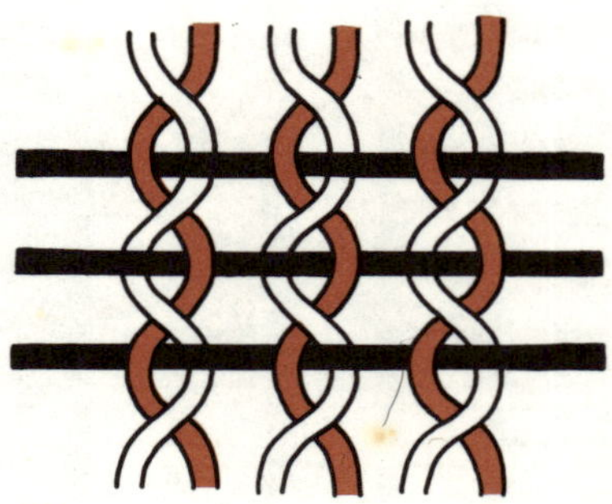

Abb. 173

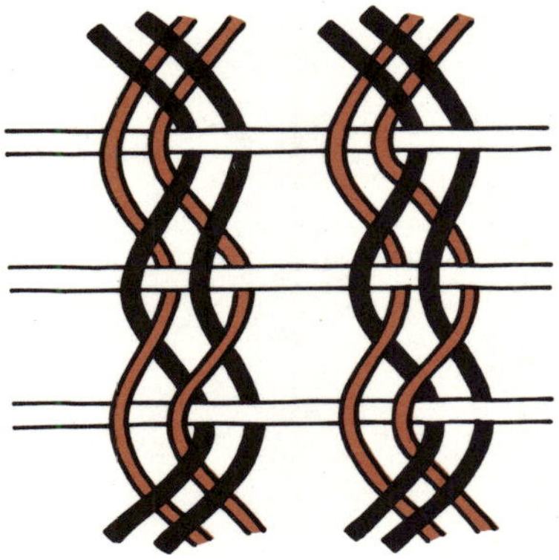

Abb. 174

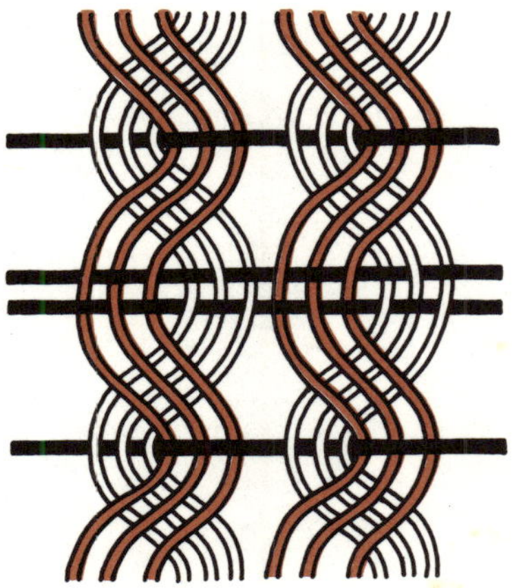

Abb. 175

daß Sie die Drehung wiederholen können. Auch mehrere Schüsse in Leinenbindung lassen sich zwischen den Drehungen eintragen.
Wenn Sie die Dreher variieren wollen, um dabei zwei und vier Fäden je Reihe umeinander zu drehen, dann ziehen Sie in der ersten Reihe im geschlossenen Fach die ersten beiden Kettfäden zusammen unter den beiden nächsten Kettfäden hindurch. In der zweiten Reihe ziehen Sie im geöffneten Fach den ersten Faden unter dem dritten und den zweiten Faden unter dem vierten durch. In der dritten Reihe schließlich ziehen Sie wieder im geschlossenen Fach den ersten und dritten Faden unter dem zweiten und vierten durch und verdrehen die Fadengruppen miteinander. Danach tragen Sie Schüsse in Leinenbindung ein. Jede neue Drehung ist mit anderen Effekten verbunden (Abb. 174, 175).

Einlegetechnik

Mit dieser Technik können eingewebte Muster und Figuren über das ganze Gewebe verteilt werden.
Tragen Sie in die Fächer der Leinenbindung zusätzlich einen farbigen Schußfaden in das Grundgewebe ein. Führen Sie den farbigen Faden nicht über die ganze Kette, sondern nur über die Stellen, wo Sie ein Muster bilden wollen. Innerhalb des Musters müssen Sie den Faden gleichmäßig entweder über den Leinenbindungs-Schuß oder unter ihn laufen lassen. Beim Wenden des Fadens dürfen keine Schlingen entstehen. Der Faden wird mit einem Puschel eingetragen (Abb. 176), wie Sie ihn bereits kennen.

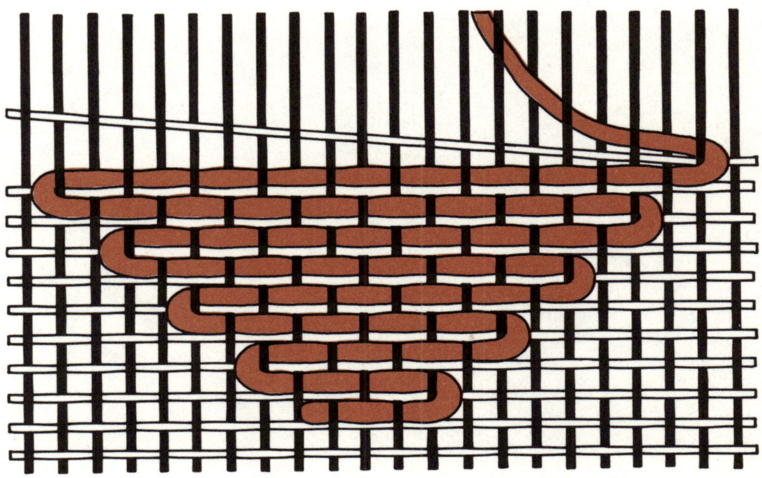

Abb. 176

8 Wie man Teppiche weben kann

Zwei Grundtypen
Mit Schafwolle weben
Einen Fleckerlteppich weben
Techniken der Bildweberei
Dekorative Florteppiche

Wie man Teppiche weben kann

Zwei Grundtypen

Teppiche sind mehr als ein Bodenbelag. So angenehm und nützlich es ist, seine Füße über die form- und farbschöne und zugleich Wärme vermittelnde Oberfläche eines Teppichs zu bewegen, so bedeuten die vielerlei Wandbehänge und Bildteppiche ein besonders reizvolles Gebiet für den Weber. Weben kann man jede Art Teppich, vom rustikal-urwüchsigen Fleckerlteppich (Flickenteppich) bis hin zu kunstvoll-künstlerischem Wandschmuck. Sicher bedeutet es für viele, die es zum Weben zieht, eine Art Wunschtraum, einmal in der Wohnung einen selbst gewebten Teppich liegen oder hängen zu haben. Sieht man doch dabei besonders deutlich, daß das Hobby mehr bedeutet als Zeitvertreib, vielmehr Nutzen und künstlerische Selbstverwirklichung in sich schließt.

Zwei Typen von Teppichen lassen sich grundsätzlich unterscheiden: glatte und Flor-Teppiche. Zu den glatten Teppichen gehören die einfach gewebten Schafwoll- und Fleckerlteppiche, aber auch die kunstvollen Gobelins (siehe Seite 107). Als Florteppiche bezeichnet man die Smyrna- und Rya-Teppiche, die aus einer Verbindung von Weben und Knüpfen entstehen.

Für Teppichweberei eignen sich beinahe alle Webstühle, ebenso auch die Webrahmen. Allerdings ist es – mindestens im Anfang – leichter, an einem Gobelin-Webstuhl zu arbeiten, weil sich an der senkrecht verlaufenden Kette das entstehende Muster am besten verfolgen läßt. Außerdem ist es dabei bequemer, den hinter der Kette angebrachten Entwurf auf das Gewebe zu übertragen.

Mit Schafwolle weben

Sie können einen Teppich oder Läufer aus Schafwolle entweder aus versponnener oder ungesponnener Wollfaser weben. Mit einem gesponnenen Wollfaden können Sie in gleicher Weise wie mit jedem anderen Webgarn arbeiten (siehe Seite 45). Teppichwolle gibt es in verschiedenen Stärken.

Ungesponnene Schafwolle bekommen Sie gewaschen und gekrempelt in rechteckigen Lagen zu kaufen. Vielleicht leben Sie aber auch auf dem Lande oder haben eine Verbindung dorthin, dann sollten Sie versuchen, von einem Schäfer oder Schafhalter die Wolle direkt zu erhalten. Bekanntlich werden Schafe im Frühling geschoren, so daß dann die Chance zum Einkauf am besten ist.

Gegebenenfalls können Sie auch Ihre zuständige Landwirtschaftskammer um Auskunft bitten, wo solche Wolle erhältlich ist. Die Wolle direkt vom Schaf müssen Sie allerdings zuerst waschen. Dazu weichen Sie sie mehrere Stunden in kaltem Wasser mit Wollwaschmittel ein. Dann drücken Sie sie vorsichtig aus und spülen sie in kaltem Wasser. Sie können die Wolle im Schleudergang der Waschmaschine oder in einer Wäscheschleuder vortrocknen und im Freien, aber im Schatten, endgültig trocknen. Sie müssen die trockene Wolle entfilzen. Das geschieht durch eine Art Kämmen, Karden oder Kardieren genannt, wozu man Wollkarden braucht. Das sind Bretter mit einem Griff, die an der Unterseite einen Häkchenbesatz aus Draht haben (Abb. 177). Sie nehmen nun in jede Hand eine Karde – in die linke mit den Häkchen nach oben, in die rechte mit den Häkchen nach unten. Legen Sie nun die linke Karde, Häkchen nach oben, auf Ihr Knie, geben Sie etwas Schafwolle auf die Karde und decken Sie die andere Karde, Häkchen nach unten, darüber. Nun ziehen Sie mit Hilfe der Griffe die Karden auseinander, wobei sie in einer Ebene bleiben müssen. Dabei verfängt sich die Wolle in den Häkchen, wodurch sie aufgerauht und bei mehrmaliger Wiederholung flauschig wird.

Aus der so vorbereiteten Wolle drehen Sie zweckmäßigerweise sogenannte Püppchen. Dazu zerteilen Sie die Schafwolle in etwa 30 cm lange Streifen, die die Dicke von zwei aufeinandergelegten Fingern haben sollen. Sie fassen mit beiden Händen die Enden des Wollstreifens und drehen ihn so lange, bis er beginnt, sich kordelartig zusam-

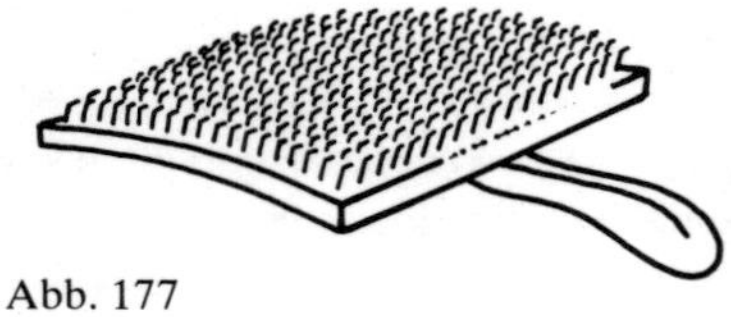

Abb. 177

menzurollen. Nun halten Sie mit dem linken Daumen und Zeigefinger ein etwa 6 cm langes Ende des unter Spannung stehenden Wollfadens fest und wickeln das längere Ende mit der rechten Hand von oben nach unten abwärts mehrfach um den linken Zeige- und Mittelfinger. Formen Sie das Ende des Fadens zu einer Schlaufe und stecken Sie diese von unten nach oben durch den aufgewickelten Faden, wobei Sie ihn von den Fingern streifen. Dadurch erhält das sogenannte »Püppchen« oben eine Schlaufe und unten zwei Schwänzchen, die Anfang und Ende bedeuten. In dieser Form bewahren Sie die Wollstreifen auf und lösen Sie vor Verwendung beim Weben durch Ziehen an den beiden Schwänzchen. Dieser leicht gedrehte Wollstreifen erleichtert das Weben erheblich.

Um einen Schafwoll-Läufer zu weben, scheren Sie die Kette mit Baumwoll-Cord 20/3 × 3 in der üblichen Art. Er soll in Leinenbindung entstehen. Ziehen Sie die Kettfäden durch die Litzen der Schäfte und durch das Blatt. Die Blattstärke ist 20/10; Sie ziehen also zwei Fäden der Kette auf 1 cm ein.

Knüpfen Sie an den Anknüpfstab jeweils vier Kettfäden zusammen und verteilen Sie sie gleichmäßig gespannt über den Stab. Rechnen Sie damit, daß Sie 15 cm der Kette für Fransen benötigen, die Sie deswegen am Anfang nicht beweben dürfen. Zuerst legen Sie 2 Schuß dickes Garn ein, um die Abstände zwischen den Kettfäden auszugleichen. Weben Sie danach mit der Webnadel 10 Schuß Baumwoll-Cord vor.

Nun beginnen Sie, die Püppchen mit beiden Händen so glatt wie möglich als Schuß einzulegen. Das Ende des Püppchens wird über oder unter den Anfang des nächsten Püppchens gelegt. Nach dem erfolgten Schuß schlagen Sie mit der Lade mehrmals fest an und wechseln das Fach. An den Kanten drehen Sie das herunterhängende Ende des ersten Schusses noch einmal etwas kräftiger und legen es als Anfang für den neuen Schuß ein. Sie müssen darauf achten, daß die Kanten nicht zu lose werden. Die äußeren Kettfäden dürfen aber auch nicht nach innen gezogen werden.

Am Ende des Läufers weben Sie noch einmal – wie am Anfang – 10 Schuß Baumwoll-Cord und schneiden die Kettfäden nach 15 cm (Fransen!) ab. Sie trennen das am

Anfang eingewebte dicke Schußgarn heraus und knoten dann Fransen.

Einen Fleckerlteppich weben

Immer wieder bildet ein Fleckerlteppich einen reizvollen farbigen Akzent in einem geeigneten Raum. Sie brauchen, um diesen volkstümlichen Teppich oder Läufer zu weben, Stoffreste. In jedem Haushalt gibt es ausgediente Kleider, Wäsche, Vorhänge, Hemden, die man eigentlich wegwerfen möchte. Tun Sie das nicht! Sie brauchen diese Stoffe nur in Streifen zu schneiden – schon können sie als Schuß beim Weben verwendet werden! Niemand sieht ihnen später ihre Herkunft an. Dabei sollten Sie die vielerlei Farben, die zusammenkommen, gut sortieren und in geschickter Kombination ein fröhlich buntes Gewebe entstehen lassen!
Achten Sie dabei auf Folgendes: haben Sie etwa viele weiße Stoffreste, dann können Sie sie vorher einfärben. Überzeugen Sie sich, daß alle Stoffe farbecht sind. Verwenden Sie möglichst gleichartiges Material, so daß Ihr Teppich sich nicht verzieht und beulig wird, wenn ein Stoffstreifen elastisch und der andere steif ist. Neue Stoffe sind hart und nicht so schmiegsam wie alte. Am besten lassen sich Baumwollstoffe verarbeiten.

Abb. 178

Sie beginnen damit, daß Sie die Stoffe in 1–2 cm breite Streifen schneiden oder reißen. Wickeln Sie jede Farbe für sich auf ein Knäuel. Ein gerissener Stoffstreifen ist zwar schön gerade, kann aber leicht ausfransen. Ein dicker Stoffstreifen läßt sich schwieriger anschlagen als ein schmaler. Mehrere verschiedenfarbige Stoffstreifen, zusammen eingelegt, sorgen für originelle Effekte. Sie schneiden die Stoffstreifen jeweils am Anfang und Ende schräg zu (Abb. 178), damit das Ansetzen des folgenden Stoffes möglichst nicht zu sehen ist (Abb. 179).
Für einen Fleckerlteppich verwenden Sie die gleiche Kette und Einteilung wie beim Schafwoll-Läufer. Den Schuß tragen Sie mit einer Teppichnadel ein. Falls einzelne Stoffstreifen zu kurz sind, müssen Sie sie mit der Hand einlegen. Beherzigen Sie aber bitte die Hinweise auf die Fransenbildung in der Schilderung des Schafwoll-Läufers.

Techniken der Bildweberei

Jeder ist schon einmal von der Buntfarbigkeit, dem Formenreichtum und der kunstvollen figürlichen Darstellung von Bildteppichen aus Vergangenheit und Gegenwart fasziniert gewesen. Sicher bedeutet es für jeden, der mit Weben beginnt, einen großen Anreiz, mit eigenen Händen einen solchen Bildteppich zustande zu bringen.

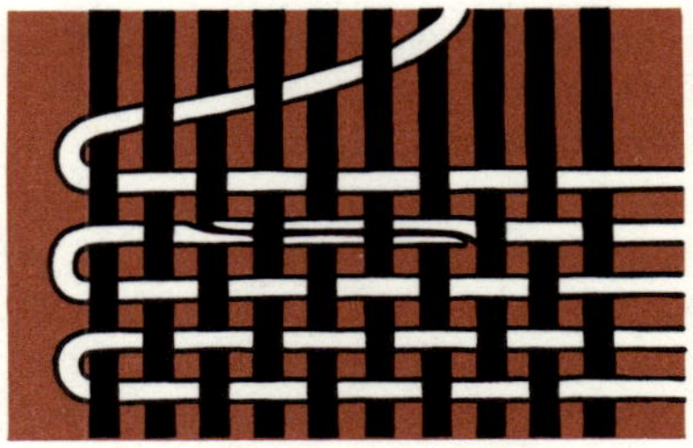

Abb. 179

Zum Gobelin-Weben verwenden Sie eine einfarbige, feste Leinen- oder Baumwollkette. Sie müssen den Schuß kräftig anschlagen, damit er die Kette verdeckt und ein Schußrips (siehe Seite 124) entsteht. Das Muster wird nicht durch die Bindung, sondern durch die Farben und die Art des Schußgarns bestimmt. Sie können übrigens beinahe alle Garnsorten verwenden. Sie weben den Gobelin nach einer Vorlage, die man als »Karton« bezeichnet und die Sie entweder von einer bildlichen Darstellung übernehmen oder – noch besser – selbst entwerfen. Im Anfang wird es Ihnen vermutlich etwas Mühe machen, Ihren Karton in ein Gewebe umzusetzen. Beginnen Sie deshalb im eigenen Interesse zunächst einmal mit einfachen Mustern. Befestigen Sie die Vorlage hinter oder unter der Kette so fest, daß sie nicht verrutschen kann. Eine andere Möglichkeit besteht darin, das Muster unmittelbar auf die Kette zu malen. Obwohl es zunächst verlockend erscheint, viele Garnarten und Farben zu verwenden, werden Sie jedoch nach einiger Zeit feststellen, daß Sie eine größere Wirkung erzielen, wenn Sie sich auf wenige, gut aufeinander abgestimmte Garne und Farben beschränken.

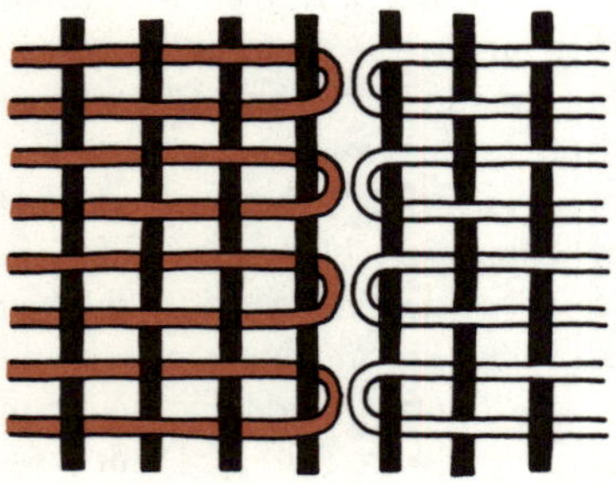

Abb. 180

Kelim- oder Schlitztechnik Die Eigenart dieser auf dem Balkan und im Orient volkstümlichen Technik ergibt sich daraus, daß beim Aufeinandertreffen von zwei Mustern oder Farben die Schußfäden nicht miteinander verbunden werden. Statt dessen wendet man den Schußfaden jeweils um den letzten Kettfaden einer Musterkontur und webt jedes Musterteil für sich (Abb. 180). Dadurch entstehen Schlitze, die beliebig lang sein können. Sie gehören praktisch zum Muster. Entweder läßt man sie offen oder näht sie auf der Teppichrückseite vorsichtig zusammen. Selbstverständlich dürfen die Stiche auf der Vorderseite nicht zu sehen sein (Abb. 208, Seite 149).

Die Farbflächen können auch in verschiedenen Abständen durch einen Schußfaden miteinander verbunden sein. Dazu führt man den Schußfaden in bestimmter Folge um den letzten Kettfaden des angrenzenden Farbfeldes (Abb. 181).

Gobelintechniken Für die Verbindung von zwei Farbflächen benützen Sie die Gobelintechnik. Sie läßt sich auf verschiedene Weise ausführen.

Bei der sogenannten Einhängetechnik werden die Schußfäden, bevor sie umkehren, zwischen zwei Kettfäden ineinandergehängt (Abb. 182).

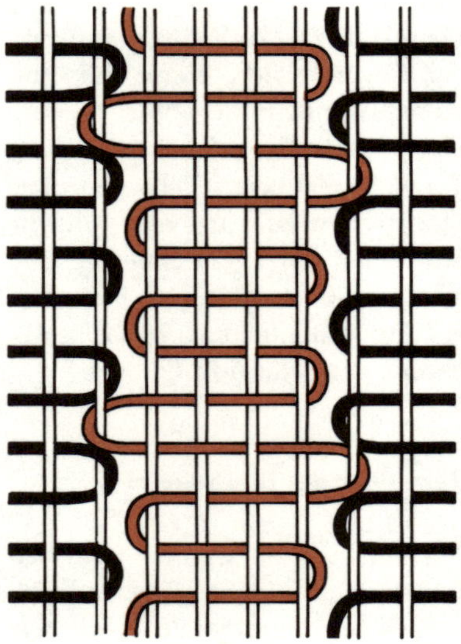

Abb. 181

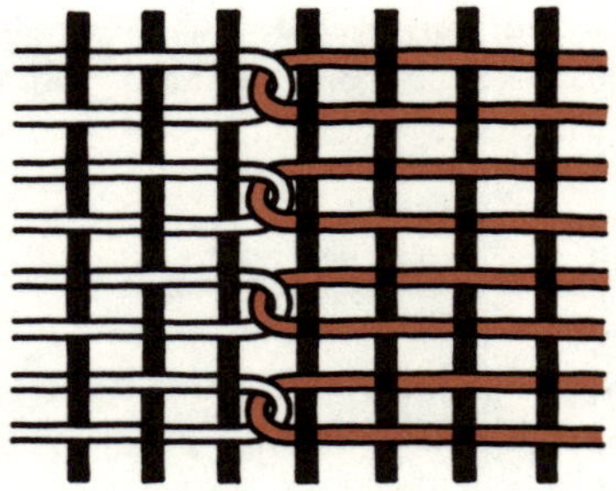

Abb. 182

Abb. 183

Bei der sogenannten Umlegetechnik wird der Schußfaden, abwechselnd von rechts und von links kommend, um denselben Kettfaden geschlungen und wieder zurückgeführt. Es entsteht auf dem Gewebe ein senkrechtes Zähnchenmuster (Abb. 183). Man kann den Kettfaden auch mehrmals hintereinander erst mit einer Farbe umschlingen, dann mit der anderen (Abb. 184). Dabei können die Schußfäden auch um mehrere Kettfäden geführt wer-

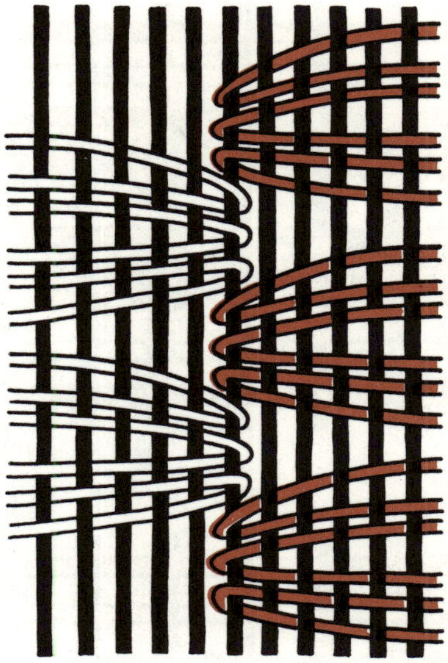

Abb. 184

Abb. 185

den (Abb. 185). Man bezeichnet das als Zähnchenverbindung.
Die Farbflächen können auch so miteinander verbunden werden, daß ein Schußfaden im Wechsel regelmäßig oder unregelmäßig um einen oder mehrere Kettfäden gelegt wird. Die Farbübergänge laufen dann ineinander (Abb. 186, 187). Man spricht dabei von Schraffuren. Bei der diagonalen Umlegetechnik wird der Schußfaden der schräg abnehmenden Musterfarbe um einen oder mehrere Kettfäden zurückgenommen, und mit dem schräg zunehmenden Schußfaden der anderen Farbe wird die Kette ausgefüllt. Je mehr Kettfäden zurückgenommen werden, um so schräger wird die Diagonale. Demgemäß wird die Diagonale um so steiler, je öfter ein Kettfaden umschlungen wird. Es entstehen dann Schlitze. Die Schußfäden müssen nicht verbunden werden (Abb. 188).
Kleine Gewebepartien können durch das Einlegen eines Konturfadens hervorgehoben werden. Der Konturfaden kann waagerecht, senkrecht, schräg oder im Bogen eingelegt werden. Vorher muß die Grundfläche ausgearbeitet werden (Abb. 189). Bei dieser Technik lautet der Fachausdruck »Konturen“.

Sumak Der Sumakstich wird mit der Hand gearbeitet. Dabei wird ein dicker Faden in das Grundgewebe, das Leinenbindung oder Schußrips sein kann, hineingeschlungen. Dieser Faden wird bei geschlossenem Fach eingetragen.

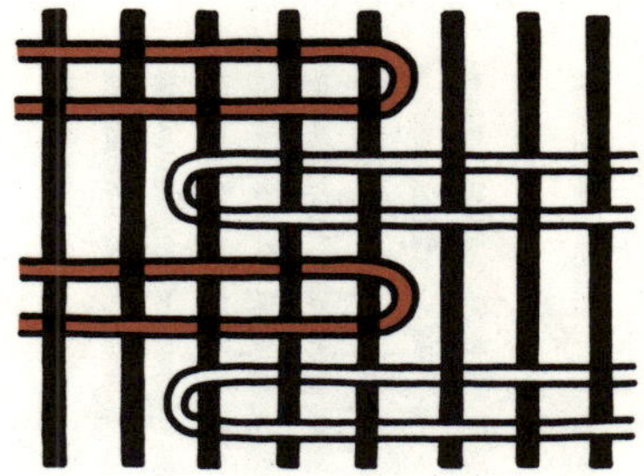

Abb. 186

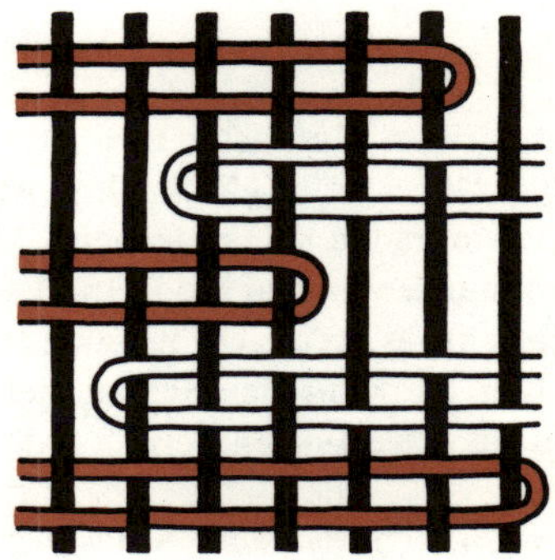

Abb. 187

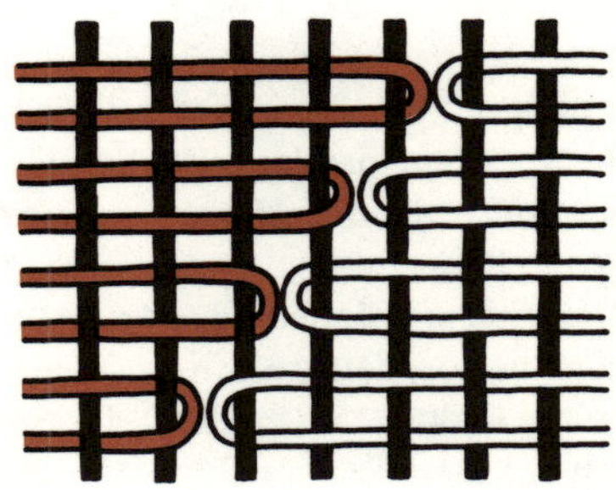

Abb. 188

Sie müssen dabei den Faden jeweils von oben nach unten um einen Kettfaden schlingen. Führen Sie ihn über diesen und einen zweiten Kettfaden. Setzen Sie das vom zweiten

Abb. 189

zum dritten Kettfaden fort (Abb. 190). Dabei ist es gleichgültig, wie viele Kettfäden Sie umstechen – jedoch müssen Sie auf die Kettfadendichte etwas Rücksicht nehmen. Je dichter die Kettfäden, um so mehr können umschlungen werden (Abb. 191).

Der Stich bringt eine Schrägrichtung zum Ausdruck. Wenn Sie einheitlich durchgehen soll, müssen Sie jede Reihe in gleicher Richtung schlingen. Sie können die Reihen auch gegeneinander arbeiten und reizvolle Schrägeffekte erzielen (Abb. 192).

Die Stiche können versetzt, aber auch nur partienweise in das Gewebe geschlungen werden. Dazwischen lassen sich beliebig viele Reihen Leinenbindung weben.

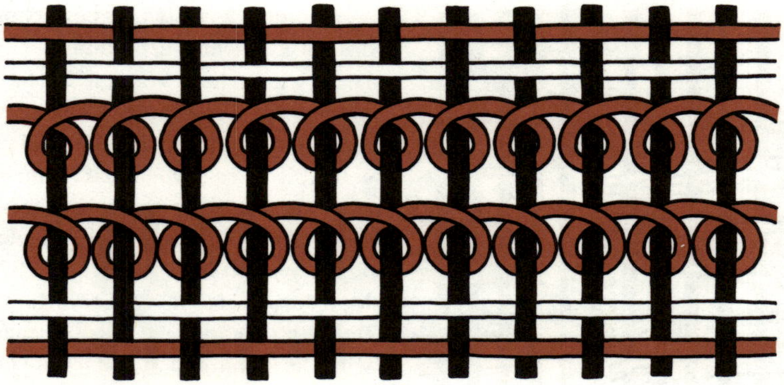

Abb. 190

Abb. 191

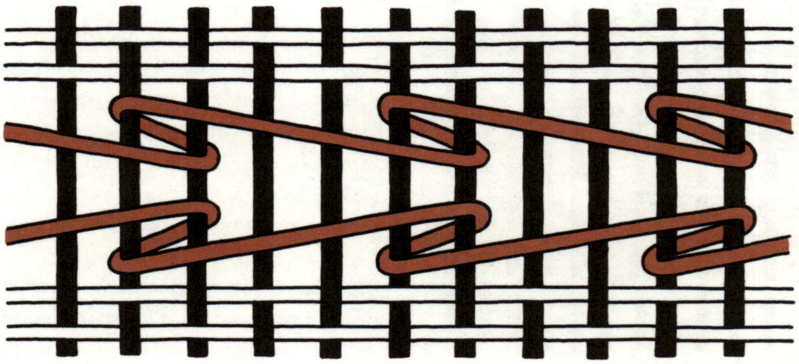

Abb. 192

Perlschlingentechnik Will man eine Gewebestruktur noppenartig anlegen, bedient man sich der Perlschlingentechnik. Der Schußfaden wird zu kleinen Schlingen aus dem Gewebe herausgezogen.
Der Musterfaden wird im Leinenbindungsfach eingetragen und mit der Hand oder einer Häkelnadel zwischen jedem zweiten Kettfaden hochgezogen. Man schiebt die Schlingen auf eine Stricknadel oder auf ein Stäbchen, damit sie gleichmäßig groß werden. Verwenden Sie dickeres Garn, damit die Schlingen Halt bekommen. Weben Sie anschließend einige Schüsse in Rips und schlagen Sie fest an – danach ziehen Sie die Stricknadel heraus (Abb. 193).
Sie können die Schlingen beliebig groß anlegen und zuletzt auch noch aufschneiden.

Dekorative Florteppiche

Florteppiche gehören zu den reizvollsten und wirkungsvollsten Geweben und weisen eine reiche Oberflächengestaltung auf. Es gibt sie als Bodenteppiche ebenso wie als Wandbehänge, Decken und Bezüge.
Um einen Florteppich herzustellen, knüpft man Knoten auf einer Kette. Die bekanntesten Knoten sind der Smyrna- oder Ghiordesknoten und der Senneknoten; sie kommen aus dem Orient. Der Smyrnateppich hat einen kurzen, etwa 1 cm hohen Flor. Die Knoten stehen dicht nebeneinander, und die Muster heben sich klar voneinander ab.

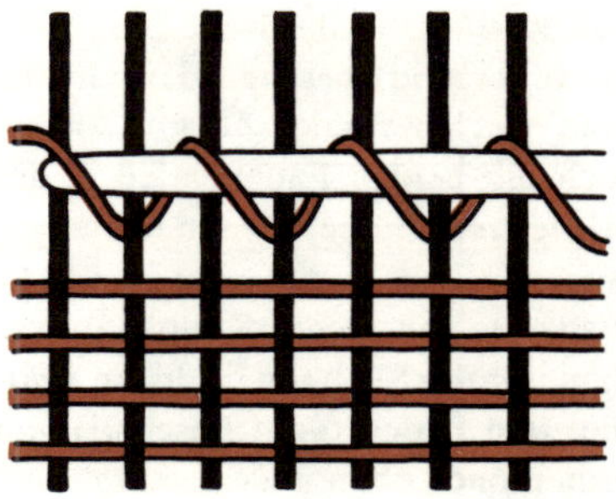

Abb. 193

Da man einen Bodenteppich meistens mit dicker Teppichwolle knüpft, dauert seine Herstellung nicht allzu lange, was freilich zur Größe des Teppichs in die richtige Beziehung gesetzt werden muß.
Der skandinavische Rya-Teppich weist beliebig lange Fransen und nicht so dichte Knotenreihen auf. Ein Kettfaden wird hier zwischen den Knoten übersprungen. Die Vielfalt der Farben bei den Rya-Teppichen wird oft dadurch bestimmt, daß mehrere dünne andersfarbige Fäden zu einem Knoten verknüpft werden. So sehr sich diese Teppiche im Aussehen von den Smyrnateppichen zu unterscheiden scheinen, so werden sie doch beide mit dem gleichen Ghiordesknoten gearbeitet!

Ghiordesknoten Dieser Knoten wird auf einer nicht zu engen, straff gespannten Kette geknüpft und mit Leinenbindungs-Schuß angeschlagen. Zuerst weben Sie mit dem für das Grundgewebe vorgesehenen Garn einige Zentimeter Leinenbindung. Die Schüsse schlagen Sie fest an, damit die Kette ganz bedeckt ist. Dann beginnen Sie mit der Arbeit am Flor.
Sie haben mehrere Möglichkeiten, die Knoten zu knüpfen. Sie können sie über einen glatten Holzstab anlegen, der etwas länger als die Breite der Kette sein muß und durch dessen Längsseite eine Rille läuft, damit der Knoten aufgeschnitten werden kann (Abb. 194). Man verwendet dazu ein sogenanntes Smyrnamesser (Abb. 195) oder auch eine Rasierklinge.

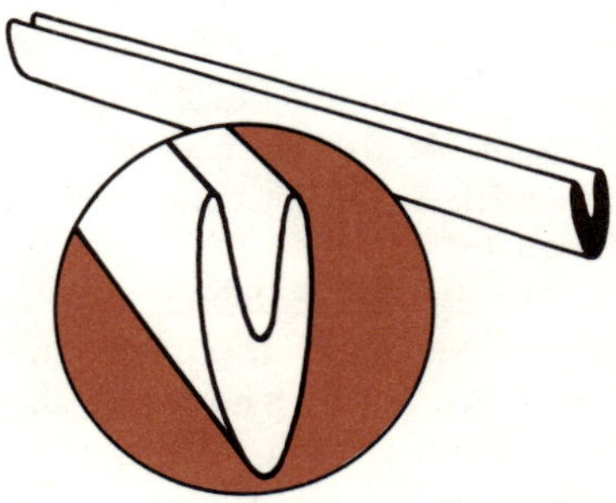

Abb. 194

Abb. 195

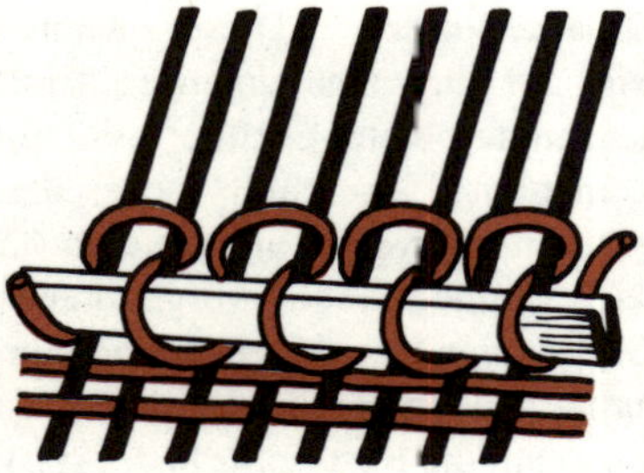

Abb. 196

Auf diese Weise erhalten Sie einen gleichmäßigen Flor. Wenn Sie dagegen die Knoten über einen Finger knüpfen, erhalten Sie ungleichmäßige Schlingen, die besonders bei Wandbehängen sehr dekorativ wirken können.

Die Fäden können aber auch schon vorher in passenden Längen zugeschnitten werden. Das geschieht mit der Hilfe eines festen Kartonstreifens oder einer Holzleiste, die die halbe Breite bzw. den halben Umfang der benötigten Fadenlänge hat. Wickeln Sie das Garn darum und schneiden Sie es an einer Seite zu Fäden auf.

In Handarbeitsgeschäften werden kleine Apparate angeboten, mit denen Sie die Fäden noch einfacher zuschneiden können.

Im übrigen arbeiten Sie so: aus dem für die Knoten vorgesehenen Wollgarn stellen Sie sich Puschel her (siehe Seite 111). Bei geschlossenem Fach beginnen Sie an der linken Seite und lassen die ersten beiden Randfäden frei. Der Knoten wird über zwei Kettfäden geknüpft. Ihr Faden läuft zwischen dem dritten und vierten Kettfaden von oben nach unten um den dritten Kettfaden herum, wieder nach oben und über beide Fäden hinweg. Am vierten Kettfaden führen Sie ihn rechts herunter und zwischen dem dritten und vierten wieder hinauf, so daß sich die beiden Fadenenden in der Mitte treffen. Sie werden fest angezogen.

Falls Sie mit einem Knüpfstab weben, führen Sie beim nächsten Knoten den Faden (vom Puschel!) von unten nach oben über den Stab und schlingen Sie den Faden von oben nach unten über den nächsten rechten Kettfaden. Das setzen Sie fort (Abb. 196). Ziehen Sie den Faden gleichmäßig fest an und beachten Sie, daß zwischen jedem Knoten der Faden unter und über dem Knüpfstab verlaufen muß.

Abb. 197

Sobald Sie die Reihe fertig geknüpft haben, wechseln Sie das Fach, tragen einen Schuß in Leinenbindung locker ein und schlagen mit einem Teppichkamm (Abb. 163, Seite 112) fest an, damit sich der Faden um die Knoten legt. Danach schneiden Sie die Schlingen auf und entfernen den Stab (Abb. 197, 198).

Wie viele Schüsse in Leinenbindung Sie eintragen, hängt von der Höhe des Flors ab und welche Dichte er haben soll. Im allgemeinen sollen, von der Knotenhöhe ausgehend, zwei Drittel von ihr im Grundgewebe in Leinenbindung gearbeitet werden. Bei einem Flor von 3 cm Höhe weben Sie also einen 2 cm breiten Streifen Leinenbindung.

Abb. 198

Für Bodenteppiche ist es günstiger, in den Rand keine Knoten zu knüpfen, sondern über einige Kettfäden einen Streifen Leinenbindung parallel zu den Knoten zu weben. Dafür weben Sie mit einem Puschel immer die Höhe eines Knotens vor. Damit Sie eine feste Kante bekommen, schlagen Sie die Schüsse fest an.

Für Wandbehänge können die Schlingen auch unaufgeschnitten bleiben.

Senneknoten Der bei uns weniger bekannte Senneknoten wird wie der Ghiordesknoten um zwei Kettfäden geschlungen, aber jedes Fadenende liegt für sich zwischen zwei Kettfäden (Abb. 199). Die Kette muß sehr straff gespannt sein, und nach jeder Knotenreihe muß ein fester Schuß Leinenbindung eingetragen werden, damit die Knoten an ihrem Platz bleiben. Sie werden von rechts nach links geknüpft. Die Wolle wird nach jedem Knoten abgeschnitten.

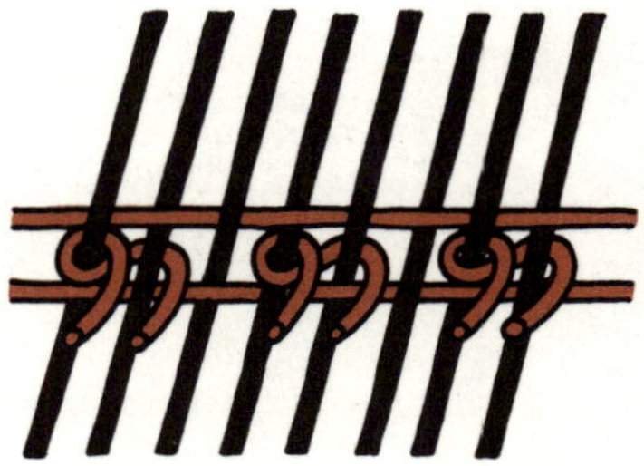

Abb. 199

Im Orient ist der Senneknoten sehr verbreitet. Besonders geeignet ist er für sehr feine Teppichgewebe, insbesonders aus Seide. Bei wertvollen Orientteppichen aus Seide sehen Sie, daß diese häufig mit dem Senneknoten hergestellt sind.

9 Fertig gewebt – was ist jetzt zu tun?

Das Verputzen
Das Reinigen und Glätten
Die Kantenabschlüsse

Fertig gewebt – was ist jetzt zu tun?

Das Verputzen

Nachdem Sie Ihr Gewebe beendet, vom Webstuhl oder Webrahmen abgeschnitten oder abgeknüpft haben, muß es verputzt werden. Das bedeutet, daß Sie die kleinen Unebenheiten oder Schönheitsfehler, die ihm noch anhaften, beseitigen. Gerissene oder herunterhängende Fäden werden mit einer Nadel, der Bindung entsprechend, in das Gewebe eingezogen und 1–2 cm weit übereinander gelegt. Webfehler, Über- oder Untersprünge, schneidet man an einer Stelle auf und stopft einen neuen Schuß- oder Kettfaden über die Fadenenden in die Bindung. Lösen Sie eventuell vorhandene Knoten und ziehen Sie die Fäden übereinander ein.

Das Reinigen und Glätten

Baumwollgewebe müssen vor ihrer Weiterverarbeitung gewaschen und gekocht und ohne viel Wringen zum Trocknen aufgehängt werden.
Leinengewebe waschen Sie nur bei 60 Grad und hängen es tropfnaß auf. Sie dürfen es nicht schleudern oder wringen, da sonst das Gewebe bricht und die dadurch entstehenden Knicke nie wieder herausgehen. Beide Gewebe mangeln oder bügeln Sie, solange sie noch feucht sind.
Seidengewebe waschen Sie bitte vorsichtig in lauwarmem Wasser mit Feinwaschmitteln, wringen möglichst wenig bzw. ganz leicht und bügeln nicht zu heiß.
Wollstoffe, die Sie später zu Kleidungsstücken verarbeiten wollen, bringen Sie am besten zu einer spezialisierten Reinigungsfirma, die den Stoff »dekatiert« oder walkt. Diese Technik hat den Zweck, das Gewebe zusammenzuziehen und etwas schrumpfen zu lassen, wodurch es fester wird und sich leichter zuschneiden läßt.
Gobelins können Sie entweder mit einem feuchten Tuch leicht dämpfen oder straff auf eine glatte Unterlage spannen. Dabei müssen die Ekken rechtwinklig sein und die Kanten gerade. Verwenden Sie dazu aber keine Stecknadeln und Nägel, die rosten. Bedecken Sie die gespannte Fläche mit einem feuchten Tuch. Wenn es getrocknet ist, hat Ihr Webstück die richtige Form und ist glatt geworden.

Die Kantenabschlüsse

Wie Sie Ihre Gewebekanten befestigen, bleibt Ihnen überlassen. Bedenken Sie aber: an Servietten z. B. sind Fransen nicht so haltbar wie ein genähter Saum. Andererseits erhält ein rustikaler Teppich durch Fransen ein lebendigeres Aussehen als durch eine glatte Kante oder eine wenig passende Borte.

Abb. 200

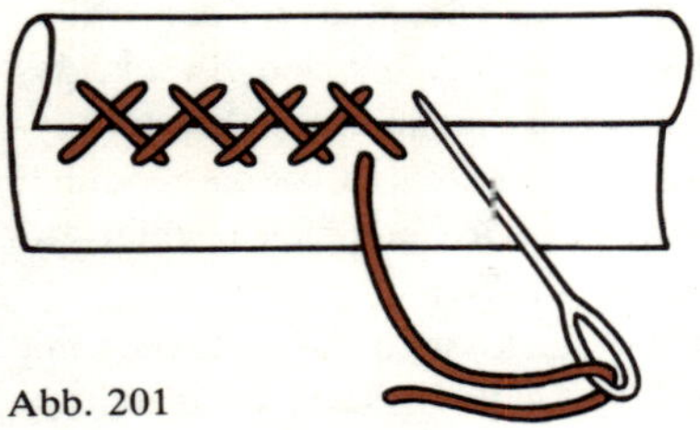

Abb. 201

Tischdecken, Sets oder Servietten säumen Sie am besten. Sie nähen mit einem Saumstich, wenn der Saum doppelt umgelegt wird (Abb. 200). Den Hexenstich verwenden Sie bei einem einfach umgelegten Saum (Abb. 201). Mit der Nähmaschine geht es einfacher, Sie nähen bei doppelt umgelegtem Saum eine gerade, bei einfach umgelegtem Saum eine Zickzack-Naht. Achten Sie darauf, daß Ihre Säume fadengerade sind. Auch mit einem Band oder einer Borte können Sie einen Saum einfassen.

Wenn Sie Ihren Wollstoff zugeschnitten haben, werden die Teile mit Zickzack umsäumt, damit sie nicht ausfransen. Bei sehr groben Geweben tun Sie gut daran, schon vor dem Zuschneiden die vorgesehenen Schnitteile kurz vor der Schnittkante mit Vorstichen zu umstechen.

Für Teppiche gibt es vielerlei Abschlußmöglichkeiten. Wenn Sie einen Wandteppich haben, müssen Sie eine Aufhängevorrichtung vorsehen. Dabei können Sie durchaus Phantasie entfalten.

Ein paar Tips wollen wir Ihnen aber hier geben: Legen Sie am oberen Rand einen dafür vorgewebten Stoffstreifen auf die Rückseite um und nähen Sie einen breiten Saum so, daß Sie durch die seitliche Öffnung einen Stab aus Bambus, Holz oder Metall stecken können, an dem Sie mit Hilfe einer Kordel das Gewebe aufhängen können.

Ebenso können Sie an den oberen Saum Ringe aus Metall, Kunststoff oder Holz nähen und die Stange zum Aufhängen durch diese Ringe stecken.

Eine andere Möglichkeit ist, in der Fortsetzung Ihres Gewebes zusätzlich Aufhängebänder zu weben (Abb. 202). Entscheiden Sie vorher, wieviel Bänder Sie brauchen. Damit die Bänder gleichmäßig werden, messen Sie die erforderlichen Breiten aus und legen für jedes Band die gleiche Kettfädenzahl fest. Die Abstände markieren Sie mit Stecknadeln. Weben Sie jedes der Bänder mit Hilfe eines Puschels aus dem Schußgarn Ihres Webstückes. Für jedes legen Sie einen Faden in Schußrichtung in die Kette, schla-

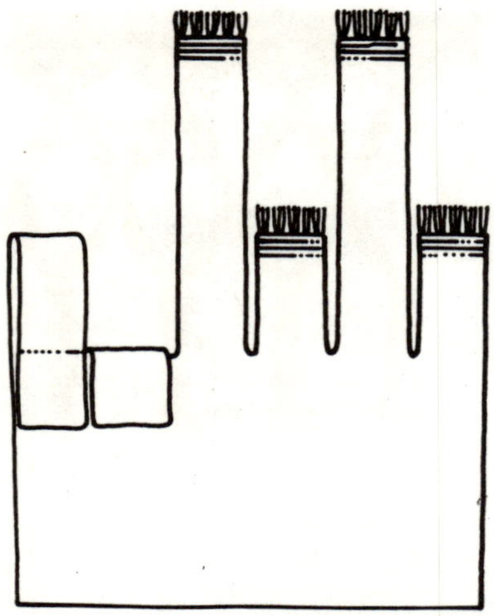

Abb. 202

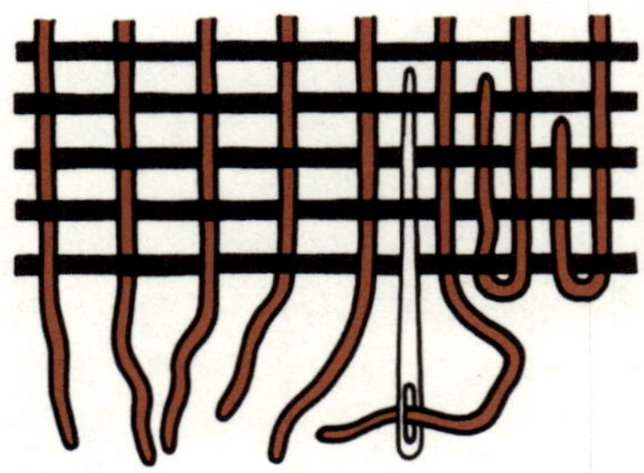

Abb. 203

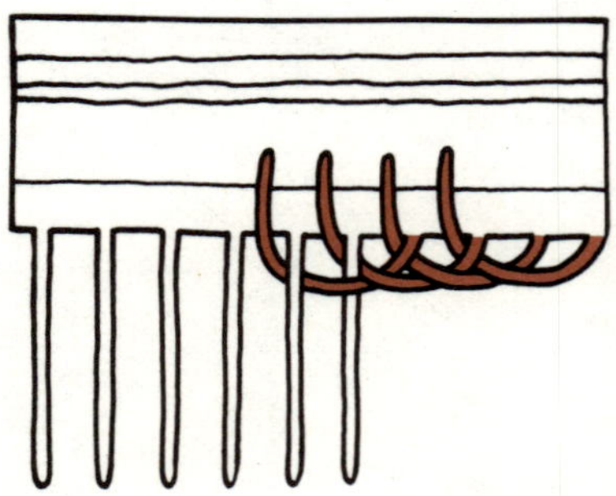

Abb. 204

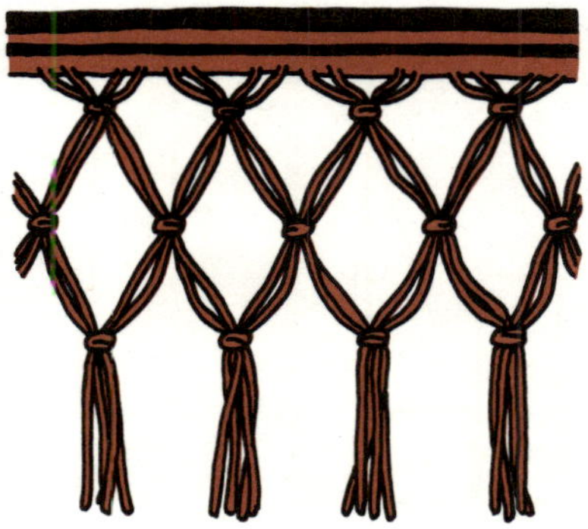

Abb. 205

gen den Schuß an, weben mit dem Puschel in entgegengesetzte Richtung, schlagen wieder an, weben erneut zurück und setzen das fort, so daß jedes Band für sich gewebt wird.

Jedes zweite Band weben Sie nur etwa 5 cm lang für den Saum. Die anderen Bänder passen Sie dem Umfang Ihrer Aufhängevorrichtung (Stange) an und rechnen dabei noch den Saum hinzu. Die fertigen Bänder schneiden Sie von der Kette ab und umnähen sie im Zickzack, um das Ausfransen zu vermeiden. Dann werden sie zum Saum bzw. als Aufhänger umgelegt und festgenäht.

Für den unteren Saum eines Wandbehangs oder die Säume eines Bodenteppichs stopfen Sie die Kettfäden mit einer Nadel auf der Rückseite ins Gewebe hinein (Abb. 203). Sie können aber auch die Kettfäden zurückflechten (Abb. 204).

Wer sich für Fransen entscheidet, kann sie auf verschiedene Weise anbringen (Abb. 205). Sie können mit einem oder mehreren Knoten verknüpft, geflochten oder mit Garn umwickelt werden. Verknüpfen Sie die Kettfäden dabei so, daß der erste Knoten fest an die vorgewebten Schußfäden herangeschoben wird. Falls Sie zu wenig Kettfäden haben sollten, können Sie die Fransen durch Einzug von zusätzlichen Fäden verstärken (Abb. 206).

Wenn Sie einen glatten Saum mit Fransen versehen wollen, schneiden Sie sich das Garn in passender Länge zu – doppelt so lang wie die gewünschte Franse – und legen den Faden in der Mitte zu einer Schlaufe zusammen. Stechen Sie mit einer Häkelnadel in den Geweberand und

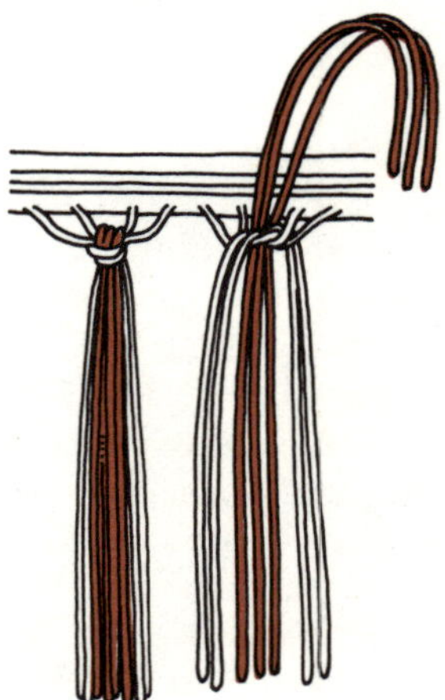

Abb. 206

ziehen Sie die Schlaufe von unten nach oben durch das Gewebe und danach die Fadenenden durch die Schlaufe (Abb. 207).

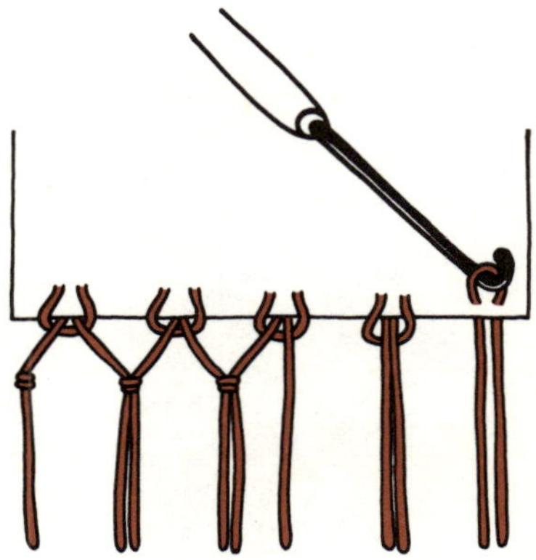

Abb. 207

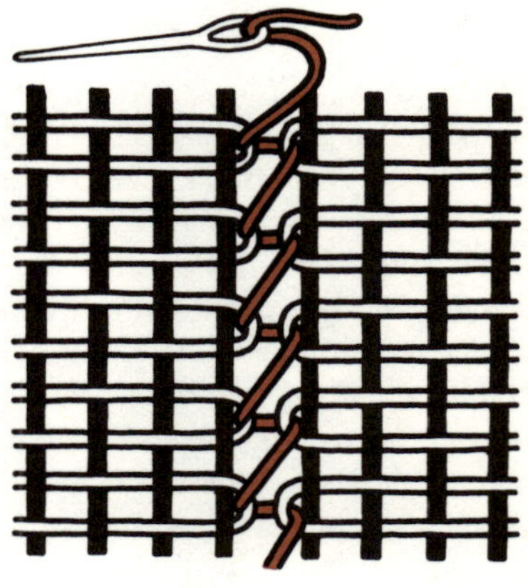

Abb. 208

Sollten Sie Ihren Teppich oder Vorhang in mehreren Teilen gewebt haben, nähen Sie diese auf der linken Seite so zusammen, daß sich die Randschlingen unauffällig an- oder ineinander fügen (Abb. 208).

10 Das können Sie nachweben

Bunter Streifenrock
Kissenbezug
Gestreifte Bettdecke
Damenjacke
Gestreifte Tischdecke
Kaminrock
Bänder und Borten
Bastdeckchen
Kindermütze
Zwei Tischläufer
Wandbehang
Mustervariationen
Damenschal
Krawatte
Buchhülle
Stola
Karierter Damenrock
Wollvorleger
Wandbehang
Damenweste

Das können Sie nachweben

Sicher haben Sie mit einer gewissen Bewunderung die Webarbeiten betrachtet, die auf den Farbtafeln unseres Buches abgebildet sind. Einige davon sind künstlerische Einzelleistungen, die ein hohes Maß an Inspiration und fachlichem Können voraussetzen. Vielleicht werden Sie eine solche Meisterschaft eines Tages auch erreichen. Wir wünschen es Ihnen jedenfalls.
Einige andere Arbeiten auf unseren Farbtafeln aber können Sie wohl ohne weiteres nachweben. Dafür geben wir Ihnen jetzt alle notwendigen Einzelheiten und Informationen.

Bunter Streifenrock
(Farbtafel 3, Seite 35)

Bindung: Leinenbindung
Material: Kette – Kammgarn schwarz.
Schuß – Streichgarn bunt
Kettbreite: 130 cm
Kettlänge: 100 cm (Kettabfall inbegriffen!)
Ketteinstellung: 10 Fäden je cm
Blatt: 50/10 (2 Fäden je Riet)
Schußdichte: 8 Fäden je cm
Schußfolge: 6 cm Streifenrapport
Webgerät: Webstuhl mit 2 Schäften
Fertigstellung: Der vom Webstuhl abgenommene Stoff wird mit dem Bügeleisen leicht gedämpft. Die Webkanten werden zusammengenäht, und ein Reißverschluß wird eingesetzt. In der Taille wird der Rock in Falten gelegt und ein Bündchen angesetzt. Zuletzt wird der Rocksaum in der gewünschten Länge umgelegt.

Kissenbezug (Farbtafel 5, Abbildung 2, Seite 69)

Größe: 43 x 55 cm
Bindung: Leinenbindung, abgewandelter Rosengang (Patrone P), frei gestaltete Muster.

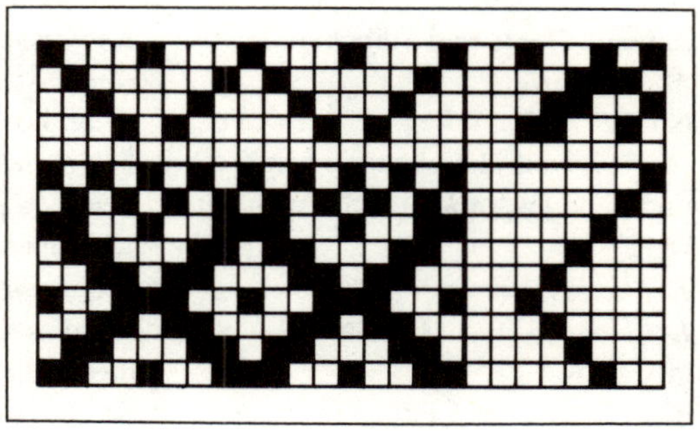

Abb. P

Der Rosengang ist durch seine reiche Variationsmöglichkeit eine beliebte und oft angewendete Bindung. Infolge eines spitzwinkligen Einzugs und seiner Verschnürung stellt er eine Abart des Köpers (siehe Seite 120) dar. Bei ihm liegen die flottierenden Musterfäden auf der Leinenbindung. Sie wirken besonders hübsch, wenn sie sich farblich von diesem Untergrund abhe-

Farbtafel 11

Gobelin »Landschaft« von Ragna Harre, Format 85 × 117 cm.

ben. In diesem Fall webt man mit zwei Weberschiffchen, eines für die Leinenbindung, eines für das Muster. Wenn mit feinem Garn gearbeitet wird, kommt das Muster besser zur Wirkung, wenn nach jedem Musterschuß ein Schuß Leinenbindung eingetragen wird. So kann man den Musterschuß beliebig oft wiederholen.
Man webt den Rosengang mit 6 Tritten, von denen 2 auf die Leinenbindung und 4 auf den Rosengang entfallen. Da man die Tretfolge mit Phantasie frei gestalten kann, erhält man vielfältige Muster wie Zacken, Ovale und Stäbchen.
Material: Kette – Schafwolle Nm 8/2 weiß. *Schuß* – Schafwolle Nm 8/2 weiß, Effektwolle braun und handgesponnene Schafwolle weiß
Kettbreite: 100 cm
Kettlänge: 100 cm (Kettabfall inbegriffen!)
Ketteinstellung: 5 Fäden je cm
Blatt: 48/10 (1 Faden je Riet)
Schußdichte: 5 Fäden je cm
Schußfolge: Beginnen mit der Grundfarbe Weiß in Leinenbindung – in beliebigen Reihenfolgen und Abständen die Bordüren arbeiten – handgesponnene Wolle zwischen braunen Schüssen eintragen – mit Weiß in Leinenbindung abschließen.
Webgerät: Webstuhl mit 4 Schäften und 6 Tritten
Fertigstellung: Nach dem Abnehmen vom Webstuhl werden die Kanten umstochen, damit sie nicht ausfransen. Der Stoff wird auf der linken Seite mit einem feuchten Tuch leicht gedämpft. Der Kissenbezug wird zusammengenäht und mit einem Reißverschluß versehen.

Gestreifte Bettdecke (Farbtafel 5, Abbildung 4, Seite 69)

Bindung: Leinenbindung
Material: Kette – Baumwolle.
Schuß – reine Wolle
Kettbreite: 150 cm
Kettlänge: 300 cm
Ketteinstellung: 4 Fäden je cm
Blatt: 40/10 (1 Faden je Riet)
Schußdichte: 3 Fäden je cm
Schußfolge: Farbstreifen in unterschiedlicher Breite
Webgerät: Webstuhl mit 2 Schäften
Fertigstellung: Nach dem Abnehmen vom Webstuhl werden die Kanten umstochen, damit sie nicht ausfransen. Der Stoff wird mit dem Bügeleisen leicht gedämpft. Die Decke wird abschließend gesäumt.

Damenjacke (Farbtafel 7, Abbildung 1, Seite 87)

Bindung: Leinenbindung
Material: Kette – Baumwolle schwarz. *Schuß* – reine Wolle blau und schwarz
Kettbreite: 80 cm
Kettlänge: 280 cm
Ketteinstellung: 8 Fäden je cm
Blatt: 40/10 (2 Fäden je Riet)
Schußdichte: 8 Fäden je cm
Schußfolge: Zwischen den Farben nach persönlichem Geschmack variieren.
Webgerät: Webstuhl mit 2 Schäften
Fertigstellung: Nach dem Abnehmen vom Webstuhl wird der Stoff leicht gedämpft. Die Jackenteile werden im Fadenlauf zugeschnitten und die Ränder mit der Nähmaschine im Zickzack umnäht. Die zueinander gehörenden Teile werden zusammengenäht. Der angeschnittene Belag wird an den Vorderteilen im Stoffbruch nach innen gebügelt und der Halsausschnitt mit einem Formstreifen versäubert. Der Belag wird an den Vorderteilen und am Hals abgesteppt. Die Säume an der Jacke und den Ärmeln werden umgelegt und locker angenäht.

Gestreifte Tischdecke (Farbtafel 7, Abbildung 2, Seite 87)

Bindung: Leinenbindung und Rosengang (Patrone P, Seite 153). Der Rosengang ist in der Beschreibung „Kissenbezug" erläutert.
Material: Kette – Baumwollgarn Nm 34/2 rot. *Schuß* – Leinengarn Nm 16 rot, weiß, braun
Kettbreite: 140 cm
Kettlänge: 220 cm (Kettabfall inbegriffen!)

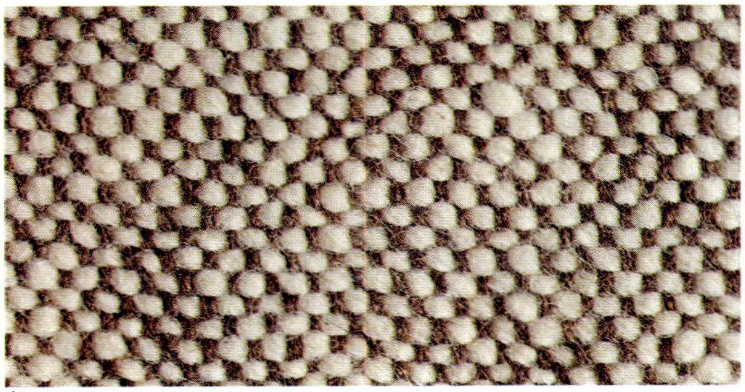
1

2

3

4
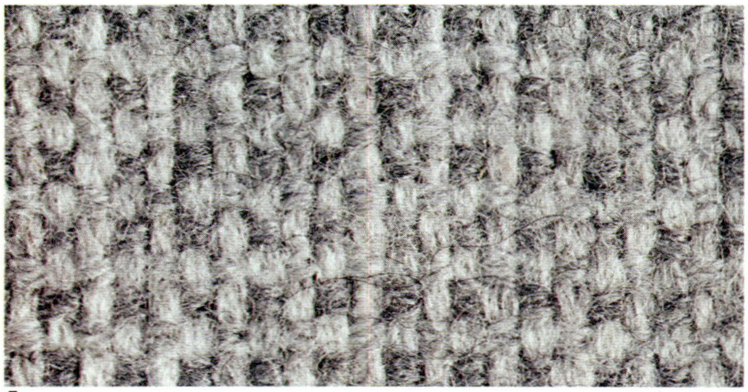
5

6

7

8

Farbtafel 12

Typische Gewebemuster verschiedener Bindungen:

1 Wollstoff in zwei Farben in Leinenbindung (Arbeitsanleitung S. 120)
2 Wollstoff mit Farbverflechtungen in Leinenbindung (Arbeitsanleitung S. 120).
3 Wollstoff in gleichseitigem Rechtsgratköper (Arbeitsanleitung S. 123).
4 Wollstoff in Schußrips (Arbeitsanleitung S. 125).
5 Wollstoff in Panamabindung, in zwei verschiedenen Farbnuancen gewebt (Arbeitsanleitung S. 126).
6 Handtuchstoff in Gerstenkornbindung, aus Baumwolle und Leinen gewebt (Arbeitsanleitung S. 126).
7 Wollstoff in gleichseitigem Zickzack-Köper (Arbeitsanleitung S. 124).
8 Kleiderstoff, Mischgewebe aus Naturfasern, in Vogelaugenköper (Arbeitsanleitung S. 124).

Ketteinstellung: 12 Fäden je cm
Blatt: 60/10 (2 Fäden je Riet)
Schußdichte: 12 Fäden je cm
Schußfolge: Beginnen mit der Grundfarbe Rot in Leinenbindung – für die Rosengangborte die ersten 4 Musterschüsse in Weiß zweimal hintereinander eintragen – jeder zweite Einschuß in Rot und in Leinenbindung – Zwischenschüsse in Leinenbindung nicht in der Patrone eingezeichnet – vier weiße Musterschüsse und drei braune Musterschüsse folgen lassen – zweite Hälfte der Borte in entgegengesetzter Reihenfolge arbeiten.
Webgerät: Webstuhl mit 4 Schäften und 6 Tritten
Fertigstellung: Nach dem Abnehmen vom Webstuhl wird der Stoff mit der Nähmaschine im Zickzack umnäht, damit er nicht ausfranst, danach gewaschen, gekocht, gebügelt und gesäumt.

Kaminrock (Farbtafel 7, Abbildung 3, Seite 87)

Bindung: Leinenbindung und Schwedenborte (siehe Seite 126), Patrone Q.
Das alte traditionelle Muster der Schwedenborte kommt hier besonders schön zur Geltung durch die leuchtenden, fein aufeinander abgestimmten Farben auf dunklem Grund und durch die unterschiedliche Breite und Höhe der Stäbchen. Die musterbestimmenden, flottierenden Schußfäden laufen variiert über zwei oder sechs Kettfäden. Die Höhe der Stäbchen bewegt sich zwischen 1 und 4 cm.
Material: Kette – Baumwollgarn Nm 34/2 schwarz. *Schuß* – Kammgarn Nm 16/2 braun, bordeauxrot, rostrot, leuchtend rot, orangerot
Kettbreite: 100 cm
Kettlänge: 330 cm (Kettabfall inbegriffen!)
Ketteinstellung: 11 Fäden je cm
Blatt: 54/10 (2 Fäden je Riet)
Schußdichte: 11 Fäden je cm
Schußfolge: Jeder zweite Einschuß ist in Leinenbindung eingetragen. Die Zwischenschüsse in Leinenbindung sind im Bindungsplan der Patrone Q nicht eingezeichnet, sondern nur im Tretfolgeplan durch Kreuze markiert. Man kann daher jeden Musterschuß beliebig oft wiederholen und Quadrate, kurze oder lange Stäbchen weben. Man webt die Borte mit zwei Weberschiffchen – mit einem die Leinenbindung, mit dem anderen die Muster.
Webgerät: Webstuhl mit 4 Schäften und 4 Tritten – 2 Tritte für die Leinenbindung, 2 Tritte für das Muster.
Fertigstellung: Nach dem Abnehmen vom Webstuhl wird der Stoff leicht gedämpft. Die Rockbahnen werden im Fadenlauf zugeschnitten und die Bänder mit der Nähmaschine im Zickzack umnäht. In der Taille wird der Rock in Falten gelegt und ein Bündchen angesetzt. Ein Reißverschluß wird in die Seitennaht eingesetzt, worauf der Rock gesäumt wird.

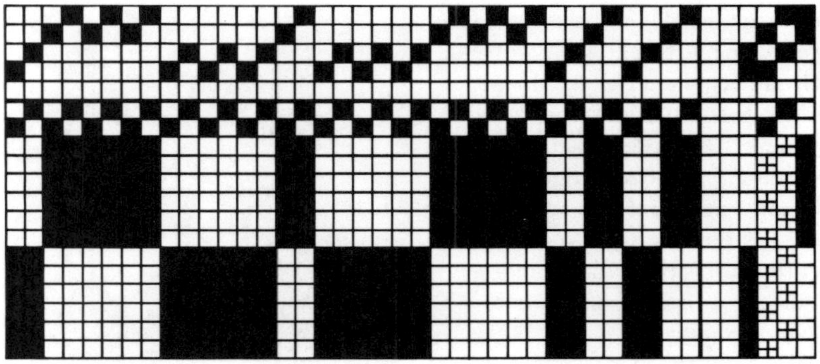

Abb. Q

Weben Sie doch mal ein . . .!

Ein paar Anregungen für Ihre eigenen Webarbeiten haben Sie auf Grund der Farbtafeln bekommen. Aber sicher möchten Sie gern auch erfahren, wie Sie einige andere Gegenstände weben können, wobei die Grundtechniken Ihnen ja inzwischen bekannt sind. Daher beschreiben wir Ihnen jetzt die Herstellung verschiedenartiger Webarbeiten – ganz einfache, aber auch etwas kompliziertere. Wie bei den Farbtafeln wird das dazugehörige Bild des fertigen Gegenstandes – diesmal in schwarz-weiß – Ihnen das Nacharbeiten erleichtern. Was also möchten Sie zuerst weben?

Bänder und Borten
(Abbildungen 209, 210)

Für diejenigen, die bei unserer Beschreibung des Bandwebens (siehe Seite 39) Lust bekommen haben, diese zugleich einfache wie reizvolle Technik selbst auszuüben, haben wir hier eine kleine Auswahl von Möglichkeiten zusammengestellt. Die Entwürfe dazu stammen von Anny Oehner. Wenn Sie diese Beispiele nachgewebt haben, werden Sie sich getrost Ihrer eigenen Phantasie anvertrauen können.
Sie finden in Abbildung 209 und 210 je sechs Vorschläge. Diese Bänder werden aus dünner Strickwolle – zum Beispiel Sportwolle Nm 12/4 – gearbeitet. Für eine Bandbreite genügen 20 bis 24 Kettfäden. Für jedes einzelne Band werden nachstehend Angaben über die Kettfolge (Scherzettel) gemacht.

1
2
3
4
5
6

Abb. 209

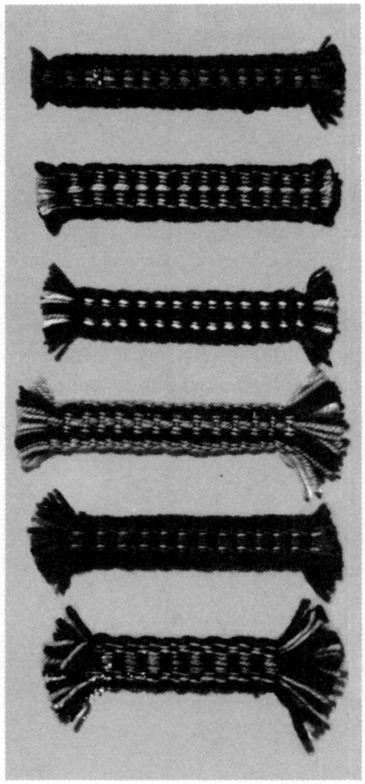

7
8
9
10
11
12

Abb. 210

Band 1: 2 grün, 3 beige, 1 rost, 1 grün, 1 beige, 1 rost, 1 beige, 2 rost (Doppelfaden im Riet), 1 beige, 1 rost, 1 beige, 1 grün, 1 rost, 3 beige, 2 grün.
Band 2: 6 karmin, 1 rot, 1 beige, 1 rot, 1 beige, 3 beige (dreifach im Riet), 1 beige, 1 rot, 1 beige, 1 rot, 6 karmin.
Band 3: 2 schwarz, 2 violett, 2 lila, 1 violett, 1 blaßlila, 1 violett, 1 blaßlila, 2 schwarz (doppelt im Riet), 1 blaßlila, 1 violett, 1 blaßlila, 1 violett, 2 lila, 2 violett, 2 schwarz.
Band 4: 4 rot, 1 fraise, 1 rot, 1 weiß, 2 rosa, 1 fraise, 1 rot (Mitte), 1 fraise, 2 rosa, 1 weiß, 1 rot, 1 fraise, 4 rot.
Band 5: 4 flaschengrün, 1 oliv, 2 flaschengrün, 1 rot, 1 flaschengrün, 3 rot (dreifach im Riet), 1 flaschengrün, 1 rot, 2 flaschengrün, 1 oliv, 4 flaschengrün.

Band 6: 2 flaschengrün, 2 hellgrau, 3 oliv, 1 flaschengrün, 3 rosa, 2 hellgrau (doppelt im Riet), 3 rosa, 1 flaschengrün, 3 oliv, 2 hellgrau, 2 flaschengrün.
Band 7: 6 karmin, 1 rot (zinnober), 1 rosa, 1 rot, 1 rosa, 1 karmin, 2 rosa (doppelt im Riet), 1 karmin, 1 rosa, 1 rot, 1 rosa, 1 rot, 6 karmin.
Band 8: 3 violett, 1 rosa, 1 hellgrau, 1 violett, 1 hellgrau, 1 violett, 2 hellgrau (doppelt im Riet), 1 violett, 1 hellgrau, 1 violett, 1 hellgrau, 1 violett, 1 hellgrau, 1 rosa, 3 violett.
Band 9: 4 rot (zinnober), 1 resedagrün, 1 weiß, 1 reseda, 1 weiß, 2 reseda, 2 flaschengrün (doppelt im Riet), 2 reseda, 1 weiß, 1 reseda, 1 weiß, 1 reseda, 4 rot.
Band 10: 3 rosa, 4 reseda, 1 rosa, 1 reseda, 1 hellgrau, 2 rosa (doppelt im Riet), 1 hellgrau, 1 reseda, 1 rosa, 4 reseda, 3 rosa.
Band 11: 6 karmin, 2 rot (zinnober), 1 rosa, 1 karmin, 3 rot (dreifach im Riet), 1 karmin, 1 rosa, 2 rot, 6 karmin.
Band 12: 2 violett, 2 hellgrau, 1 violett, 2 hellgrau, 1 violett, 1 lila, 1 violett, 2 rosa (doppelt im Riet), 1 violett, 1 lila, 1 violett, 2 hellgrau, 1 violett, 2 hellgrau, 2 violett.

Bastdeckchen (Abbildung 211)

Entwurf: Luise Pigger
Größe: 29 x 42 cm
Bindung: Leinenbindung
Material für Kette und Schuß: 50 m dunkler und 50 m heller Bast
Kettbreite: 29 cm
Kettlänge: 70 cm
Gesamtfadenzahl: 46 dunkle und 42 helle Fäden
Kettfolge: 21 mal (1 dunkler, 1 heller Faden), 2 dunkle Fäden, 21 mal (1 heller, 1 dunkler Faden).
Ketteinstellung: 3 Fäden je cm
Blatt: 30/10 (1 Faden je Riet)
Schußdichte: 3 Fäden je cm
Schußfolge: 21–23 mal (1 Reihe dunkel, 1 Reihe hell), 1 Reihe dunkel, ergibt zusammen 2 Quadrate. Noch zweimal von Anfang an wiederholen.
Webgerät: Webrahmen
Fertigstellung: Oberen und unteren Rand mit Hohlsaumstich befestigen.

Abb. 211

Abb. 212

Webgerät: Webrahmen
Fertigstellung: Die Arbeit wird vom Rahmen genommen, an der glatten Fläche leicht gedämpft und zusammengenäht. Die obere Öffnung wird mit einem Faden zusammengezogen und mit einer Quaste verziert.

Kindermütze (Abbildung 212)

Entwurf: Walli Schadwell
Größe: Kopfweite 50 cm
Bindung: Leinenbindung mit eingelegter Dochtwolle.
Material: Kette – ca. 40 g Streichgarn Nm 2/2, rohweiß. *Schuß* – ca. 15 g rohweiße Dochtwolle und ca. 20 g Kammgarn Nm 4/3, beige.
Kettbreite: 24,5 cm
Kettlänge: 110 cm
Gesamtfadenzahl: 49 Fäden
Ketteinstellung: 2 Fäden je cm
Blatt: 20/10 (1 Faden je Riet)
Schußdichte: 4 Fäden je cm
Schußfolge: über 23 Kettfäden an der linken Seite wird Dochtwolle eingelegt. Danach 2 Schuß beige über die ganze Breite. Um mit der Dochtwolle auf gleicher Höhe zu bleiben, werden zusätzliche Schußfäden bis zur Dochtwolle hin eingewebt. Immer so weit, daß der Schuß wieder durch die ganze Kette geführt werden kann.

Abb. 213

Zwei Tischläufer auf gleicher Kette
(Abbildungen 213, 214)

Entwurf: Ernst Franzki
Größe: 33 x 64 cm
Bindung: Leinenbindung
Material für Kette und Schuß: Wollkammgarn Nm 28/2, ca. 75 g rohweiß und ca. 50 g kaffeebraun (reicht für beide Tischläufer!)
Kettbreite: 34,5 cm
Kettlänge: 190 cm
Gesamtfadenzahl: 414 Fäden
Kettfolge: 2 Fäden rohweiß vierfach, 2 Fäden rohweiß einfach, 2 Fäden rohweiß vierfach, 2 Fäden kaffeebraun vierfach, 2 Fäden kaffeebraun einfach, 2 Fäden kaffeebraun vierfach = 1 Rapport, der noch zehnmal wiederholt werden muß. Am Schluß wieder der gleiche Streifen rohweiß wie am Anfang.
Blatt: 40/10 in unterschiedlichem Wechsel 4 Fäden und 1 Faden je Riet.
Schußdichte: 5 Fäden vierfach je cm
Schußfolge: 1. Tischläufer, 3 Fäden rohweiß vierfach und 3 Fäden kaffeebraun vierfach im Wechsel, am Schluß 3 Fäden rohweiß vierfach.
2. Tischläufer immer ein Faden rohweiß vierfach.
Webgerät: Webrahmen
Fertigstellung: Zwischen dem ersten und zweiten Läufer werden 20 cm Abstand für die Fransen gelassen. Ebenso müssen am Anfang und am Ende 10 cm für Fransen verfügbar sein. Jeweils 9 Fäden ergeben einen Fransenknoten.
Hinweis: Für die vierfachen Fäden müssen jeweils vier Fäden zusammen auf ein Schiffchen gewickelt werden. Beim ersten Läufer wurden für den Schuß für eine Farbe zwei Schiffchen bewickelt, wodurch die flottierenden Bögen an den Rändern entstehen.

Abb. 214

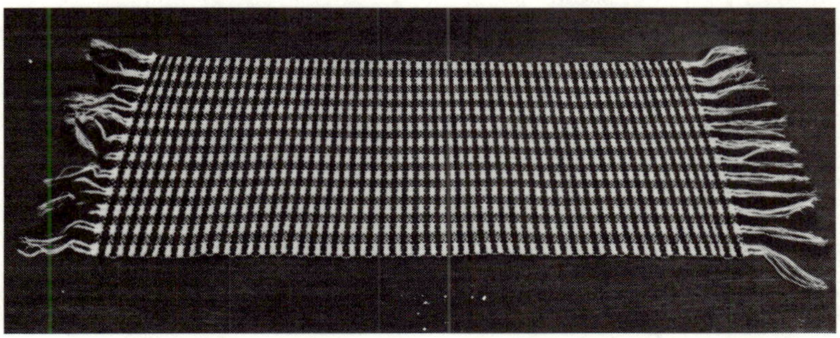

Abb. 215

Kettbreite: 61 cm
Kettlänge: 120 cm
Gesamtfadenzahl: 120 Fäden und 2 Randfäden
Ketteinstellung: 2 Fäden je cm
Blatt: 20/10 (1 Faden je Riet)
Webgerät: Webrahmen
Fertigstellung: Das Webstück wird vom Rahmen genommen. Die Kettfäden werden verknotet. Die obere Schnittkante wird für die Aufhängestange gesäumt. Die unteren Fransen werden zu Zöpfchen von 4 cm Länge geflochten. Evtl. können auch kleine Glöckchen eingehängt werden. Der Flor der geknüpften Motive wird gleichmäßig geschnitten. 2 gelbe Holzkugeln werden als Augen verwendet. Chenilledraht bildet die Schnurrhaare.

Abb. 216

Wandbehang mit Katze
(Abbildungen 215, 216)

Entwurf: Edith Jordan
Größe: 57 x 54 cm
Bindung: Ripsbindung, Musterung nach gezeichneter Vorlage einweben. Katze und Pilze werden geknüpft.
Material: Kette – 100 g Baumwollcordzwirn Nm 20/3x3, rohweiß.
Schuß – Grund Noppenwolle sektfarben und Streichgarn Nm 8/2, rohweiß, zusammen 100 g.
Muster – 2 g Krimmerwolle weiß, 65 g Smyrnawolle schwarz, 10 g Smyrnawolle rot, für 6 Knoten etwas Smyrnawolle weiß; 5 g Ryawolle hellbraun, 5 g Ryawolle dunkelbraun, 70 g Ryawolle dunkelgelb, 25 g Ryawolle hellgelb und 85 g Ryawolle olivgrün.

Mustervariationen auf einer Kette
(Abbildungen 217, 218)

Die 16 hier abgebildeten und beschriebenen Muster stellen keine fertigen Gegenstände dar, sondern sollen Ihnen zeigen, wie kleine Veränderungen auf der gleichen Kette verschiedenartige Effekte ergeben. Zur Herstellung einer Decke geeignet sind die Muster 1, 8, 13 und 14. Von beinahe allen dieser Muster können Sie Tischläufer herstellen, wobei Sie das Muster als breiten Streifen verwenden und mit hellen Teilen abwechseln.
Entwurf: Luise Pigger
Bindung: Leinenbindung
Material für Kette und Schuß: helles und dunkles Kammgarn Nm 16/2
Kettfolge: 3 helle Fäden vierfach, 1 dunkler Faden einfach, 1 dunkler Faden vierfach, 1 dunkler Faden einfach.
Blatt: 40/10
Schußdichte: normaler Anschlag
Schußfolge: Muster 1: wie Kettfolge arbeiten. *Muster 2:* die 2 dunklen einfachen Schußfäden durch gelbe ersetzen.
Muster 3: eine Reihe hell vierfach, eine Reihe hell einfach. *Muster 4:* eine Reihe hell vierfach, eine Reihe dunkel einfach. *Muster 5:* eine Reihe hell vierfach, eine Reihe dunkel vierfach. *Muster 6:* eine Reihe dunkel vierfach, eine Reihe dunkel einfach. *Muster 7:* eine Reihe dunkel vierfach, eine Reihe hell einfach. *Muster 8:* drei Reihen hell vierfach, drei Reihen dunkel vierfach. *Muster 9:* eine Reihe hell einfach, eine Reihe hell vierfach, eine Reihe hell einfach, eine Reihe dunkel vierfach. *Muster 10:* wie Muster 9, aber statt hell einfach dunkle Wolle verwenden. *Muster 11:* eine Reihe hell vierfach, eine Reihe hell einfach, eine Reihe hell vierfach, eine Reihe dunkel einfach, eine Reihe hell einfach, eine Reihe dunkel vierfach, eine Reihe hell einfach, eine Reihe dunkel vierfach. *Muster 12:* eine Reihe hell vierfach, eine Reihe hell einfach, eine Reihe hell vierfach, eine Reihe dunkel vierfach. *Muster 13:* drei Reihen dunkel vierfach, eine Reihe hell einfach, eine Reihe hell vierfach, eine

Abb. 217

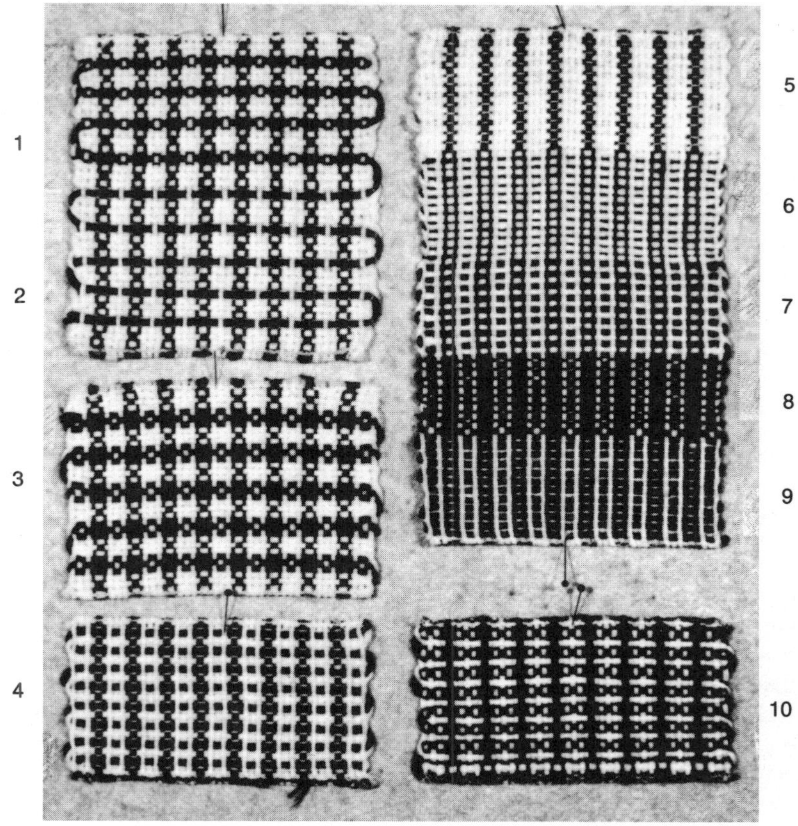

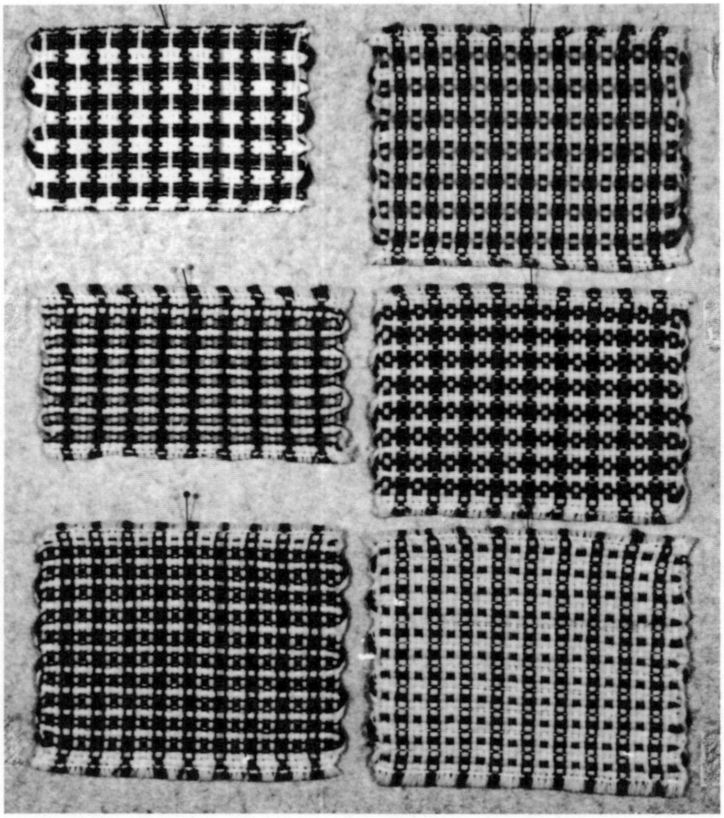

Abb. 218

Reihe hell einfach. *Muster 14:* eine Reihe hell vierfach, eine Reihe hell einfach, eine Reihe hell vierfach, eine Reihe dunkel vierfach, eine Reihe orange vierfach, eine Reihe dunkel vierfach. *Muster 15:* eine Reihe hell vierfach, zwei Reihen dunkel einfach, eine Reihe dunkel vierfach, zwei Reihen dunkel einfach. *Muster 16:* wie Muster 15, jedoch den vierfachen dunklen Faden durch orange ersetzen.

Webgerät: Webrahmen

Hinweis: Bei Verwendung von Strick-Baumwolle wird das Garn einfach und dreifach verarbeitet. Bei Baumwolle Nm 16/2 oder Nm 20/2 erfolgt die Verarbeitung einfach und vierfach.

Damenschal

(Abbildungen 219, 220)

Entwurf: Helene Weck
Größe: 17 x 94 cm
Bindung: Leinenbindung mit Handdreher (siehe Seite 130)
Material für Kette und Schuß: feine dreifache Handarbeitswolle elfenbein
Kettbreite: 19 cm
Kettlänge: 130 cm (Fransen und Kettabfall inbegriffen)
Gesamtfadenzahl: 92 Fäden mit je 2 Randfäden
Ketteinstellung: 4,2 Fäden je cm
Blatt: 42/10 (1 Faden je Riet)
Schußdichte: normaler Anschlag, 9 Fäden je cm
Schußfolge: 2 cm (18 Schuß) Leinenbindung. Dann abwechselnd Dreherreihen über 2 Fäden und Dreherreihen über 4 Fäden. Zwischen jeder Dreherreihe 1 cm (9 Schuß) Leinenbindung. Am Schluß – wie am Anfang – 2 cm (18 Schuß) Leinenbindung.
Webgerät: Webrahmen
Fertigstellung: Anfang und Ende abknoten und kurze Fransen schneiden.

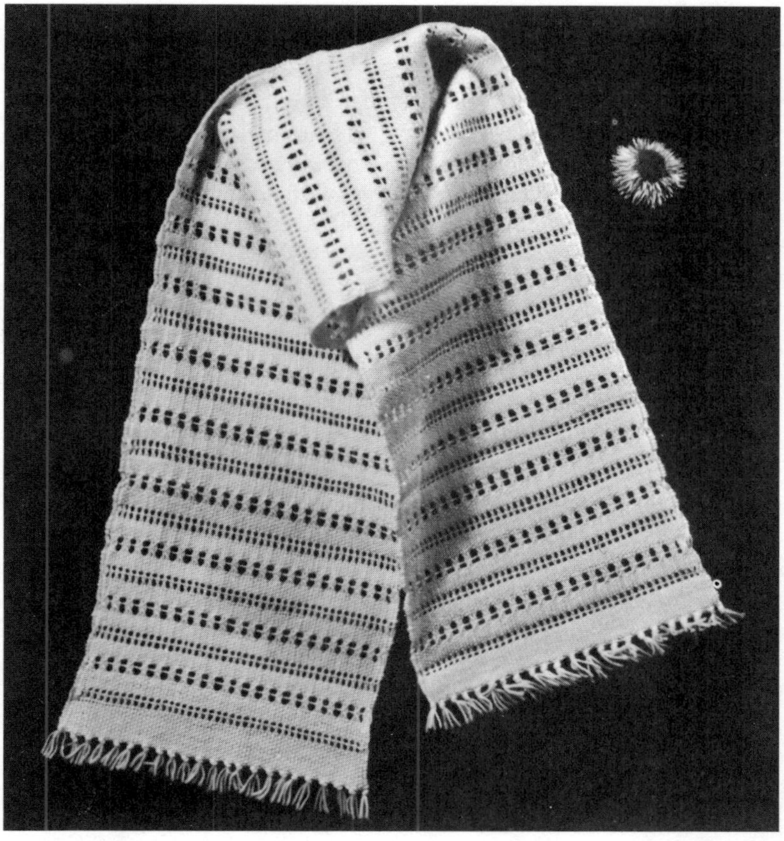

△ Abb. 219

▽ Abb. 220

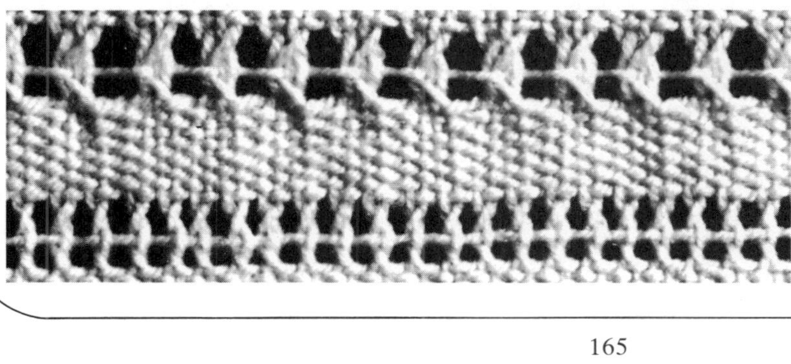

Krawatte (Abbildung 221)

Entwurf: Edith Narjes-Jordan
Größe des Stoffes (gewaschen): 52 x 62 cm
Bindung: Leinenbindung, Musterung mit Trennstab (siehe Seite 39) und Sumak (siehe Seite 140)
Material für Kette und Schuß: 120 g dunkelblaue feine Handstrickwolle, für den Schuß zusätzlich 10 g feine Handstrickwolle weiß, 30 g feine Krimmerwolle hellblau, 10 g Seidengarn weiß und rot-weiß gezwirnt.
Kettbreite: 63 cm
Kettlänge: 114 cm (Kettabfall inbegriffen)
Gesamtfadenzahl: 253 Fäden + 2 Randfäden
Ketteinstellung: 4 Fäden je cm
Blatt: 40/10 (1 Faden je Riet)
Schußfolge: 26 dunkelblau, 3 rot-weiß, 5 mal (ein dunkelblau, 1 Krimmer), 16 dunkelblau, 3 mal (1 weiß Seide, 2 dunkelblau) 3 dunkelblau, Sumak-Wollgarn weiß von links nach rechts, 2 dunkelblau, Sumak-Wollgarn weiß von rechts nach links, 5 dunkelblau,

Abb. 221

1 rot-weiß, 1 dunkelblau, 1 rot-weiß, 5 dunkelblau, 7 Krimmerwolle. Musterung mit Trennstab: Kamm tief stellen, 3 Kettfäden auf den Stab lesen, 1 Kettfaden unter Stab: 2 weiß Wollgarn ins Fach einlegen. 5 Krimmer, Trennstabschuß wie oben, 7 Krimmer. – Diese Schußfolge wird fortlaufend wiederholt.
Webgerät: Webrahmen mit Trennstab
Fertigstellung: Das Webstück wird vom Rahmen genommen. Die Schnittkanten werden gesäumt, der Stoff wird gewaschen und die Krawatte nach einem Schnittmuster genäht.
Hinweis: Aus dem Stoffstück können zwei Krawatten gearbeitet werden.

Buchhülle (Abbildung 222)

Entwurf: Luise Pigger
Größe: 23 x 33 cm und 2 x 5 cm für Umschläge
Bindung: Leinenbindung und Musterschuß in Gelb: 2 hoch, 16 x (1 tief, 1 hoch), 1 tief, 2 hoch.
Material: Kette – 20 g weiße Strickbaumwolle. *Schuß* – 15 m gelbes, 10 m schwarzes, 25 m graues Plastband.
Kettbreite: 25 cm
Kettlänge: 80 cm
Gesamtfadenzahl: 77 Baumwollfäden + 2 Randfäden
Ketteinstellung: 3 Fäden je cm
Blatt: 30/10 (1 Faden je Riet)
Schußdichte: 3 Fäden je cm
Schußfolge: Anschuß 10–12 Reihen Ripsbindung mit Baumwolle. Kamm unten 22 Reihen grau (davon 16 für Umschlag), 5 gelb,
3 schwarz, 1 Musterschuß,
1 schwarz, 1 Musterschuß,
3 schwarz, 5 gelb, 3 grau, 5 gelb,
3 schwarz, 1 Musterschuß,
1 schwarz, 1 Musterschuß,
3 schwarz, 5 gelb, 19 grau = Mitte.
Webgerät: Webrahmen mit Trennstab

Fertigstellung: Je 3 Kettfäden werden verknotet und kurz abgeschnitten. Die Webkanten werden 3 Kettfäden breit nach links umgekniffen, am oberen und unteren Ende wird ein 5 cm breiter Umschlag überwendlich an den Kniffen der Webekanten festgenäht. Zuletzt wird das Mittelteil der Webekanten gesäumt.

Abb. 222

Stola (Abbildungen 223, 224)

Entwurf: Luise Pigger
Größe: Länge und Breite nach individueller Entscheidung
Bindung: Leinenbindung und Dreher (siehe Seite 130)
Material für Kette und Schuß: Kammgarn Nm 16/2, zusätzlich zum Schuß Silberlurex
Kettfolge: links im Loch mit dem Einzug beginnen. 8 Fäden, 2 Riet frei – wiederholen bis zur gewünschten Breite.
Zuletzt wieder 8 Fäden.
Zusätzlich 2 Randfäden zur Verstärkung.
Blatt: 60/10 (1 Faden je Riet)
Schußdichte: 1 Rapport = 2,2 cm
Schußfolge: Kamm unten 3 Reihen mit Lurex, Kamm oben und *Dreherreihe:* in der ersten Lücke den ersten Schlitzfaden auflesen. Mit dem zweiten bis vierten Fadenpaar ebenso verfahren. Die nächsten 4 Lochfäden aufnehmen und Schuß mit Wolle. Kamm unten mit Wolle. Kamm oben und Dreherreihe wiederholen. Kamm unten 3 Reihen mit Lurex. Kamm oben und das Muster versetzt weben.
Webgerät: Webrahmen mit Trennstab
Fertigstellung: Nach dem Abnehmen vom Webrahmen werden die Kettfäden zu Fransen verknüpft und gerade geschnitten. Die Stola wird leicht gedämpft.

Abb. 223

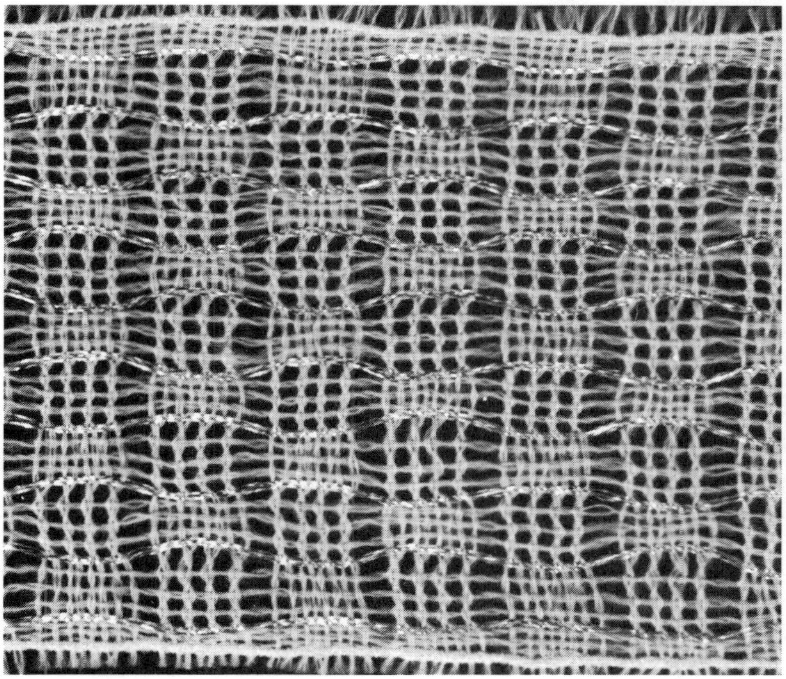

Abb. 224

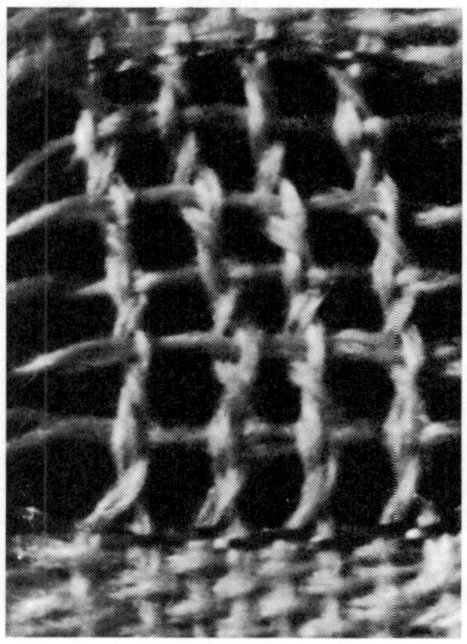

Abb. 225

Karierter Damenrock
(Abbildung 225)

Entwurf: Lieselotte Hofmeister
Größe: 42
Bindung: Leinenbindung
Material für Kette und Schuß: Dralongarn: 250 g Nm 12/2 rohweiß, 70 g Nm 18/2 rost, 80 g Nm 28/2 flaschengrün zweifädig.
Kettbreite: 80 cm
Kettlänge: 340 cm
Gesamtfadenzahl: 480 Fäden
Kettfolge: 24 weiß, 4 rost, 2 weiß, 6 grün, 2 weiß, 4 rost, 12 weiß, 1 grün, 1 weiß, 1 grün, 1 weiß, 1 grün, 1 weiß, 1 grün = 1 Kettrapport.
Ketteinstellung: 6 Fäden je cm
Blatt: 60/10 (1 Faden je Riet)
Schußdichte: 7 Fäden je cm
Schußfolge: 12 weiß, 1 grün, 1 weiß, 1 grün, 1 weiß, 1 grün, 1 weiß, 1 grün, 12 weiß, 4 rost, 2 weiß, 6 grün, 2 weiß, 4 rost = 1 Schußrapport.
Webgerät: Webstuhl mit 2 Schäften oder auch Webrahmen
Fertigstellung: Nach dem Abnehmen vom Webgerät wird die Schnittkante umstochen und der Stoff leicht gedämpft. Zum beschriebenen Modell wird der Stoff quer verarbeitet, so daß eine Seitennaht wegfällt. In die rückwärtige Naht wird ein Reißverschluß eingesetzt. In der Taille wird der Stoff in Falten gelegt und 20 cm abgesteppt. Bündchen werden angesetzt und der Saum umnäht.

Wollvorleger (Abbildung 226)

Entwurf: Ulla Traub
Größe: 80 x 130 cm, ohne Fransen gerechnet
Bindung: Leinenbindung
Material: Kette – Baumwollcordzwirn Nm 20/4 x 3, rohweiß.
Schuß – reinwollenes Teppichgarn Nm 0, 05, 2 kg braunmeliert, 0,8 kg rohweiß.
Kettbreite: 82 cm
Kettlänge: 210 cm
Gesamtfadenzahl: 246 Fäden und 2 Randfäden
Ketteinstellung: 3 Fäden je cm
Blatt: 30/10 (1 Faden je Riet)
Schußdichte: fester Anschlag
Schußfolge: Am Anfang und Ende je 6 Schuß mit Kettgarn. Breite braune Streifen und schmale rohweiße Streifen im Wechsel. Die Streifenbreite ist leicht unregelmäßig.
Webgerät: Hochwebstuhl
Fertigstellung: Je 5 Kettfäden werden zu 10 cm langen Fransen geknotet. Damit die Knoten voller werden, werden vom Kettrest noch 4 Fäden mit eingeknotet (siehe Abb. 206, Seite 149).
Hinweis: Um auf die Teppichlänge von 130 cm zu kommen, müssen mindestens 150 cm gewebt werden.

Abb. 226

Wandbehang
(Abbildungen 227, 228)

Entwurf: Ingrid Heller
Größe: 70 x 95 cm
Bindung: Leinenbindung und Dreher (siehe Seite 130)
Material: Kette – Langflachsgarn Nm 5/2 roh. *Schuß* – Strukturleinen Nm 3,5 roh, weiß und taubenblau.
Kettbreite: 80 cm
Kettlänge: 160 cm (Kettabfall inbegriffen)
Gesamtfadenzahl: 240 Fäden und je 2 Randfäden
Ketteinstellung: 3 Fäden je cm
Blatt: 30/10 (1 Faden je Riet)
Schußdichte: normaler Anschlag
Schußfolge: Grundgewebe in rohfarbener Leinenbindung, dazwischen schmale Streifen in Weiß und Taubenblau. Der Dreherschuß wird mit der Hand eingelegt, einmal über 3 Fäden, dann 10 Schuß Leinenbindung und wieder ein Dreherschuß. In der Mitte des Wandbehangs ein Muster in Dreher über 6 Fäden. Die Stege dazwischen werden mit der Hand eingelegt.
Webgerät: Webstuhl mit 4 Schäften und 6 Tritten
Fertigstellung: Die Ränder werden durch Knoten befestigt. Unten werden daran großzügige Fransen aus den Kettfäden geknüpft. Die oberen Kettfäden werden zu Schlaufen geknüpft und dienen mit einem Stab zum Aufhängen des Wandbehangs.

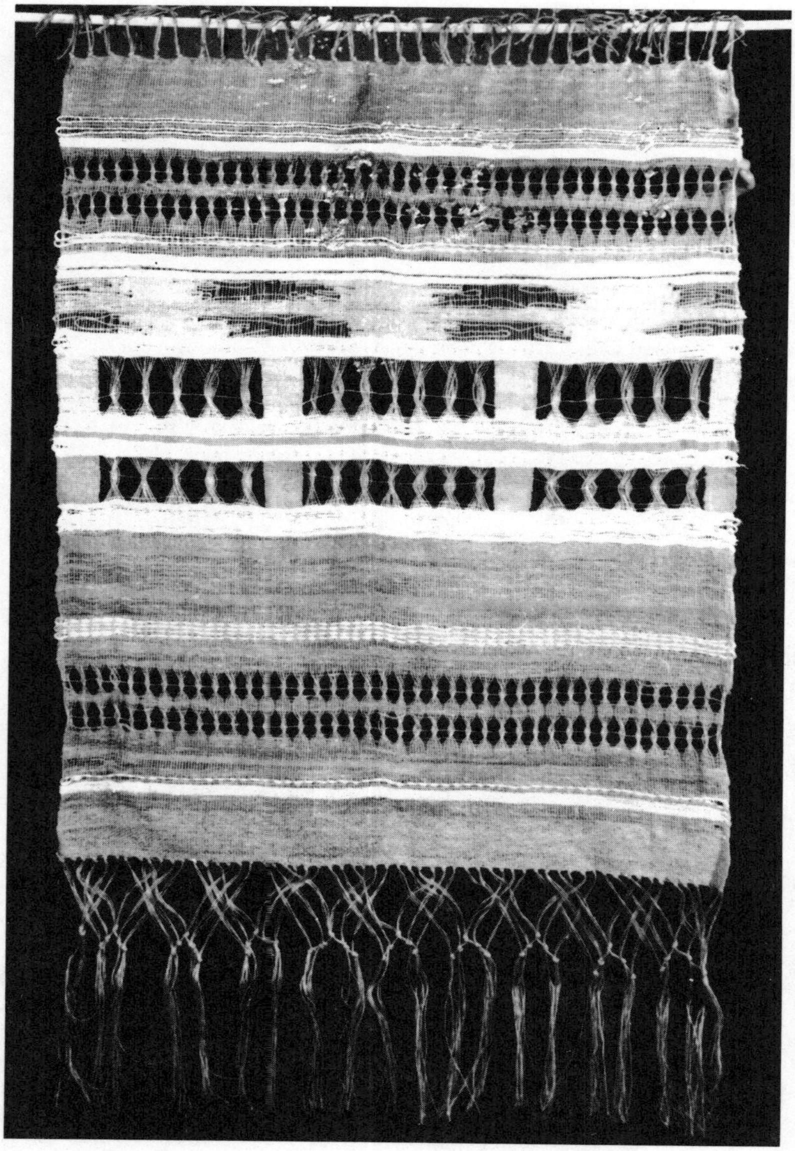

Abb. 227

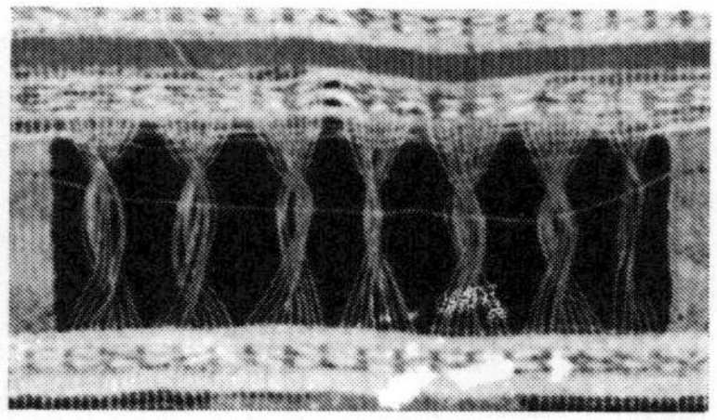

Abb. 228

Hinweis: Das Verwenden von verschiedenen Leinengarnen im Schuß macht dieses kleine Webstück in sich lebendig.

Damenweste
(Abbildungen 229, 230)

Entwurf: Sigrun Steinhäuser
Stoffgröße: 70 x 100–120 cm
Bindung: Leinenbindung und Rosengang (siehe Seite 153 und Patrone R)
Material: Kette – Kammgarn Nm 12/2 rohweiß, je m der Kette ca. 70 g. *Schuß* – handgesponnenes, pflanzengefärbtes Garn, pro m ca. 150 g, in drei verschiedenen Farben (z. Bsp. weiß, grün und rot)
Kettbreite: 70 cm
Kettlänge: 150 cm
Gesamtfadenzahl: 378 Fäden
Ketteinstellung: 5,4 Fäden je cm
Blatt: 54/10(1 Faden je Riet)
Schußdichte: 6 Schuß je cm
Schußfolge: Nach individueller Vorstellung Bordürenmuster weben, das sich in jeweils 8–10 cm wiederholt.

Abb. 229

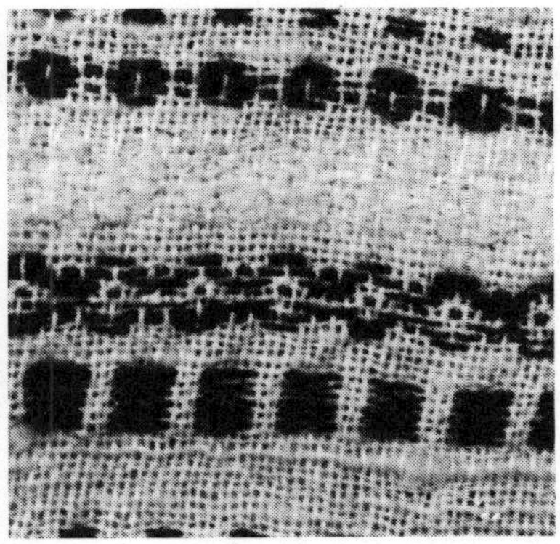

Abb. 230

Webgerät: Webstuhl mit 4 Schäften und 6 Tritten
Fertigstellung: Der vom Webstuhl abgenommene Stoff wird gedämpft und danach die Weste genäht. Sie kann ganz gefüttert werden oder am Hals und an den Armausschnitten mit Schrägband eingefaßt werden.
Hinweis: Man benötigt zweimal die Länge für eine Weste, eine Länge für den Rücken und eine für beide Vorderteile.*

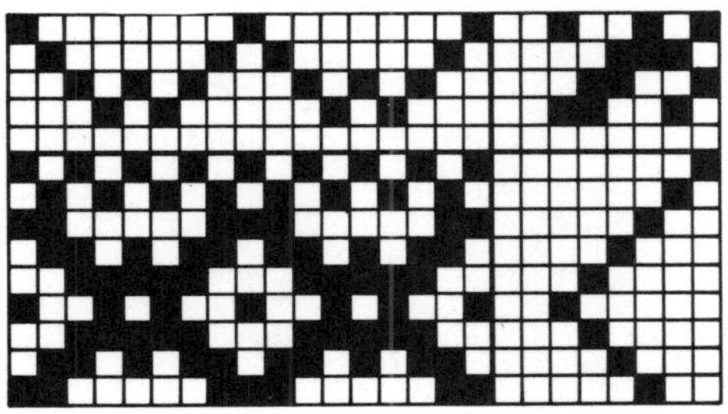

Abb. R

* Für die Erlaubnis zum Abdruck der Schwarzweiß-Fotos und zur Verwendung der Arbeitsbeschreibungen danken wir dem Verlag der Zeitschrift »webe mit« (Ulla und Siegfried Traub), Winterbach-Manolzweiler, sehr herzlich.

11 Fachbegriffe, die der Weber braucht

Webersprache von A bis Z
116 Begriffe

Fachbegriffe, die der Weber braucht

Im Lauf seiner Entwicklung haben sich fürs Weben ganz spezielle Fachausdrücke ergeben, mit denen der Laie zunächst nichts anfangen kann. Kette und Schuß sind noch einigermaßen geläufig. Aber was »eintragen«, »scheren« oder »aufbäumen« im Zusammenhang der Webarbeit bedeuten, das muß man erst lernen. Damit Sie über die Stellen hinaus, in denen die »Webersprache« in unserem Text erläutert wird, eine Bezeichnung, die Ihnen nicht gleich geläufig ist, jederzeit nachschlagen können, finden Sie hier alle wichtigen Ausdrücke, die beim Weben vorkommen, von A bis Z geordnet.

Anknüpfstab schmale stabile Holzleiste, an die die Kette auf dem Webstuhl gleichmäßig straff angebunden wird.

Aufbäumen der Vorgang, bei dem die Kettfäden unter gleichmäßiger Spannung auf den Kettbaum gedreht werden.

Aufspulen Schußgarn auf Spulen wickeln, die in Schiffchen eingesetzt werden.

Bäumlatten schmale Holzleisten, die beim Aufdrehen der Kette (Aufbäumen) zwischen Kettbaum und Kette geschoben werden, um eine gleichmäßige Spannung zu erreichen.

Bandweben spezielle Webtechnik, um schmale Bänder herzustellen.

Baumscheiben runde Scheiben, die den Kettbaum begrenzen, damit die Kette beim Aufbäumen nicht abrutschen kann.

Bildteppiche auch Gobelins genannt, zum Aufhängen bestimmte Gewebe mit ornamentalen und figürlichen Motiven in beliebigem Stil.

Bindung die Art und Weise, wie die Fäden von Kette und Schuß miteinander verbunden werden. Grundbindungen: Leinen-, Köper- (und Atlas-)Bindung.

Bindungsplan das durch ein spezielles Schema (Patrone) wiedergegebene Muster eines Gewebes.

Blattlade hin und her schwingender Rahmen, der das Webblatt hält.

Blattstechen Einziehen der Kettfäden in die Riete des Webblattes.

Blattstecher messerartiger Haken, mit dem der Kettfaden durch das Blatt gezogen wird.

Breithalter zwei in der Mitte verbundene, an den Enden mit kleinen Krallen versehene Leisten, durch die das Gewebe in gleichmäßiger Breite gehalten wird.

Brustbaum Balken des Webstuhls in unmittelbarer Nähe des Webers, über den das fertige Gewebe zum Warenbaum läuft.

Docke locker gedrehter Strang als Handelsform für den Verkauf von Garn.

Doppelknoten vorwiegend zum Fransenbilden benützter Knoten.

Dreher-Bindung eine mit der Hand gearbeitete Bindung, bei der zwei oder mehr Schußfäden umeinander gedreht werden.

Einlesestab auch als Trennstab bezeichnet. Schmaler vorn zugespitzter flacher Holzstab, der in die Kette eingelegt (eingelesen) wird und zur Fachbildung sowie zur Herstellung von Bindungen mit der Hand dient.

Einschuß Schußfaden, der durch die Kette läuft.

Einteilungsschnur dient in einem Webrahmen dazu, die Kettfäden in gleichmäßigen Abständen zu halten.

Eintragen Einführen des Schußfadens in die Kette.

Einziehhaken häkelnadelähnliches Gerät, um Kettfäden durch Litzen, Ösen und Blatt zu ziehen.

Einzug Ziehen der Kettfäden durch die Litzenaugen der Schäfte und durch die Riete des Webblatts.

Einzugsplan schematische Darstellung, um die Reihenfolge wiederzugeben, in der die Kettfäden durch die Litzen der Schäfte gezogen werden müssen.

Fach durch Heben oder Senken eines Teils der Kettfäden geschaffene Öffnung, durch die das Schiffchen mit dem Schußfaden läuft.

Fadenkreuz der um zwei Pflöcke gelegte Kettfaden bildet am Scherbaum oder Scherrahmen ein Fadenkreuz.

Flachwebstuhl Webstuhl mit einer waagrecht liegenden Kette. Gegensatz: Hoch- oder Gobelinwebstuhl mit senkrechter Kette.

Flor Fäden oder Schlingen, die aus der Fläche eines Gewebes herausragen.

Flottierung Kett- oder Schußfaden, der mehrere querlaufende Fäden überspringt, ohne sich mit ihnen zu verbinden.

Gang, Gängelchen das vom Fadenkreuz zum Gangkreuz abwärts laufende Fadenbündel wird als Gang bezeichnet; in zwei Hälften geteilt, ist es ein Gängelchen.

Gangkreuz Gegenstück zum Fadenkreuz am unteren Teil des Scherbaums.

Gangschlaufe schlaufenförmiges Ende der Kette, das am Gangkreuz vom Pflock genommen wird.

Garnwinde Gerät, um einen Garnstrang auf Spulen zu wickeln.

Gatterkamm kammartige Leiste mit Löchern und Schlitzen, durch die die Kettfäden eines Webrahmens gezogen werden, wobei durch Heben oder Senken der Schlitzfäden Fächer entstehen.

Geleseleisten dünne Holzleisten, die beim Aufbäumen der Kette in das Fadenkreuz geschoben werden, damit die Kettfäden gleichmäßig verlaufen.

Geschirr Sammelbegriff für Blatt, Schäfte und Litzen.

Ghiordesknoten ein um 2 Kettfäden geknüpfter Knoten, der für die Herstellung von Florteppichen benützt wird.

Gobelin Webtechnik in Schußrips zur Herstellung von Wandteppichen, genannt nach dem französischen Färber dieses Namens.

Gobelinwebstuhl Hochwebstuhl ohne Blattlade und Schäfte, für die Herstellung von Bildteppichen.

Hals Verengung der Kette beim Aufbäumen.

Handschütze Bezeichnung für das Weberschiffchen, in dem der Schußfaden durch das Fach »geschossen« wird.

Hochfach Bezeichnung für Oberfach.

Hochwebstuhl Webstuhl mit senkrechter Kette, auch als Gobelinwebstuhl bezeichnet.

Kamm siehe unter Gatterkamm.

Kelim Teppichwebtechnik, bei der im Gewebe Schlitze entstehen.

Kettbaum drehbare Walze im hinteren Webstuhl, auf den die Kette gedreht wird.

Kette Längsfäden beim Weben. Gegensatz: Schuß, die Querfäden.

Ketteinteilung Zahl der Kettfäden auf 10 cm Breite.

Kettfaden der einzelne Längsfaden beim Weben.

Kettgarn das für die Kette verwendete Garn.

Kettripsbindung Gewebe, bei dem die Schußfäden durch die Kettfäden verdeckt werden, wodurch Rippen entstehen.

Kettspulen als Substantiv und Verbum verwendet. Im ersteren Fall verschiedene Spulenformen, auf die das Kettgarn gewickelt wird. Im anderen Fall das Aufwickeln von Garn auf Spulen.

Kniebaum Balken im Webstuhl zwischen Blattlade und Warenbaum, über den das fertige Gewebe zum Warenbaum läuft.

Kontermarsch-Webstuhl spezieller Webstuhltyp, bei dem zugleich ein Ober- und ein Unterfach gebildet wird.

Köperbindung eine der Grundbindungen, bei der der Schuß eine diagonale Linie bildet, daher auch Diagonalbindung genannt.

Kontur Faden, der in das Gewebe eingelegt wird, um Musterpartien hervorzuheben.

Kreuzknoten Knoten, um gerissene Fäden miteinander zu verbinden.

Ladebahn unterer Teil der Blattlade, auf den das Blatt gesetzt ist.

Leinenbindung eine der Grundbindungen, bei der ein Schußfaden abwechselnd über oder unter dem Kettfaden verläuft – Grundprinzip des Webens und Stopfens.

Litze zwischen zwei Schäften angebrachte Verbindung aus Metall oder Schnur, die in ihrer Mitte eine Öffnung hat (Litzenauge), durch die der Kettfaden verläuft.

Litzenauge siehe Litze.

Litzenbaum Stab an einem Webrahmen, an dem Schnurlitzen befestigt werden.

Oberfach ein durch Anheben der Hälfte der Kettfäden gebildetes Fach. Gegensatz: Unterfach, bei dem die Hälfte der Kettfäden gesenkt wird.

Panamabindung Ableitung der Leinenbindung.

Patrone Schema, mit dem der Ablauf der Webarbeit dargestellt wird.

Patronenpapier eine Art Millimeterpapier für das Aufzeichnen der Patrone.

Peitsche Holzstab mit Löchern, durch die eine Schnur läuft, mit deren Hilfe ein Faden- oder Gangkreuz in Ordnung gehalten wird.

Perlschlingen noppenartige Struktur des Gewebes.

Puschel durch kreuzweises Aufwickeln von Schußgarn entstehendes Knäuel, das statt eines Weberschiffchens verwendet werden kann.

Querhölzer waagerechte Holzleisten im Webstuhl, die mit Schäften und Tritten verschnürt werden.

Raffschlingen eine handgearbeitete Bindung, bei der Kett- oder Schußfäden gebündelt werden.

Rapport Teil im Bindungsplan, der keine Wiederholung enthält, sich aber als Ganzes im Gewebe wiederholen kann.

Reedekamm kammartige Leiste mit Metallzinken. Er ordnet die Kette beim Aufbäumen.

Reihhaken häkelnadelartiges Gerät, um die Kettfäden durch die Litzenaugen zu ziehen.

Riet Zwischenraum zwischen zwei Metallstäben im Blatt.

Rips abgeleitete Leinenbindung, die es als Kett- und Schußrips gibt, siehe jeweils dort.

Rya skandinavische Web-Knüpftechnik mit langem Flor.

Schaft zwei waagerecht im Webstuhl angebrachte Latten, zwischen denen die Litzen befestigt werden.

Scherbaum drehbarer Holzrahmen, auf den die zu scherenden Kettfäden gewickelt werden.

Scherbrettchen Holzbrettchen mit paarweise angeordneten Löchern, durch die die Kettfäden beim Scheren geordnet werden.

Scheren auch Zetteln genannt, Vorbereiten der Kettfäden zum späteren Aufspannen auf den Webstuhl.

Scherrahmen Holzrahmen mit Pflöcken, um die Kettfäden für den Webstuhl vorzubereiten, so daß sie die gleiche Länge erhalten.

Schiffchen auch Weberschiffchen und Schütze genannt –, mit dem der Schußfaden durch das Fach befördert wird.

Schnellschuß Vorrichtung, die das Schiffchen durch einen Schnurzug mit Schwung durch das Fach »schießen« läßt. Dazu dient ein besonderer Schnellschütze. Siehe auch Schützenschlag!

Schnurlitzen aus Schnur bestehende Litzen, mit denen Kettfäden zur Fachbildung bewegt werden.

Schürze Tuch, das die Verbindung zwischen Waren- oder Kettbaum und dem Anknüpfstab herstellt, an den die Kette gebunden wird.

Schütze siehe Schiffchen.

Schützenschlag rechteckige Holzkästen rechts und links der Blattlade zum Aufnehmen des Schnellschützen.

Schuß Querfäden beim Weben. Gegensatz: Kette, die Längsfäden!

Schußgarn das für den Schuß verwendete Garn.

Schußripsbindung Gewebe, bei dem die Kettfäden durch die Schußfäden verdeckt werden, wodurch Rippen entstehen.

Schußspulen Aufwickeln von Schußgarn auf Spulen.

Schwedenborte Leinenbindungsart mit flottierenden (losen) Fäden an der Oberfläche.

Senneknoten ein um 2 Kettfäden geknüpfter Knoten für sehr feine Teppiche (Orient).

Smyrna Webtechnik zur Herstellung eines kurzen Florteppichs.

Sperrhaken Haken, der das Sperrrad am Kett- oder Warenbaum festhält und der von Fall zu Fall gelöst wird.

Sperrad Zahnrad zum Festhalten des Kett- oder Warenbaums.

Spulengestell Holzrahmen, der auf waagerechten oder senkrechten Metallstäben die Spulen trägt, während sie abgewickelt werden.

Spulrad Vorrichtung, die mechanisch oder durch elektrischen Antrieb das Aufspulen des Webgarns vornimmt.

Streichbaum Balken an der Rückseite des Webstuhls oberhalb des Kettbaums, über den die Kette läuft.

Sumak handgearbeiteter Stich, der mehrere Kettfäden im Gewebe überspringt.

Teppichklopfer, auch Teppichkamm genannt, ein gabelartiges Gerät mit Holz- oder Metallzinken, mit dem der Schuß auf dem Webrahmen festgeklopft wird.

Teppichnadel schmale Holzleiste, die beim Teppichweben das Schiffchen ersetzt.

Tieffach anderer Ausdruck für Unterfach.

Trennstab siehe Einlesestab.

Tretfolgeplan Teil in der Patrone, der darüber informiert, in welcher Reihenfolge die Tritte getreten werden müssen.

Tritte Holzleisten (Pedale) im Webstuhl, mit denen die Fächer gebildet werden.

Unterfach ein durch Senken eines Teils der Kettfäden gebildetes Fach.

Verschnürung die Verbindung zwischen Schäften, Querhölzern und Tritten.

Verschnürungsplan Teil in der Patrone, der angibt, wie die Schäfte mit den Tritten verschnürt werden.

Warenbaum drehbare Walze, auf die die fertigen Teile des Gewebes gerollt werden.

Webblatt eine Art Kamm, durch den die Kettfäden in gleichmäßigem Abstand geführt werden, der zur Blattlade gehört.

Weberschiffchen siehe Schiffchen.

Weberschrift schematische Darstellung für den Ablauf der Herstellung eines Gewebes.

Webnadel flacher Holzstab anstelle des Schiffchens.

Zugknoten spezieller Knoten für die Verschnürung im Webstuhl.

Hier können Sie bestellen!

Nicht immer erhalten Sie die Webgeräte, Materialien, Zubehörteile, die Sie brauchen, in Ihrem Wohnort oder in der nächsten größeren Stadt. Sie sollten daher das folgende Anschriftenverzeichnis von einer Anzahl Fachfirmen daraufhin durchsehen, wohin Sie sich wenden können. Unsere Übersicht ist nicht vollständig! Sie lassen sich am besten vorher Prospektmaterial und Preisliste zukommen, denn auch für den Kauf von Webartikeln gilt das Einkaufsprinzip, daß der Vergleich der Preise hilft, das günstigste Angebot in Qualität und Kosten zu finden. Übereilen Sie Ihren Einkauf nicht, sondern informieren Sie sich gut, was und wo Sie am besten bestellen bzw. kaufen können.

Spinnräder

Spinnerei G. Dauber, Postfach 14, 2140 Bremervörde (Kircher-Spinnräder)

HWG Dr. Papst & Reuschel, Hauptstr. 31, 5250 Engelskirchen-Ründeroth, Tel. 02263-58 70

Walter Kircher KG, Alte Kasseler Str. 24, 3550 Marburg, Tel. 06421-6 13 37

Kunsthandwerkliche Werkstätte Wald, Storchenhaus, Kurze Gasse 10–12, 7032 Sindelfingen, Tel. 07031-87 57 74

die spindel, Oberbilker Allee 6, 4000 Düsseldorf, Tel. 0211-34 22 91

Textilwerkstatt, Friedenstr. 5, 3000 Hannover 1, Tel. 0511-81 51 20 (Großhandel)

Friedrich Traub KG, Schorndorfer Str. 18, 7065 Winterbach, Tel. 07181-7 30 30 (auch Vertrieb von Ashford-Spinnrädern aus Neuseeland)

Fjorstad Industri, N-6200 Stranda (Anfragen in englischer Sprache!)

Spinnstube, Schmiedengasse 6, CH-2502 Biel

Webrahmen

Karl Born & Co., Harmoniestr. 44, 5280 Eitorf (Herstellung sog. Eitorfer Webrahmen)

HWG, Dr. Papst & Reuschel, Hauptstr. 31, 5250 Engelskirchen-Ründeroth Tel. 02263-58 70 (Webrahmen von Kircher und Born)

Walter Kircher KG, Alte Kasseler Str. 24, 3550 Marburg, Tel. 06421-6 13 37

Friedrich Traub KG, Schorndorfer Str. 18, 7065 Winterbach, Tel. 07181-7 30 30

Traumbaum-Werkstatt, Gretel Otto und Almuth Richter, Hauptstr. 8, Climbach, 6301 Allendorf/Lumda, Tel. 06407-73 36

twenty fingers, Lehmweg 49, 2000 Hamburg 20

ARM AG, Webstuhlfabrik, CH-3507 Biglen, Tel. 0 31-90 07 11

Bernard Helas, Galerie du Film, 21 Place des Charrons, F-57000 Metz (Lage in Thionville)

Spinnstube, Schmiedengasse 6, CH-2502 Biel

WEVITI, Postfach 51,
NL-5050 AB Goirle,
Tel. 0 13-34 91 05

Webstühle

HWG, Dr. Papst & Reuschel, Hauptstr. 31, 5250 Engelskirchen-Ründeroth, Tel. 02263-58 70 (u. a. Webstühle der Firmen Varpapuu, Finnland und Glimåkra, Schweden)

KHS, Lilienstr. 1, 7527 Kraichtal

Walter Kircher KG, Alte Kasseler Str. 24, 3550 Marburg, Tel. 06421-6 13 37

Kunsthandwerkliche Werkstätte Wald, Storchenhaus, Kurze Gasse 10–12, 7032 Sindelfingen, Tel. 07031-87 57 74 (schwedische Glimåkra-Webstühle)

Leclerc-Textilkunst-Webbedarf, Granatgasse 7 b, 7800 Freiburg, Tel. 0761-3 63 89

Handwebstuhlbau Lothar Obermaier, Eschenstr. 10 a, 8214 Bernau, Tel. 08051-71 45

die spindel, Oberbilker Allee 6, 4000 Düsseldorf, Tel. 0211-34 22 91

Textilwerkstatt, Friedenstr. 5, 3000 Hannover 1, Tel. 0511-81 51 20 (Großhandel)

Friedrich Traub KG, Schorndorfer Str. 18, 7065 Winterbach, Tel. 07181-7 30 30

twenty fingers, Lehmweg 49, 2000 Hamburg 20

ARM AG, Webstuhlfabrik, CH-3507 Biglen, Tel. 0 31-90 07 11

Anders Lervard & Son, Askov, DK-6600 Vejen, Tel. 05-36 10 11

Vävstolsfabriken Glimåkra, Box 125, S-28064 Glimåkra

WEVITI, Postfach 51, NL-5050 AB Goirle, Tel. 0 13-34 91 05

Webmaterial (Garne)

C. Abben Nachf., Bekassinenau 129, 2000 Hamburg-Rahlstedt (auch Kleinmengen)

Spinnerei G. Dauber, Postfach 14, 2140 Bremervörde (Kleinmengen ab 100 g)

Effekta Wollspinnerei, Birkenweg 9, 8940 Memmingen-Allgäu (Lieferung an Hersteller und Großhändler)

Marie-France Fritzsch, Köhlerweg 7, 6370 Oberursel 1

Wolle Hartmuth, Kaninsberg, 5102 Würselen

HWG Dr. Papst und Reuschel, Hauptstr. 31, 5250 Engelskirchen-Ründeroth, Tel. 02263-58 70 (Kleinmengen ab 100 g)

Heinrich Kahlen, 2903 Bad Zwischenahn (Kleinmengen ab 1 kg)

Walter Kircher KG, Alte Kasseler Str. 24, 3550 Marburg, Tel. 06421-6 13 36 (Kleinmengen ab 100 g)

Wollspinnerei Mayensohn, 8961 Hochgrauth/Allgäu, Post Betzigau

H. Ottens & Co. Spinnereien, (Horstia-Wolle), 2203 Horst/Holstein

die spindel, Oberbilker Allee 6, 4000 Düsseldorf, Tel. 0211-34 22 91

Friedrich Traub KG, Schorndorfer Str. 18, 7065 Winterbach, Tel. 07181-7 30 30 (Kleinmengen ab 100 g)

twenty fingers, Lehmweg 49, 2000 Hamburg 20

Werkladen, Pfarrhof 2, 6930 Eberbach/Neckar

Werkladen Textil, A 3, 5, 6800 Mannheim

Borg, S-22590 Lund, Bredgatan (auch Kleinmengen ab 100 g)

Lewolaine, Alexandre Fluck, CH-1315 La Sarraz (Mindestabgabe 100 g)

John Papamichael, Lamahou 3, Athen 118 (griechische Naturwolle und Baumwolle, Anfragen in englischer Sprache!)

Rüegg-Handwebgarne, Tödistr. 52, CH-8039 Zürich (auch Kleinmengen)

J. Strübin, Dornacherstr. 93, CH-4008 Basel (auch Kleinmengen)

Yarns, 10 St. George's Road, GB-Bexhill-on-Sea, East Sussex (für Preislisten- und Musteranforderung zwei internationale Antwortscheine beilegen!)

Register

Farbfotos:
Foto Werkmeister: 35, 69, 87, 122
Fotostudio Ott: 36, 156
K. Mackert-Zechlin: 17
Weitere Farbfotos, mit freundlicher Genehmigung entnommen aus der Zeitschrift »Textilkunst«, Seite 18, Heft Nr. 1/1979 – Seite 70, Heft Nr. 4/1975 – Seite 88, Heft Nr. 2/1978 – Seite 121, Heft Nr. 1/1976 – Seite 155, Heft Nr. 1/1979, Verlag M. & H. Schaper, 3000 Hannover 81.

Titelbild: Julius Negele

Zeichnungen und Layout:
Dieter Mettelsiefen

Formschöne stabile Hauswebstühle

aus Dänemark

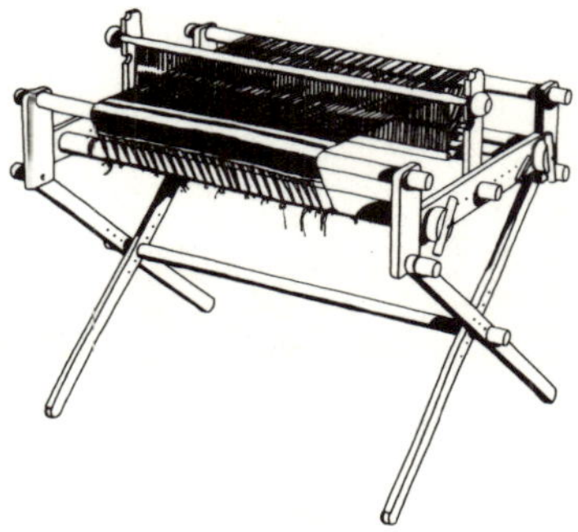

Webrahmen Nr. 10 mit 80 cm oder 100 cm Webbreite. Lieferbar mit oder ohne zusammenklappbarem Kreuzbock

Zusammenklappbarer Schaftwebstuhl Nr. 9 mit Kontermarsch-Verschnürungs-system, 80 cm Webbreite, 4 Schäfte und 6 Tritte.

Seit 1895 stellt die Firma Lervad in Dänemark Handwebstühle aller Art her, für Hausweber, für Kunsthandwerker, für den Unterricht und für die Therapie.

Sie sind in dänischer Möbelqualität aus kammergetrockneter Rotbuche gefertigt.

Hier zeigen wir Ihnen vier beliebte Modelle für das Weben zu Hause. Schreiben Sie uns nach den kompletten LERVAD Webstuhl-Katalog mit Preisliste und Bezugsquellennachweis.

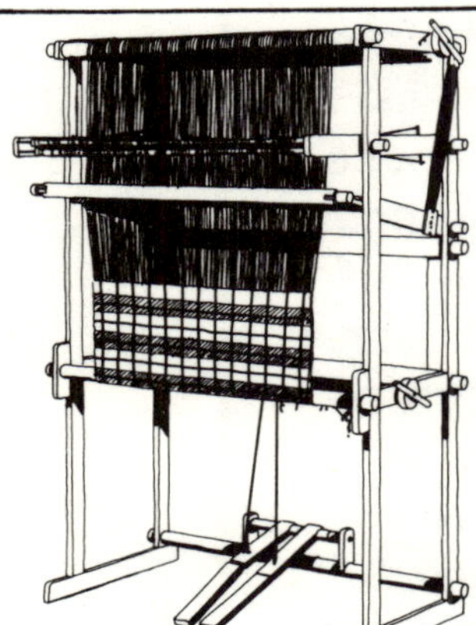

Hochwebstuhl Nr. 14 mit 2 Schäften, 2 Tritten, 100 cm Webbreite und verstellbarer Hängelade.

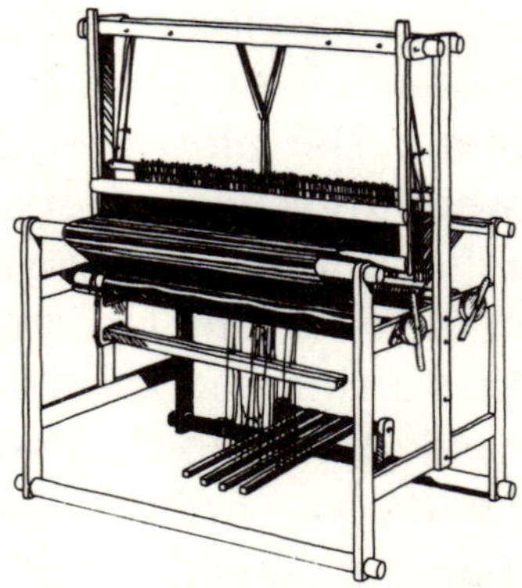

Kleiner Hauswebstuhl Nr. 7 mit Kontermarsch-Verschnürungssystem, 100 cm Webbreite, 4 oder 6 Schäfte.

LERVAD

Anders Lervad & Søn A/S · Askov · DK-6600 Vejen · Dänemark · Tel. 00455-361011